新编21世纪法学系列教材

总主编　曾宪义　王利明

# 食品安全法概论

主　编　胡锦光　韩大元

副主编　路　磊　孙娟娟

撰稿人（以撰写章节先后为序）

胡锦光　韩大元　李佳洁　孙娟娟

刘振宇　徐景波　路　磊　房建恩

冯　冠　田　明　丁　冬

[美] 迈克尔·罗伯茨

[日] 藤原凛

[荷] 贝尔恩德·范·德·穆伦

Introduction to Food Safety Law

中国人民大学出版社

·北京·

## 内容简介

《食品安全法概论》系中国人民大学食品安全治理协同创新中心、中国人民大学市场监管法治研究基地探索食品安全法学教学的重要成果，旨在推动食品安全社会共治的法学理论研究，体现我国食品安全法治的智慧和成功经验，反映当今世界食品安全法治的发展趋势。全书分为三编，共十二章。各章节的作者中有的具有理论研究背景，也有的具有实务从业经验。这种多学科、多领域的写作组合力求从理论兼具实务的多维视角呈现食品安全法治的演变与现状。本书第一编先后阐述了食品安全问题、食物权、食品安全规制以及食品安全治理中的责任分配，让读者在了解食品安全问题的多样性之余，可以掌握保障食品安全的权利路径和法治要求。第二编围绕食品安全法律变迁，我国《食品安全法》的基本原则、主要制度和特定食品监管展开，有助于读者了解我国食品安全法治的特点和现状，包括法律体系、执法重点和守法要点等。第三编从国家、地区和全球的视角，先后为读者介绍了美国、欧盟、日本和国际的食品法发展。

## 主编简介

**胡锦光**　中国人民大学二级教授，法学博士，博士研究生导师，国家级重点学科点中国人民大学公法研究中心主任，中国人民大学市场监管法治研究基地主任。兼任中国法学会宪法学研究会副会长兼学术委员会主任、全国人大常委会法制工作委员会备案审查专家委员会委员、国家市场监督管理总局法律顾问、教育部法律咨询顾问等。

**韩大元**　中国人民大学吴玉章高级讲席教授，法学博士，博士研究生导师，中国人民大学食品安全治理协同创新中心执行主任。兼任国务院食品安全专家委员会委员，全国人大常委会香港基本法委员会委员、中国法学会宪法学研究会名誉会长、海峡两岸法学交流促进会副会长、国际宪法协会执行委员等。

**路　磊**　中国人民大学科研处副处长、副研究员，中国人民大学食品安全治理协同创新中心研究员、中国人民大学市场监管法治研究基地秘书长。兼任国家卫生健康委员会国民营养健康专家委员会营养法规政策标准专家委员会委员、食品安全与营养健康科普专家，中国卫生监督协会食品安全监测评估标准专家委员会委员、中国儿童食品安全与健康守护行动专家委员会委员。

**孙娟娟**　法国南特大学法学博士，中国人民大学法学院博士后，河北农业大学副教授，中国人民大学食品安全治理协同创新中心研究员。兼任国家市场监督管理总局发展研究中心食品安全治理研究青年专家委员会委员，河北省人民政府食品安全委员会专家委员会委员等。

# 总序

曾宪义

在人类文明与文化的发展中，中华民族曾作出过伟大的贡献，不仅最早开启了世界东方文明的大门，而且对人类法治、法学及法学教育的生成与发展进行了积极的探索与光辉的实践。

在我们祖先生存繁衍的土地上，自从摆脱动物生活、开始用双手去进行创造性的劳动、用人类特有的灵性去思考以后，我们人类在不断改造客观世界、创造辉煌的物质文明的同时，也在不断地探索人类的主观世界，逐渐形成了哲学思想、伦理道德、宗教信仰、风俗习惯等一系列维系道德人心、维持一定社会秩序的精神规范，更创造了博大精深、义理精微的法律制度。应该说，在人类所创造的诸种精神文化成果中，法律制度是一种极为奇特的社会现象。因为作为一项人类的精神成果，法律制度往往集中而突出地反映了人类在认识自身、调节社会、谋求发展的各个重要进程中的思想和行动。法律是现实社会的调节器，是人民权利的保障书，是通过国家的强制力来确认人的不同社会地位的有力杠杆，它来源于现实生活，而且真实地反映现实的要求。因而透过一个国家、一个民族、一个时代的法律制度，我们可以清楚地观察到当时人们关于人、社会、人与人的关系、社会组织以及哲学、宗教等诸多方面的思想与观点。同时，法律是一种具有国家强制力、约束力的社会规范，它以一种最明确的方式，对当时社会成员的言论或行动作出规范与要求，因而也清楚地反映了人类在各个历史发展阶段中对于不同的人所作出的种种具体要求和限制。因此，从法律制度的发展变迁中，同样可以看到人类自身不断发展、不断完善的历史轨迹。人类社会几千年的国家文明发展历史已经无可争辩地证明，法律制度乃是维系社会、调整各种社会关系、保持社会稳定的重要工具。同时，法律制度的不断完善，也是人类社会文明进步的显著体现。

由于发展路径的不同、文化背景的差异，东方社会与西方世界对于法律的意义、底蕴的理解、阐释存有很大的差异，但是，在各自的发展过程中，都曾比较注重法律的制定与完善。中国古代虽然被看成是“礼治”的社会、“人治”的世界，被认为是“只有刑，没有法”的时代，但从《法经》到《唐律疏议》《大清律例》等数十部优秀成文法典的存在，充分说明了成文制定法在中国古代社会中的突出地位，唯有这些成文法制所体现出的精神旨趣与现代法律文明有较大不同而已。时至20世纪初叶，随着西风东渐、东西文化交流加快，中国社会开始由古代的、传统的社会体制向近现代文明过渡，建立健全的、符合现代理性精神的法律文明体系方成为现代社会的共识。正因为如此，近代以来的数百年间，在西方、东方各主要国家里，伴随着社会变革的潮起潮落，法律改革运动也一直呈方兴未艾之势。

从历史上看，法律的文明、进步，取决于诸多的社会因素。东西方法律发展的历史均充分证明，推动法律文明进步的动力，是现实的社会生活，是政治、经济和社会文化的变迁；同时，法律内容、法律技术的发展，往往依赖于一大批法律专家以及更多的受过法律教育的社会成员的研究和推动。从这个角度看，法学教育、法学研究的发展，对于法律文明的发展进步，也有着异常重要的意义。正因为如此，法学教育和法学研究在现代国家的国民教育体系和科学研究体系中，开始占有越来越重要的位置。

中国近代意义上的法学教育和法学研究，肇始于19世纪末的晚清时代。清光绪二十一年(公元1895年)开办的天津中西学堂，首次开设法科并招收学生，虽然规模较小，但仍可以视为中国最早的近代法学教育机构(天津中西学堂后改名为北洋大学，又发展为天津大学)。三年后，中国近代著名的思想家、有“维新骄子”之称的梁启超先生即在湖南《湘报》上发表题为《论中国宜讲求法律之学》的文章，用他惯有的富有感染力的激情文字，呼唤国人重视法学，发明法学，讲求法学。梁先生是清代末年一位开风气之先的思想巨子，在他辉煌的学术生涯中，法学并非其专攻，但他仍以敏锐的眼光，预见到了新世纪中国法学研究和法学教育的发展。数年以后，清廷在内外压力之下，被迫宣布实施“新政”，推动变法修律。以修订法律大臣沈家本为代表的一批有识之士，在近十年的变法修律过程中，在大量翻译西方法学著作，引进西方法律观念，有限度地改造中国传统的法律体制的同时，也开始推动中国早期的法学教育和法学研究。20世纪初，中国最早设立的三所大学——北洋大学、京师大学堂、山西大学堂均设有法科或法律学科目，以期“端正方向，培养通才”。1906年，应修订法律大臣沈家本、伍廷芳等人的奏请，清政府在京师正式设立中国第一所专门的法政教育机构——京师法律学堂。次年，另一所法政学堂——直属清政府学部的京师法政学堂也正式招生。这些大学法科及法律、法政学堂的设立，应该是中国历史上近代意义上的正规专门法学教育的滥觞。

自清末以来，中国的法学教育作为法律事业的一个重要组成部分，随着中国社会的曲折发展，经历了极不平坦的发展历程。在20世纪的大部分时间里，中国社会一直充斥着各种矛盾和斗争。在外敌入侵、民族危亡的沉重压力之下，中国人民为寻找适合中国国情的发展道路而花费了无穷的心力，付出过沉重的代价。从客观上看，长期的社会骚动和频繁的政治变迁曾给中国的法治与法学带来过极大的消极影响。直至20世纪70年代末期，以“文化大革命”宣告结束为标志，中国社会开始用理性的目光重新审视中国的过去，规划国家和社会的未来，中国由此进入长期稳定、和平发展的大好时期，以这种大的社会环境为背景，中国的法学教育也获得了前所未有的发展机遇。

从宏观上看，实行改革开放以来，经过二十多年的努力，中国的法学教育事业所取得的成就是辉煌的。首先，经过“解放思想，实事求是”思想解放运动的洗礼，在中国法学界迅速清除了极左思潮及苏联法学模式的一些消极影响，根据本国国情建设社会主义法治国家已经成为国家民族的共识，这为中国法学教育和法学研究的发展奠定了稳固的思想基础。其次，随着法学禁区的不断被打破、法学研究的逐步深入，一个较为完善的法学学科体系已经建立起来。理论法学、部门法学各学科基本形成了比较系统和成熟的理论体系和学术框架，一些随着法学研究逐渐深入而出现的法学子学科、法学边缘学科也渐次成型。1997年，国家教育主管部门和教育部高校法学学科教学指导委员会对原有专业目录进行了又一次大幅度调整，决定自1999年起法学类本科只设一个单一的法学专业，按照一个专业招生，从而使法学学科的布局更加科学和合理。同时，在充分论证的基础上，确定了法学专业本科教学的14门核心课程，加上其他必修、选修课程的配合，由此形成了一个传统与更新并重、能够适应国家和社会发展需要的教学体系。法学硕士和博士研究生及法律硕士专业学位研究生的专业设置、课程教学和培养体系也日臻完善。再次，法学教育的规模迅速扩大，层次日趋齐全，结构日臻合理。目前中国有六百余所普通高等院校设置了法律院系或法律本科专业，在校本科学生和研究生已达二十余万人。除本科生外，在一些全国知名的法律院校，法学硕士研究生、法律硕士专业学位研究生、法学博士研究生已经逐步成为培养的重点。

众所周知，法律的进步、法治的完善，是一项综合性的社会工程。一方面，现实社会关系的发展，国家政治、经济和社会生活的变化，为法律的进步、变迁提供动力，提供社会的土壤。另一方面，法学教育、法学研究的发展，直接推动法律进步的进程。同时，全民法律意识、法律素质的提高，则是实现法治国理想的关键的、决定性的因素。在社会发展、法学教育、法学研究等几个攸关法律进步的重要环节中，法学教育无疑处于核心的、基础的地位。中国法学教育过去二十多年所走过的历程令人激动，所取得的成就也足资我们自豪。随着国家的发展、社会的进步，在21世纪，我们面临着更严峻的挑战和更灿烂的前景。“建设世界一流法学教育”，任重道远。

首先，法律是建立在经济基础之上的上层建筑，以法治为研究对象的法学也就成为一门实践性很强的学科。社会生活的发展变化，势必要对法学教育、法学研究不断提出新的要求。经过二十多年的奋斗，中国改革开放的前期目标已顺利实现。但随着改革开放的逐步深入，国家和社会的一些深层次问题，比如说社会主义市场经济秩序的真正建立、国有企业制度的改革、政治体制的完善、全民道德价值的重建、环境保护和自然资源的合理利用等，也已经开始浮现出来。这些复杂问题的解决，无疑最终都会归结到法律制度的完善上来。建立一套完善、合理的法律制度，构建理想的和谐社会，乃一项持久而庞大的社会工程，需要全民族的智慧和努力。其中的基础性工作，如理论的论证、框架的设计、具体规范的拟订、法律实施中的纠偏等等，则有赖于法学研究的不断深入，以及高素质人才特别是法律人才的养成，而培养法律人才的任务，则是法学教育的直接责任。

其次，21世纪是一个多元化的世纪。20世纪中叶发生的信息技术革命，正在极大地改变着我们的世界。现代科学技术，特别是计算机网络信息技术的发展，使传统的生活方式、思想观念发生了根本的改变，并由此引发许多人类从未面对过的问题。就法学教育而言，在21世纪所要面临的，不仅是教学内容、研究对象的多元化问题，而且还有培养对象、培养目标的多元化、教学方式的多元化等一系列问题，这些问题都需要法学界去思考、去探索。

中国人民大学法学院建立于1950年，是新中国诞生后创办的第一所正规高等法学教育机构。在半个多世纪的岁月中，中国人民大学法学院以其雄厚的学术力量、严谨求实的学风、高水平的教学质量以及丰硕的学术研究成果，在全国法学教育领域处于领先地位，并开始跻身于世界著名法学院之林。据初步统计，中国人民大学法学院已经为国家培养法学专业本科生、硕士生、博士生一万余人，培养各类成人法科学生三十余万人。经过多年的努力，中国人民大学法学院形成了较为明显的学术优势，在现职教师中，既有一批资深望重、在国内外享有盛誉的法学前辈，更有一大批在改革开放后成长起来的优秀中青年法学家。这些老中青法学专家多年来在勤奋研究法学理论的同时，也积极投身于国家的立法、司法实践，对国家法制建设贡献良多。

有鉴于此，中国人民大学法学院与中国人民大学出版社经过研究协商，决定结合中国人民大学法学院的学术优势和中国人民大学出版社的出版力量，出版一套“21世纪法学系列教材”。自1998年开始编写出版本科教材，包括按照教育部所确定的法学专业核心课程和其所颁布印发的《全国高等学校法学专业核心课程教学基本要求》而编写的 14 门核心课程教材，也包括法学各领域、各新兴学科教材及教学参考书和案例分析在内，到 2000 年 12 月 3 日在人民大会堂大礼堂召开举世瞩目的“21 世纪世界百所著名大学法学院院长论坛暨中国人民大学法学院成立五十周年庆祝大会”之时，业已出版了 50 本作为 50 周年院庆献礼，到现在总共出版了 80 本。为了进一步适应高等法学教育发展的形势和教学改革的需要，最近中国人民大学法学院与中国人民大学出版社决定将这套教材扩大为四个系列，即：“本科生用书”、“法学研究生用书”、“法律硕士研究生用书”以及“司法考试用书”，总数将达二百多本。我们设想，本套教材的编写，将更加注意“高水准”与“适用性”的合理结合。首先，本套教材将由中国人民大学法学院具有全国影响的各学科的学术带头人领衔，约请全国高校优秀学者参加，形成学术实力强大的编写阵容。同时，在编写教材时，将注意吸收中国法学研究的最新的学术成果，注意国际学术发展的最新动向，力求使教材内容能够站在 21 世纪的学术前沿，反映各学科成熟的理论，体现中国法学的水平。其次，本套教材在编写时，将针对新时期学生特点，将思想性、学术性、新颖性、可读性有机结合起来，注意运用典型生动的案例、简明流畅的语言去阐释法律理论与法律制度。

我们期望并且相信，经过组织者、编写者、出版者的共同努力，这套法学教材将以其质量效应、规模效应，力求成为奉献给新世纪的精品教材，我们诚挚地祈望得到方家和广大读者的教正。

2006 年 7 月 1 日

# 序言

法学教育是高等教育的重要组成部分，是建设社会主义法治国家、构建社会主义和谐社会的重要基础，并居于先导性的战略地位。在我国社会转型的新世纪、新阶段，法学教育不仅要为建设高素质的法律职业共同体服务，而且要面向全社会培养大批治理国家、管理社会、发展经济的高层次法律人才。近年来，法学教育取得了长足的进步，法科数量增长很快，教育质量稳步提高，培养层次日渐完善，目前已经形成了涵盖本科生、第二学士学位生、法学硕士研究生、法律硕士研究生、法学博士研究生的完整的法学人才培养体系，接受法科教育已经成为莘莘学子的优先选择之一。随着中国法治事业的迅速发展，我们有理由相信，中国法学教育的事业大有可为，中国法学教育的前途充满光明。

教育的基本功能在于育人，在于塑造德才兼备的高素质人才。法学教育的宗旨并非培养只会机械适用法律的“工匠”，而承载着培养追求正义、知法懂法、忠于法律、廉洁自律的法律人的任务。要完成法学教育的使命，首先必须认真抓好教材建设。我始终认为，教材是实现教育功能的重要工具和媒介，法学教材不仅仅是法学知识传承的载体，而且是规范教学内容、提高教学质量的关键，对法学教育的发展有着不可估量的作用。

第一，法学教材是传授法学基本知识的工具。初学法律，既要有好的老师，又要有好的教材。正如冯友兰先生所言：“学哲学的目的，是使人作为人能够成为人，而不是成为某种人。其他的学习(不是学哲学)是使人能够成为某种人，即有一定职业的人。”一套好的教材，能够高屋建瓴地展示法律的体系，能够准确简明地阐释法律的逻辑，能够深入浅出地叙述法律的精要，能够生动贴切地表达深奥的法理。所以，法学教材是学生学习法律的向导，是学生步入法律殿堂的阶梯。如果在入门之初教材就有偏颇之处，就可能误人子弟，学生日后还要花费大量时间与精力来修正已经形成的错误观念。

第二，法学教材是传播法律价值理念的载体。好的法学教材不仅要传授法学知识，更要传播法律的精神和法治的理念，例如对公平、正义的追求，尊重权利的观念。本科、研究生阶段的青年学子，正处在人生观、价值观形成的阶段，一套优秀的法学教材，对于他们价值观的塑造和健全人格的培养具有重要意义。

第三，法学教材是形成职业共同体的主要条件。建设社会主义法治国家，有赖于法律职业共同体的生成。一套好的法学教材，向法律研习者传授共同的知识，这对于培养一个接受共同的价值理念、共同的法律思维、共同的话语体系的法律共同体，具有重要的作用。

第四，法学教材是所有法律研习者的良师益友。没有好的教材，一个好的教师或可弥补教材的欠缺和不足，但对那些没有老师指导的自学者而言，教材就是老师，其重要作用是显而易见的。

长期以来，在我们的评价体系中，教材并没有获得应有的注重，对学术成果的形式优先考虑的往往是专著而非教材。在不少人的观念中，教材与创新、与学术精品甚至与学术无缘。其实，要真正写出一部好的教材，其难度之大、工作之艰辛、影响之深远，绝不低于一部优秀的专著，它甚至可以成为在几百年甚至更长的时间内发挥作用的传世之作。以查士丁尼的《法学阶梯》为例，所谓法学阶梯，即法学入门之义，就是一部教材。但它概括了罗马法的精髓，千百年来，一直是人们研习罗马法最基本的著述。日本著名学者我妻荣说过，大学教授有两大任务：一是写出自己熟悉的专业及学术领域的讲义乃至教科书；二是选择自己最有兴趣、最看重的题目，集中精力进行终生的研究。实际上，这两者是相辅相成的。写出一部好教材，必须要对相关领域形成一个完整的知识体系，还要能以深入浅出的语言将问题讲清楚、讲明白。没有编写教材的基本功，实际上也很难写出优秀的专著。当然，也只有对每一个专题都有一定研究，才能形成对这个学术领域的完整把握。

虽然近几年我国法学教育发展迅速，成绩显著，但是法学教育也面临许多挑战。各个学校的师资队伍和教学质量参差不齐，这就更需要推出更多的结构严谨、内容全面、角度各有侧重、能够适应不同需求的法学教材，为提高法学教学和人才培养质量、保障法学教育健康发展提供前提条件。

长期以来，中国人民大学法学院始终高度重视教材建设。作为新中国成立后建立的第一所正规的法学教育机构，中国人民大学法律系最早开设了社会主义法学教学课堂，编写了第一套社会主义法学讲义，培养了新中国第一批法学本科生和各学科的硕士生、博士生，产生了新中国最早的一批法学家和法律工作者。中国人民大学法律系因此被誉为“新中国法学教育的工作母机”。半个多世纪以来，中国人民大学法学院为社会主义法制建设培养了大批优秀的法律人才，并为法学事业的振兴和繁荣作出了卓越贡献，也因此成为引领中国法学教育的重镇、凝聚国内法律人才的平台和沟通中外法学交流的窗口，并在世界知名法学院行列中崭露头角。为了对中国法学教育事业作出更大的贡献，我们有义务也有责任出版一套体现我们最新研究成果的法学教材。

承蒙中国人民大学出版社的大力支持，我们组织编写了本套教材，其中包括本科生用书、法律硕士研究生用书、法学研究生用书和司法考试用书四大系列，分别面向不同层次法科教育需求。编写人员以中国人民大学法学院教师为主，反映了中国人民大学法学院整体的研究实力和学术视野。相信本套教材的出版，一定能够为新时期法学教育的繁荣发展发挥应有的作用。

是为序。

2006 年 7 月 10 日

# 编写说明

党的十八届五中全会站在协调推进“四个全面”战略布局的高度，强调深入实施人才优先发展战略，加快建设人才强国。食品安全治理涉及众多学科知识，如何培养和造就一大批既懂法律又懂技术、既掌握知识又具备实践技能、既了解中国国情又具有国际视野的复合型人才，是全面落实食品安全战略的关键所在。高等院校是人才培养的主阵地，食品安全治理人才培养是高等院校的责任所在。

鉴于域外启示和我国实践探索，食品安全治理复合型人才的培养需要考虑以下几点：第一，强化跨学科合作，形成完整的人才培养体系和课程体系。第二，强化理论界与实务界的合作，推进理论与实践的沟通、对话。第三，扩展国际视野，兼收并蓄。第四，以雄厚的学科实力和研究基础作为支撑。

近年来，中国人民大学食品安全治理协同创新中心在国家市场监督管理总局等实务部门的支持下，有效聚集社会创新要素和资源，加强法学、食品科学、管理学、环境学、国际政治学等多学科交叉融合，全面开展食品安全治理人才培养、科学研究、社会服务和国际合作交流工作。中国人民大学市场监管法治研究基地的建立发展更为包括食品安全监管在内的市场监管法治理论研究和实践提供了新的契机。在食品安全治理复合型人才培养方面，该中心在全国高校中率先开展食品安全治理方向法律硕士研究生培养，并招收食品安全法方向硕士研究生、博士研究生、博士后，以培养高层次食品安全法治人才，为食品安全监管部门储备和输送大批专业人才。该中心组织专家深度参与《食品安全法》等重要法律的制定、修改工作，开展食品安全跨学科研究，承担国家市场监督管理总局、国家卫生健康委员会等的多项重要课题，成为在国内外具有重要影响力的政产学研用协同创新平台和高端智库。

本教材在编写内容上理论与实践并重，兼顾本土国情、实践与域外有益经验。形式上，一是通过内容概述列明章节写作要点，并借助重点知识的梳理强调章节的重点和核心内容。二是通过引读案例引出章节的知识要点，启发学习兴趣。这些案例包括热点事件、执法案例、司法案例等。其中，年度食品安全法治事件是该中心参与评选、发布的，旨在总结和宣传食品安全法治建设的重要成果。三是脚注和参考文献为学生拓展阅读提供了指引。

鉴于前期的食品安全法学研究与教学积累，本教材编写分工如下（以撰写章节先后为序）。

胡锦光、韩大元（中国人民大学法学院教授）：前言。

李佳洁（中国人民大学农业与农村发展学院副教授）：第一章。

孙娟娟（河北农业大学人文社会科学学院副教授，中国人民大学食品安全治理协同创新中心研究员）：第二章、第三章、第五章、第八章第五节、第十章。

刘振宇（上海师范大学哲学与法政学院副教授）：第四章。

徐景波（黑龙江省政法管理干部学院法学教授）：第六章。

路磊（中国人民大学科研处副处长、副研究员，中国人民大学食品安全治理协同创新中心研究员）：第七章。

房建恩（河北农业大学人文社会科学学院副教授）：第八章第一节。

冯冠（优合集团优顶特研究院副院长，中国出入境检验检疫协会进出口食品标准化技术委员会委员）：第八章第二节。

田明（国家市场监督管理总局发展研究中心副研究员）：第八章第三节。

丁冬（美团东部大区法务负责人，上海法学会公司法务研究会理事）：第八章第四节。

迈克尔·罗伯茨（美国加州大学洛杉矶分校法学院 Resnick 食品法律政策中心执行主任、教授）：第九章（本章由上海市食品药品安全研究会理事汤晨彬翻译、总结）。

藤原凛［日本函馆大学副教授，厚生劳动省药事、食品卫生审议会（食品卫生分科会）委员，食品安全制度恳谈会委员］：第十一章。

贝尔恩德·范·德·穆伦（欧洲食品法研究所顾问和主任，从 2019 年至 2021

年间担任中华人民共和国国家外国专家局高级专家，到访中国人民大学食品安全治理协同创新中心，在参与本教材写作期间为丹麦哥本哈根大学食品法教授）：第十二章［本章由中国人民大学法学院法律（非法学）食品安全方向2019级研究生赵春翻译］。

# 前言

食物是人类赖以生存的物质基础。作为人类日常生活的重要内容，饮食不仅为人类美好生活提供了物质性需求，也满足了人类丰富、多元的精神文化需求。无论是过去的国之大者还是当前的全球治理，抑或未来食品的探索，围绕食品的议题虽有因时因地的差异，但共识性认知的形成为全球范围内解决食品问题奠定了交流与合作的基础。这些食品问题包括粮食安全、食品卫生、食品欺诈、食品质量、食品营养、食品可持续等。从全球范围来说，1979 年第 20 届联合国粮食及农业组织大会决议确定，1981 年 10 月 16 日是首届“世界粮食日”，此后每年的这一天都作为“世界粮食日”。2018 年联合国大会通过决议，确定自 2019 年起每年的 6 月 7 日为“世界食品安全日”。后者旨在提高人们对食品安全重要性的认识，促进地方、国家、区域和全球各级采取食源性疾病预防措施，加强全球食品安全工作，减轻食源性疾病造成的负担。对于数量安全与质量安全孰轻孰重的问题，联合国粮食及农业组织和世界卫生组织在 2019 年庆祝首个“世界食品安全日”时指出：没有食品安全就没有粮食安全。消除饥饿就是要确保所有人全年都有安全、营养和充足的食物。同时，“食品安全与每个人都息息相关”的年度主题意味着保障食品安全需要人人参与、团结协作，即各国政府、区域经济机构、联合国组织、消费者和生产者团体、学术和研究机构以及私营部门实体必须共同努力解决食品安全问题。

“科技食安”“文化食安”“法治食安”等可用于形容不同主体对保证食品安全的贡献。例如，食品科学专家参与评估食品安全风险和危害，法学专家则参与论证食品安全监管制度的正当性。比较而言，法治可促进不同主体之间的协同合作、共同治理。法治以主体平等、程序正当的可预期方式来化解不同利益主体的利益冲突、凝聚共识，并通过法律明确设定的权利、义务、职责为不同主体、机制、环节的协同作用提供基本框架。然而，食品安全的法制建设与依法治理并非一蹴而就，在一次次的食品安全事故的教训下，"法治食安"日臻完善。当历史时刻提醒我们食品安全治理胜在预防时，以史为鉴也有助于我们在权衡新科技、新商业的收益与风险时，将对食品安全的考量放在第一位。

## 一、食品安全法律的产生与发展

国以民为本，民以食为天。食品问题历来是国家通过立法解决的核心问题之一。就食品安全而言，其一度被视为粮食安全或食品欺诈的子问题，或者等同于食品卫生。这使早期的食品安全立法具有附属性的特点。例如，面包是欧洲的民生必需品，早在古罗马时期便有立法干预，制定了明确面包尺寸、质量、制作方法的规范以及生产和销售的许可制度。随着面包在英国的流行以及市场上掺假问题的突出，1266 年英国颁布《面包和麦酒法令》，明确了国家通过对数量、质量和价格的限制以及违法的惩罚措施来保障面包的货真价实。我国古代的食品立法也从食品卫生的角度打击有毒食品的生产经营。例如，汉简《二年律令》中《贼律》"诸食脯肉"简规定："诸食脯肉，脯肉毒杀、伤、病人者，亟尽孰（熟）燔其余。其县官脯肉也，亦燔之。当燔弗燔，及吏主者，皆坐脯肉臧（赃），与盗同法。"这一律文被视为目前所见的中国古代最早的食品卫生法的条文，其大意为：（一般人）食用干肉后，发生中毒或死亡的，应尽快、全部、认真地将余下的有毒干肉焚毁。官府发放的干肉有毒的，亦须以同样方式焚毁。应当焚毁而不焚毁，以及主管官吏不作为的，均根据所余脯肉的价值计算赃值，然后依照盗窃罪的条款予以处罚。

不同于农业社会的自给自足与食品的有限加工，工业化给食品生产带来了深加工、规模化的技术助力，也使技术风险成为食品消费中的新安全问题。尤其是，化学物质滥用后的化学性危害和供应链中温控、湿控失灵导致的微生物危害日益凸显。诚然，食品安全立法也从官方检测产品、进厂检查、食品添加剂许可等方面强化政府的干预权力，但是，不断发生的食品安全事故使监管者重新审视：侧重于行政事后监管打击与司法个体救济的法律制度是否足以控制乃至预防食品安全事故，以避免给生命、健康安全等造成不可逆的损害？这些反思成为与时俱进地制定、修改食品安全法律的契机。例如，1993 年美国发生的大肠杆菌事件使微生物危害受到重视且促使美国将"危害分析和关键控制点"（Hazard Analysis and Critical Control Point，简称 HACCP）作为防控风险的新法律要求；20 世纪 90 年代的疯牛病危机使欧盟从优先考虑自由流通、建设内部市场的食品监管模式转型为基于科学的预防性食品安全监管模式；2008 年的三聚氰胺事件则加速了我国食品安全基本法的出台。

随着科学评估、风险认知等理念和方法用于防控食品安全风险，食品安全监管成为风险监管的重要领域，食品安全日渐发展为立法的一项独立议题。同时，食品安全风险防控的制度探索也丰富了风险监管的举措。典型之举包括面向监管者的风险分析框架，其职能包括风险评估、风险管理与风险交流，三者的组合应用奠定了食品安全监管的科学性，也保证了决策的体系化与民主性。此外，面向食品生产经营者的危害分析和关键控制点体系将事后的产品自检转向了事中的过程管理，为生产经营者的自我监管提供了制度支持。这些风险防控举措也被纳入食品安全法律，以法定义务的方式督促相关主体尽职履责，保证食品安全。

同时，全球化的食品流通也加剧了食品安全风险及其危害的扩散。对于这一挑战，世界贸易组织框架下针对动植物卫生检疫措施和技术壁垒的协议在协调政府食品安全监管方面发挥了重要作用，其中，《实施动植物卫生检疫措施的协议》的重要性在于防止动植物卫生检疫措施成为贸易保护的借口：该协议规定了这些措施应当符合的要求，尤其是必须基于科学的理由且不能具有歧视性和构成世界贸易的壁垒。在这个方面，该协议明确认可了由所谓的“实施动植物卫生检疫措施协议的三姐妹机构”制定的国际标准，它们是食品法典委员会制定的针对食品的标准、世界动物卫生组织制定的针对动物健康的标准、国际植物保护公约秘书处制定的针对植物健康的标准。除了政府及国际组织，市场主体也能在标准制定中发挥重要作用并进行全球协调。例如，全球良好农业规范、英国零售商协会标准、国际卓越标准、食品安全质量标准等私营标准，从规则制定到依托第三方认证的规则执行以及针对第三方认证的认可，构成了一个“标准—认证—认可”三位一体的私人食品规制体系。时至今日，零售商影响力的不断提升、网络平台私主体的崛起以及两者之间的联盟推动了这一私人食品规制体系的新发展。

## 二、食品安全法律制度的模式

从历时性的发展来看，危机导向下的食品安全立法既有“头痛医头，脚痛医脚”的改良式法律修补，也有“治标亦治本”的改革式法律重置。前者以美国的《食品、药品和化妆品法》为代表。该法具有综合立法的特点。由于该法的制定目的是应对以此充彼、以次充好且危害食品安全的消费欺诈，其立法的综合性体现于以下几点：首先，规范多个食品问题，包括将食品真实性、食品质量和食品安全规范整合于一体。其次，在多年的适时修订中，从食品卫生、食品营养等新出现的食品问题中提炼与食品安全相关的规范要求，并从事后的执法打击转向事中的现场检查与事前的许可要求。最后，通过 2011 年的《食品安全现代化法》，美国食品法也整合了新的食品安全法治理念，即从风险预防、主体责任的角度迭代其食品安全监管的方式，并从全球视角来应对愈演愈烈的食品欺诈问题。

不同于美国，欧盟吸取了疯牛病危机的深重教训，重新制定了食品安全法。就食品安全立法而言，欧盟的立法权限源于其对公共健康和消费者的权益保护。然而，直到疯牛病危机的爆发，欧盟才通过 2002 年的《第 178/2002/EC 号有关食品法基本原则和基本规定、建立欧盟食品安全局以及与食品安全事务相关程序的法令》，明确优先保障公众健康为食品安全法的立法目标。这一通常被称为《通用食品法》的欧盟食品安全立法引入了风险分析和谨慎预防原则，建立了独立承担风险评估职能的食品安全局，以此增强了食品安全监管的科学性。鉴于饲料不够安全是疯牛病危机的源头问题，《通用食品法》不仅强调了食品从业者保证食品安全的首要责任，而且要求饲料从业者一并承担该责任，以确保动物源性食品的源头安全。虽然，欧盟不具有成员国的执法权，但其立法的法令形式和对执法的协调规定促进了《通用食品法》在欧盟内执行的一致。

美国食品安全法律的综合性、欧盟食品安全法律的一体性使美欧模式为其他国家（地区）完善食品安全立法提供了借鉴经验。例如，鉴于新兴的食品安全风险监管理念，中国、日本、韩国等亚洲国家在原有的食品卫生立法下重新定位食品安全与食品卫生的关系，并以前者来优化旨在保障公众健康的食品法律体系。在各国各地区先后以基本法的方式来奠定食品安全治理的制度基础时，立法中尝试厘清的问题包括：什么是食品安全？食品供应链中存在的诸多利益相关者，如食品从业者、主管部门、消费者，谁对确保食品安全负有责任？当出现违法行为时，有哪些惩罚手段？作为回应，2005 年联合国粮食及农业组织委托专家撰写的《食品立法的维度和指南：新的食品模范法》就指出了基本食品法应回应上述这些问题，且其关键就是制定一些基本原则，指导次级立法以及执法。这也成为国际层面协调各国各地区食品安全立法的典型之举。

## 三、食品安全法律的功能与价值

食品安全是解决其他各类食品问题的前提，包括保障粮食安全，保证食品真实性以及借助地理标志提升食品质量。当前，食品营养成为健康消费的重要选择，而营养差异化或个性化的前提依旧是食品安全。国家既从长治久安、社会稳定的高度重视这些交织在一起的食品问题，也依托科学技术创新、国民经济发展来寻求解决之道。无疑，各国（地区）面临的食品问题的差异性会影响到立法议题选择的先后性或侧重点。然而，附属性的食品安全立法选择曾带来深刻的教训。当食品安全立法把安全保障作为促进经济发展的手段，将食品的自由流通、贸易繁荣凌驾于消费者的安全之上时，优先经济考虑而导致的食品安全事故既让消费者丧失了对食品行业的信心，也动摇了公众对政府的信任。因此，将食品安全作为独立议题的立法转变首先从立法目标上正本清源，明确保证食品安全为立法的优先目标，以此来保障公众健康。这也使食品安全法律成为公民食物权与健康权的实现和保护途径。

一方面，1948 年联合国通过的《世界人权宣言》第 25.1 条规定：人人有权享受为维持他本人和家属的健康和福利所需的生活水准，包括食物、衣着、住房、医疗和必要的社会服务。至此，食物权得到正式承认，并经由 1999 年联合国经济、社会及文化权利委员会的第 12 号一般评论得到细化："当男女老少人人单独或与其他人一起在任何时候都能够在物质上和经济上获取适足食物或购买食物的手段时便实现了适足食物权"。其中，适足食物要求既能从数量上解决饥饿和营养不良的问题，也能从质量上保障没有有害物质对人的健康产生危害。试想：当一个人对安全食品的诉求都无法得到国家有效保障时，个体尊严又从何谈起？国家有义务尊重、保护和实现适足食物权：一是国家不得采取妨碍公民实现其食物权的任何行动，如耕者有其田意味着农民可以利用土地资源来从事农业生产。二是国家应保护公民获取适足食物的机会不被他人剥夺，如通过法律制度和监管机构的安排来防止有毒有害食品危害消费者的健康。三是针对特殊人群或在特殊时期直接提供适足食物，如为受灾人群提供安全的食物和洁净的饮用水。

另一方面，人类健康权的基本要义是，于人而言最重要的并不是物质，而是健康，要使人人达到《经济、社会、文化权利国际公约》第 12 条第 1 款规定的"享有能达到的最高的体质和心理健康的标准"。生命与健康是人类享有一切权利与尊严的基础。优先保护人的健康，就要始终把人作为主体。人民健康，拥有安全感，拥有尊严，是国家存在的目的与基础。国际公约所要求的健康不限于得到卫生保健的权利。随着技术的发展与社会的变化，传统的生存权已经不能契合人类对生命本质的理解，已经不能满足人类在信息时代应对新挑战的需要。今天，我们要追求有尊严的生存与高质量的生命，但由于食品安全和环境污染影响人们的生存环境，对健康权的关注、对健康权的保障成为一种超越传统生存权的新的权利形态。健康权是当代基本人权的重要内容，赋予了人权在一个创新与发展的时代新的内涵与价值，已经成为人类应当享有的最基本的人权，成为国际社会共同保障的基本权利。人类的健康权成为基本权利与尊严的基础，这是全人类的价值共识。同时，信息载体与工业技术的结合，进一步给健康权带来挑战，食品安全治理也面临着新挑战，这考验着国家的治理体系现代化能力。当社会出现不公平、不正义，食品不安全，环境污染的时候，国民是没有自我安全感的。民以食为天，食以安为先，我们必须重视、呼吁基于人的尊严而享有的食品安全权，民众有权要求国家、社会和食品企业保障每一个人获得充分的安全享用食品的权利。

伴随着信息化和全球化的发展，食品安全问题日益成为世界各国（地区）共同关注的重要话题，食品安全不仅是食品企业治理的问题，更是关系到法治文明、人类尊严与价值，涉及国家与社会、社会与公民关系的重要问题。从某种意义上说，食品安全的实质是人权问题，是人的生命健康权问题，是通过“物”所看到的“人”的问题。特别是在当代社会食品安全所承载的价值越来越丰富。法治是食品安全的基石和保障，推进食品安全法治就具有重要意义。

在食品安全治理中，法治具有基础性意义，必须先行。主要理由在于：

其一，法治是凝聚食品安全治理共识的基本方式。食品安全治理始终存在着各种不同的利益及利益主体，法治的稳定性、平等性和程序性，决定了法治是各种利益冲突有效化解和凝聚不同利益主体共识的基本方式。

其二，法治奠定了食品安全治理各要素协调运作的基本框架。法治具有可预期性、可操作性、可救济性、可持续性、正当性赋予等优势，其作用不仅在于食品安全事故处理和纠纷解决，更关键的是通过法律明确设定的权利、义务、职责和责任，为不同主体、机制和环节的协同作用提供基本框架。

其三，法治是容纳不同学科的知识、经验和技术，预防和降低食品治理风险的基本途径。食品安全治理还必须运用各种学科、各个领域的知识，并将知识转化为不同的技术和制度。在这个过程中，科学技术知识着眼于风险判断、标准制定，社会科学知识服务于风险管理、制度设计等。这些复杂的知识本身具有差异性，只有统一转化为透明、明确、可操作的法律规则才能成为指引人行为的依据，才能实现对不同食品安全治理行为的理性调控。

其四，法治是食品安全治理价值导向和实际效果的基本保障。食品安全治理不仅涉及各种利益的博弈，同时也牵涉各种价值观的冲突。法治崇尚正义、自由、平等、安全、秩序等基本价值，在食品安全治理中始终坚持对人的尊严的尊重、对生命健康的守护以及对社会诚信和规则意识的弘扬。法治所具有的刚性、强度与威慑力，是其他社会调整方式无法替代的，它能够在最基本的意义上促进社会正义，预防和解决各种纠纷，确保食品安全治理取得实效。

## 四、食品安全法律的共识与趋势

当前，风险预防、过程管理、全程控制、社会共治已经成为各国各地区通过食品安全法确立的基本理念或原则。

第一，食品安全没有零风险，食品安全的相对性在于确认一种可接受的风险水平。如果预知的风险及其程度不至于对人体健康产生危害影响，食品依旧是安全的。确认这样的可接受程度需要借助风险评估。同时，无论是政策、法律制定还是食品安全标准制定，都需要考虑公众的感知以提高决策结果的社会可接受度，也需要通过风险交流来增强公众的风险认知理性。鉴于此，风险预防的原则要求体系性地建立风险评估、风险管理与风险交流制度，并谨慎地应对科学的不确定性。

第二，现代经济社会发展的高风险性和政府无法全面防范风险的有限性使企业愿意通过自我控制、自我监管等自律自控、自查自检方式来管理风险，且这一做法可以为其获得更好的声誉、赢得公众信任。源自美国的 HACCP 为食品生产经营企业提供了防控食品安全风险的管理理念与方法。相较于传统的检查和质量控制，应用 HACCP 的优越性在于通过预防措施而不是最终产品检验来保证食品安全，且可以把注意力集中在最关键的操作步骤。在渐进发展中，经全球协调认可的 HACCP 已被视为保障食品安全的有效管理方法，世界上许多国家和地区都有 HACCP 应用的大量鲜活实例和成功实践。

第三，在日益复杂的食品供应链中，食物的历程既有从农场到餐桌的供应选择，也有从港口到餐桌的选择。伴随着科技创新，食品的选择也有了从实验室到餐桌的可能。无论是何种供应链，食品的全程控制都需要不同主体在自己的管辖范围内保证食品的安全性。当食品安全保证既需要生产经营者“产出安全食品”也需要市场监管者“管出食品安全”时，前者的全程控制意在借助“向前一步”和“向后一步”的信息传递来实现食品的全程追溯；后者因国而异的监管分工也需要跨部门的协同合作，以便在倒查食品安全问题时，能够追踪并定位真正的责任主体。

第四，随着食品安全法治的演进，保证食品安全的责任制度先后表现为消费者自负其责与司法救济、政府干预与控制命令型监管、生产经营者首要主体责任与合作监管、食品安全人人有责与社会共治。考虑到食品供应链的日益复杂化、食品生产经营行为的风险性与生产经营者直接从事该行为的主体角色，强调食品安全人人有责且由生产经营者承担保证食品安全的首要主体责任已成为食品安全治理的共识。

为促进这些共识的制度化，联合国粮食及农业组织和世界卫生组织等国际组织也陆续出台了一些文件。以风险分析为例：国际层面的适用指南包括 1995 年针对风险评估的《在食品标准问题中适用风险分析》（Application of Risk Analysis to Food Standards Issue）、1997 年针对风险管理的《风险管理和食品安全》（Risk Management and Food Safety）、1998 年针对风险交流的《食品标准和安全问题中适用风险交流》（The Application of Risk Communication to Food Standards and Safety Matters），以及 2006 年针对风险分析的《食品安全风险分析：国家食品安全机构指南》(Food Safety Risk Analysis，A Guide for National Food Safety Authorities)。在各国各地区以及国际组织的共同努力下，全球消费者可从日益透明的供应链中获取更丰富、更安全、更营养的食品。然而，"食品安全没有零风险"，对不断用于食品生产经营的新技术、新商业及其伴随着的安全风险仍需时刻保持警惕，坚守食品安全的底线不松懈。

从当前的挑战和立法趋势来看，一方面，质量欺诈日益成为全球新关注的问题，尤其是利益驱动型的掺假掺杂问题，典型的便是2013年欧盟发生的无关食品安全的马肉风波。当下愈演愈烈的便是葡萄酒、橄榄油的产地欺诈和水产、蜂蜜的以次充好。加强这方面的监管，一是为了强调食品不仅关系消费者的健康和生命安全，也涉及消费者的经济利益以及知情权和选择权，是全面保护消费者所必需的。此外，对品牌、质量标志等知识产权的侵犯也扰乱了市场秩序，而劣币驱逐良币的效应也损害了合法生产经营者的利益。二是食品欺诈因为低风险、高利润越来越受到犯罪集团的青睐，而这与假药、劣药的监管从严和对食品犯罪的打击力度有限也有关系。而且，一个不争的事实便是这些规避官方监管的食品欺诈存在安全隐患。鉴于此，其一，需要加强区域和国际合作来共同应对这些问题，包括立法方面针对概念、规则的趋同以及行政和刑事的合作来防止监管套利；其二，需要结合一国（地区）食品行业和监管制度的差异来攻坚本国（地区）突出的食品问题。以欧盟为例：在马肉风波使其意识到应从欧盟层面强化食品领域的反消费欺诈后，一个最为显著的成果便是食品欺诈网络（FFN）的建立，借此实现跨境食品欺诈案件的各国通报以及基于大数据的欺诈趋势分析。

另一方面，食品安全问题并不孤立。除了不同食品问题之间的交织性，"食品系统""同一健康"等理念表明了食品安全问题与环境安全、动植物健康的息息相关性。当前，食品系统的温室气体排放量占全球的近三分之一，消耗了大量的自然资源，导致了生物多样性丧失和不利的健康影响（包括营养不足和营养过剩），且使所有的参与者，尤其是初级生产者无法获得公平的经济回报和生计。选择可持续的食品系统为食品价值链中的从业者提供了新的机遇。因此，欧盟通过《从农场到餐桌战略》，明确了向可持续食品系统转型的新目标，其特点包括：有助于减少气候变化并适应其带来的影响；逆转生物多样性丧失的趋势；保证粮食安全、营养和公众健康，确保所有人可以获得充足、安全、营养且可持续的食品；在保持食品可负担性的同时实现更为公平的经济回报，建立有竞争力的欧盟供应部门和促进公平贸易。

## 五、我国食品安全法治的理念与完善路径

从食品卫生到食品安全，我国食品立法的议题转变反映出了食品安全治理的深刻转

变。2009 年出台的《食品安全法》在国家层面确立了“食品安全”的法律概念和治理理念，突出了食品安全作为食品法治领域独立规制议题的立法定位。作为食品安全领域的基本法，《食品安全法》开宗明义，旨在“保障公众身体健康和生命安全”。将食品安全纳入公共安全的范畴，符合风险社会治理的发展趋向。2015 年 4 月 24 日，第十二届全国人大常委会第十四次会议修改了《食品安全法》，建立了覆盖生产、流通、服务、销售等环节的全过程监管制度。鉴于行政体制改革和“放管服”的监管优化，2018 年与 2021 年全国人大常委会先后对《食品安全法》作出部分修改。

为了回应公众对法治的期待，我国的食品安全法治体现以下基本理念。

第一，生命健康至上的基本理念。

生命健康权是公民参加一切社会活动、享有其他一切权利的基础，是公民享有的最基本的人权。我国《宪法》第 24 条明确规定“国家尊重和保障人权”。这意味着，国家立法、行政与司法机关都负有尊重和保障人权的宪法义务，任何法律制度和公共政策的制定、实施都应该回归到宪法的价值体系之内，以开放、理性与宽容的理念贯彻宪法关于尊重和保障人权的要求。

中国古语有云：“民惟邦本，本固邦宁”，“民者，国之根也，诚宜重其食，爱其命”。食品安全直接影响人民生命健康。根据世界卫生组织通报的数据，全球每年有数百万人因食用不安全食品而患病，每年约有 200 万人因食用不安全的食物而死亡，其中多数是儿童。而含有有害细菌、病毒、寄生虫或化学物质的食品可导致从腹泻到癌症等 200 多种疾病。保障人民的生命健康权，为民众生活提供安全保障，是政府的基本义务，也是国家存在的基础和国家兴旺的根本。近年来，我国不断提升民生工程在国家战略中的重要地位，2016 年 8 月 26 日，我国颁布了《“健康中国 2030”规划纲要》，明确提出“把人民健康放在优先发展的战略地位”。换言之，人民的生命健康将成为一切发展战略首要的考虑因素。生命健康权既是人民的“底线权利”，也是人民的“最高权利”。生命健康权至上，就是指没有比人民的生命健康更重要的价值、更重要的理念、更重要的发展战略，任何价值和利益都不能凌驾于人民的生命健康权之上。

《食品安全法》第 1 条就规定，“为了保证食品安全，保障公众身体健康和生命安全，制定本法”，即阐明立法的根本宗旨就是“保障公众身体健康和生命安全”。《食品安全法》通过一系列制度设计来确保公众食品安全和生命健康权：首先，《食品安全法》全面界定了食品安全和食品安全监管的范围。《食品安全法》第 150 条和第 2 条分别规范了食品安全和食品安全监管的范围，表明：我国所致力于实现的食品安全既包括数量安全，也包括质量安全；既包括生产安全，也包括经营安全；既包括过程安全，也包括结果安全；既包括现实安全，也包括未来安全，从而实现对人民生命健康权的全面保障。其次,《食品安全法》理顺了食品安全相关法律法规之间的关系和相关监管部门之间的职责。2009 年《食品安全法》颁布时,食品安全监管实行的是多个部门分段监管的体制,各部门职责交叉、衔接不当,相关法律法规之间也存在相互交叉、不配套的现象,导致食品安全监管存在一些漏洞和空白。修订后的《食品安全法》通过第 2 条、第 4 条、第 5 条、第 6 条、第 7 条、第 8 条、第 9 条、第 10 条,理顺了相关法律法规之间的关系,分别对食品安全监管方面国家部委之间的分工合作,中央与地方的分工合作,地方政府、企业、媒体和消费者的职责作了全面规定,实现对食品安全的无缝监管,以法律的权威和完善对人民生命健康作出保障。最后,《食品安全法》加大了食品安全事件问责和处罚的力度。通过第 142 条等条款的规定强化了政府责任,加大了对食品安全违法行为的处罚力度,综合采用民事责任、行政责任和刑事责任等多种形式,突破了以往补偿性的民事赔偿模式,体现了人民生命健康权高于财产权的立法理念。此外,《食品安全法》还通过健全食品安全标准、实施全程监管、风险预防等多方面的制度设计,对切实保障食品安全、降低食品风险作出了详细规定,充分体现了生命健康权至上的立法精神。

第二,依法治理的基本理念。

食品,作为人民生活消费的必需品,具有刚性需求的特征;同时,食品安全风险具有典型的“民主分布”特征,无论国家、地域、民族、种族、年龄、性别、贫富、阶层为何,食品安全风险无人可以回避。虽然,通过更为优越的居住环境或者更健康的食品,某些人在规避食品安全风险方面具有更多的可能性和能力,但是随着风险的扩散,所有人都无法逃避威胁。如贝克提出的“风险社会”,当今的人类面临着由工业社会所制造的生存风险。在此背景下,公众对食品安全关注度更高、容忍度更低,对政府监管和市场秩序也有更高的安全期待与标准要求。为了将食品安全风险降到最低,《食品安全法》确立了依法治理的基本理念,意在以法律的权威确保食品安全。各界普遍认为这是“史上最严”的食品安全法。

在制度设计方面,《食品安全法》全面贯彻了法治原则。习近平总书记强调,要切实加强食品药品安全监管,用最严谨的标准、最严格的监管、最严厉的处罚、最严肃的问责,加快建立科学完善的食品药品安全治理体系,严把从农田到餐桌、从实验室到医院的每一道防线。[①]“四个最严”要求为食品安全治理工作指明了方向。首先,针对民事责任、行政责任和刑事责任等多种形式,《食品安全法》在民事责任方面,确立了企业首负责任制,完善了惩罚性赔偿制度;在刑事责任方面,细化了食品安全违法刑事责任条款,建立了行刑衔接制度。其次,在责任处罚方面,现行《食品安全法》引入了资格罚、声誉罚、财产罚、行为罚等多元责任机制,提高违法成本,强化法律威慑力,如《食

① 习近平:“4 个最严”监管食药. http://epaper. bjnews. com. cn/html/2015 - 05/31/content_579708. htm?news.

品安全法》规定：因食品安全违法行为受到刑事处罚或者出具虚假检验报告受到开除处分的食品检验机构人员，终身禁止从事食品检验工作；国家建立统一的食品企业黑名单制度，将有违食品安全法律、法规，出现食品安全事故的企业统一曝光等。最后，在责任落实方面，《食品安全法》确立了企业责任、政府责任与第三方机构责任相结合的原则，尤其强化了地方政府负总责的力度。

第三，社会共治的基本理念。

我国以社会共治来实现“食品安全人人有责”，并为多元参与构建了投诉举报、惩罚性赔偿、平台治理等制度。这些新的举措是我国为食品安全法律发展作出的智慧贡献。例如，我国电子商务迅猛发展，网络食品经营业态模式呈现百花齐放的态势。从平台经济到食品电商市场的发展，互联网时代的到来为食品企业带来了新的商机。但是，由于网络食品经营的虚拟性和跨地域特点，线上食品安全监管在行政管辖、案件调查、证据固定、处罚执行、消费者权益保护等方面面临挑战。《食品安全法》充分体现了以第三方平台为抓手的社会共治治理理念，将第三方平台设定为被监管者和管理者的角色，明确了网络服务提供者所负有的审查义务以及其承担该项义务的方式，具体包括备案义务，具备数据备份和故障恢复技术条件，建立食品安全相关制度，对食品生产经营者进行审查登记，对入网食品生产经营者建立档案，记录保存交易信息及信息检查，发现严重违法行为时停止提供网络交易平台服务等。同时，在互联网多元利益相关方的模式中，社会公众也是重要的参与角色。在这方面，任何组织或者个人均可以向监管部门举报网络食品安全违法行为。此外，网络食品交易第三方平台提供者所构建的内部举报制度也是其发现违法行为的重要途径。

比较而言，在社会共治当中，最重要、最关键的是食品企业。企业要建立食品安全管理制度、培训制度、自查制度。当企业不能自律保证食品安全的时候，监管部门要实行充分的、严厉的监管。例如，《食品安全法》按照“最严厉处罚”的立法精神，规定了对企业负责人个人的行政处罚。该法第 135 条规定，被吊销许可证的食品生产经营者及其法定代表人、直接负责的主管人员和其他直接责任人员自处罚决定作出之日起 5 年内不得申请食品生产经营许可，或者从事食品生产经营管理工作、担任食品生产经营企业食品安全管理人员。《食品安全法实施条例》更是增设了“罚款到人”制度：在企业负责人对企业所实施的食品安全违法行为负有责任的情况下，除对企业进行处罚外，还对企业负责人处以一定力度的罚款。一方面，这是个人承担法律责任的表现；另一方面，达到惩戒的效果，使对食品生产经营企业负有责任的个人能够真正履行自己的法律职责。反之，科学、专业的政府监管和全面、积极的企业自律是互相促进的关系。随着越来越多的生产经营者在“法治食安”的驱动下选择合规管理、守法用法，政府监管也契合了行业发展的良好局面，从而增强了对监管的合理预期。

## 六、食品安全法学研究与教育

在国家治理体系现代化进程中，保障国民健康素质，确保舌尖上的安全，为民众生活提供安全，是政府的基本义务。制定食品安全法、实现公民的食品安全权是履行这一义务的法制基础，也是我国“推进健康中国建设、实施食品安全战略”的法治路径。

一方面，食品安全法学研究和教育随着食品安全监管实践的发展而兴起。在美国食品安全监管发展的百年历史中，美国食品法研究既有农业法律的研究进路，也有食品药品监管研究的进路。两者从各有侧重、彼此分野走向整合，聚焦于从食品体系的综合视角完善和食品问题相关的法律制度与监管方式。从独立的法律规范体系到融合的法律知识系统，食品法在美国的教育发展载体包括法学课程设置、法律奖学金、法律诊所实务、学生社团等。在我国实施《食品安全法》和强化食品安全法治之际，域外食品安全法治发展为我国食品安全治理提供了经验借鉴，包括研究与教育。

另一方面，食品安全法学及其研究兼具自然科学与社会科学属性，是贯穿社会生活全局的特殊法律研究领域，具有综合性、科技性、专业性等特点。研究方法从单一化向多元化转变，也使食品安全法学研究方法从“部门法”化走向“领域法”化，从单一化走向多元化，从移植引介走向自主创设。就我国的本土研究而言，食品安全法学研究不应拘泥于部门法学的争执，而应进一步把稳中国立场，对领域完善所需的各种研究方法，对实际问题的解决方法，兼容并蓄。

综上，从研究服务于立法实践到教育服务于人才培养，食品安全法治成为相关学科的跨学科主题。相关的教学创新为我国实施食品安全战略、推进食品安全治理体系和治理能力现代化提供了新路径。鉴于此，编写食品安全法教材，旨在推动食品安全社会共治的法学理论研究，体现我国食品安全法治的智慧和成功经验，反映当今世界食品安全法治的发展趋势。

# 目录

第一编

## 食品安全法的基础理论


第一章 导 论

第一节 食品与食品安全问题 …… 005

第二节 食品安全保障 …… 013

第二章 食物权与食品安全法

第一节 得食的权利与食物权 …… 023

第二节 食品安全权与法律演变 …… 026

第三节 食品体系与食品安全法的完善 …… 033

第三章 食品安全规制与治理

第一节 食品规制与安全保障 …… 038

第二节 食品安全规制的优化 …… 043

第三节 食品安全治理 …… 047

第四章 食品安全治理中的责任分配

第一节 责任的法律解析 …… 055

第二节 食品安全社会共治的责任分配 …… 061

第二编

# 我国食品安全法

第五章　食品安全的法制演变与法治作用
第一节　食品安全法律的演变 …… 072
第二节　法治在食品安全治理中的作用变迁 …… 080
第六章　食品安全法的基本原则
第一节　预防为主原则 …… 088
第二节　风险管理原则 …… 090
第三节　全程控制原则 …… 092
第四节　社会共治原则 …… 095
第七章　食品安全法的主要制度
第一节　风险管理制度 …… 099
第二节　食品标准制度 …… 102
第三节　行政监管体制 …… 106
第四节　监督管理制度 …… 112
第五节　法律责任制度 …… 115
第八章　特定品类监管
第一节　食用农产品监管 …… 121
第二节　进出口食品监管 …… 132
第三节　特殊食品监管 …… 139
第四节　网络食品监管 …… 146
第五节　小餐饮监管 …… 153

第三编

# 域外食品安全法

第九章　美国食品法
第一节　美国食品法的沿革 …… 162
第二节　美国《食品安全现代化法》概述 …… 165
第三节　美国食品法的新发展 …… 172

第 十 章　欧盟[①]食品法
第一节　欧盟食品法的沿革 …… 175
第二节　欧盟《通用食品法》概述 …… 177
第三节　欧盟食品法的新发展 …… 184
第十一章　日本食品法
第一节　日本食品法的沿革 …… 187
第二节　日本《食品卫生法》概述 …… 197
第三节　日本食品法的新发展 …… 200
第十二章　国际食品法
第一节　国际食品法概述 …… 203
第二节　《食品法典》 …… 205

参考文献 …… 217

① 1992年的《欧盟条约》明确了包括欧洲经济共同体在内的欧洲共同体是欧盟三大支柱中的主要内容。然而，2009年的《里斯本条约》重新定位了欧盟这一称谓的内容，使其继承了欧洲共同体的内容并具有独立的法人资格。为了行文的一致性，本书主要采用欧盟这一术语。

PART ONE

1

|第一编|

# 食品安全法的基础理论

# 第一章
# 导　论

**内容概述**

正确理解法律中“食品”和“食品安全”的概念，是预防和惩治食品安全违法犯罪行为的首要问题，对于实现食品安全法治具有积极意义。本章对食品及食品安全的定义与法律概念边界进行了阐释，明确了食品与药品、新食品与普通食品以及食品与农产品的定义边界，明确了食品安全与粮食安全、食品欺诈等概念的区别与联系；同时，在梳理国内外食品安全问题演变史的基础上，对我国现阶段凸显的食品安全问题的现状和特点进行了重点分析；最后，从食品安全多学科性入手，对我国食品安全法制保障的历史进行了回顾梳理。

**重点知识**

1. 食品：食用物质、药品、新食品、农产品
2. 食品安全：相对安全、粮食安全、食品欺诈、危害、食品防护
3. 食品安全保障：法治

## 引读案例

**案例 1**

2020 年 12 月，浦东公安分局经侦支队收到一条线索：有人在网上销售假减肥药。该制售窝点通过在网上发布广告进行宣传，吸引爱美女性。产品品种多多，消费者被其中的宣传话术所吸引，想通过“特效减肥类保健食品”让自己瘦出完美曲线，殊不知，自己买的减肥药中添加了“西布曲明”这种违禁成分，虽然有减肥的效果，但会对身体造成伤害。分局经侦支队民警经过前期数月的缜密侦查，在市局经侦总队的指导协助下，会同外高桥公安处及相关派出所，在多省多地统一开展收网行动，先后抓获生产、销售有毒有害减肥类保健食品的嫌疑人曾某某、周某某、郭某某等 75 人，捣毁生产窝点 3

处、销售窝点24处，现场查获有毒有害减肥类保健食品65 000余粒、生产原料约34千克、生产设备3台以及外包装20 000余件，涉案金额达5 000万余元。[①]

**案例2**

消费者李某通过某平台以每瓶188元的价格向云南某公司网购12瓶玛咖片，发现该商品标签不当，遂在再次购买150瓶后诉至法院，主张云南某公司给予其支付价款10倍的赔偿。法院认为涉案产品玛咖属于新资源食品，云南某公司违反了2011年卫生部《关于批准玛咖粉作为新资源食品的公告》的相关规定，未标注不适宜人群及食用限量，对不适宜食用的消费者可能会造成健康危害，因此根据2015年《食品安全法》第148条的规定，对李某第一次购买涉案产品后的10倍赔偿请求给予支持；但认定其第二次购买行为主观上存在获取高额赔偿款的明显故意，因而对其第二次购买后的赔偿请求不予支持；并驳回李某的其他诉讼请求。[②]

**案例3**

2015年8月6日，施某到雅中芽公司设在龙湾文化用品市场（茶业市场）的店铺内品茶后，向雅中芽公司预定了20 800克红茶，双方约定由雅中芽公司提供礼盒包装。8月10日，施某至店铺付款提货，共计52盒（每盒400克，2个铁罐装），包装盒上标注有“品名：雅中芽（红茶）、标准代号：GB/T 13738.2、生产许可证编号：QS330314010012”等字样，未标注生产日期，货款合计24 960元，雅中芽公司开具了浙江增值税普通发票。8月14日，施某以雅中芽公司未取得茶叶（红茶）生产许可、预包装上未标注生产日期为由，向温州市市场监督管理局投诉举报，温州市市场监督管理局转交至泰顺县市场监督管理局办理。9月14日，泰顺县市场监督管理局对雅中芽公司予以立案调查。经对雅中芽公司住所进行现场检查，对施某、雅中芽公司法定代表人林某等人进行调查询问后，其于12月9日作出涉案“行政处罚决定书”，认定雅中芽公司销售给施某的红茶属于预包装食品，其包装上未标注生产日期，不符合2009年《食品安全法》第42条的规定，根据该法第86条罚则，决定处以罚款49 920元。

雅中芽公司不服，向温州市市场监督管理局申请复议。在行政复议审理期间，温州市市场监督管理局针对涉案红茶是否属于食用农产品的问题，认为：食用农产品在我国是一种实行特殊管理的食品。根据《食品安全法》第2条第2款、《农产品质量安全法》第2条第1款以及《农业部、食品药品监督管理总局关于加强食用农产品质量安全监督管理工作的意见》的规定，“食用农产品”是指在传统农业活动或现代农业活动中直接获得的以及经过一定加工但未改变其基本自然性状和化学性质的动物、植物、微生物及其

---

① 澎湃网. 2021-04-12. https://www.thepaper.cn/newsDetail_forward_12159731.

② 陈珏琦. 江西一消费者要求十倍赔偿未获支持. 人民法院报，2016-05-18（3）.

产品。涉案红茶是经过一定加工的植物产品，判断其是否属于食用农产品，关键在于这些加工是否改变了茶叶的基本自然性状和化学性质，即是否属于初级产品。结合《食用农产品范围注释》《茶叶生产许可证审查细则》等的规定，经过杀青、萎凋、揉捻、发酵等初制加工工序的毛茶，属于初级产品，即食用农产品；经过筛分、风选、拣梗等精制加工工序的精制茶，则属于食品。国家茶业质量监督检验中心出具的“检验报告”显示，涉案红茶未经精加工。据此可以判定，其属于食用农产品范畴。①

# 第一节 食品与食品安全问题

## 一、食 品

### （一）食品的概念

#### 1. 一般意义上的食品

食品是人类赖以生存的基本物质基础。《现代汉语词典》中将食品描述为“经过一定加工制作后的食物”。但是人们在日常生活中对食品的描述，基本上都是基于约定俗成，很少有一个明确和准确定义。按照一般理解，食品就是人类食用的物品。但是，由于地理环境、自然禀赋、风俗习惯和文化传统的不同，具体到某一种物质能否被称为食品，不同地区的人们又有不同的观点。食品的属性多维复杂，除了具有包括数量、种类、质量、营养、色香味在内的自然属性，同时，食品还被赋予了重要的社会属性和文化属性特征。

#### 2. 食品科学上的食品

在食品科学的学科体系下，主要是从食品的组成、来源、作用和功能等角度对食品进行定义的。食品作为一种可食用物质，具有三个特征：第一，食品具有明确的成分组成、形态和特性，具有明确的感官性状，即色、香、味、外形及硬度等；第二，食品的来源可以是天然获得，也可以是通过组合加工而成；第三，食品具有功能性，食品最基本的功能是为机体提供维持生理需要的营养物质和能量，通过食品成分在体内的降解、消化、吸收来实现。因此，2017 年版不列颠百科全书中，对食品有如下的定义：“食品

① 散装茶叶是食品还是食用农产品？市场监管局这样处理败诉. 2020－04－15. https://mp.weixin.qq.com/s/X017NX5W_b9uIwwwmQwIRw.

是能给机体提供营养支持的食用物质。它通常来源于植物或动物，包含诸如碳水化合物、脂肪、蛋白质、维他命或矿物质等必需营养成分。食物被机体食用并被机体细胞消化吸收来提供能量、维持生命或刺激增长。”这比较符合食品科学上对食品的定义。

**3. 法律上的食品**

由于食品种类的纷繁复杂和高频的推陈出新，各国及国际组织在法律上对食品的定义都采取了较为包容的立法态度，以期监管范围能涵盖所有可能被称为食品的物品。例如美国《联邦食品、药品和化妆品法》（Federal Food Drugs and Cosmetic Act）第 201 节 f 款将食品定义为“（1）人或其他动物使用的食物和饮料，（2）口香糖以及（3）用来组成这些食品成分的物品”。加拿大《食品药品法案》（Food and Drugs Act）也采取了这种包容的界定方式，对食品的定义是“包括任何加工、出售或者供人用作食物或者饮用的物品，还有口香糖，以及掺入食物中的供人饮用的任何组成部分物品”。欧盟《第 178/2002/EC 号有关食品法基本原则和基本规定、建立欧盟食品安全局以及与食品安全事务相关程序的法令》第 2 条将食品定义为“任何加工、部分加工或未加工，旨在或者可以合理期待供人摄取的物质和产品。‘食品’包括饮料、口香糖及在加工、准备或者处理过程中掺入食物中任何含有水的物质”。

同时，为了便于明确监管范围，法律层面上对食品的定义也强调了对食品法律概念边界的确认。

第一，明确食品与药品的定义边界。基于食品和药品的重大差异，各国均注重将食品与药品进行分类立法，并在定义中着重区分。国际食品法典委员会（Codex Alimentarius Commission，简称 CAC）将食品定义为“任何加工、半加工或未经加工供人类食用的物质，包括食用农产品、饮料、口香糖及在食品生产、制作或处理过程中所用的任何物质（如食品添加剂），但不包括化妆品或烟草或只做药物使用的物质”。日本《食品安全基本法》第 2 条对食品的定义是“除《药事法》规定的药品、准药品以外的所有饮食物”。

我国 2019 年新修订的《中华人民共和国药品管理法》第 2 条第 2 款规定：“本法所称药品，是指用于预防、治疗、诊断人的疾病，有目的地调节人的生理机能并规定有适应症或者功能主治、用法和用量的物质，包括中药、化学药和生物制品等。”看上去食品和药品在概念上并无令人混淆的问题，但由于我国自古以来在传统上存在药食同源物品，有些中药材被允许用于保健食品这类特殊食品中，因此在法律层面对食品的定义，需要特别注意，既需包含传统中既是食品又是中药材的物品，又要区分食品和药品的边界，明确食品不包括以治疗为目的的物品。因此，《食品安全法》将食品定义为“各种供人食用或者饮用的成品和原料以及按照传统既是食品又是中药材的物品，但是不包括以治疗为目的的物品”。同时，国家卫生健康委员会自2002年起，对既是食品又是中药材的物品实施清单目录动态管理制度，仅在目录中出现的药食同源物品才可被称为食品。

第二，规定新食品的概念。新食品往往指向新发现、新研制或新进口而又没有食用习惯的食品。例如，根据《欧洲议会和欧盟理事会1997年1月27日第258/97/EC号关于新食品和新食品成分的法令》，所谓“新食品和新食品成分”，是指在1997年5月15日之前尚未在共同体内有消费历史的食品或食品成分，包括通过新技术获得的食品。将新食品从普通食品中区别开是因为通过食用的历史经验或先前的科学评估已经证实了后者的安全性，通过对新食品的单独规制来加强安全保障。我国也是较早开展这一类规制的国家，这一规制起源于1983年制定的《中华人民共和国食品卫生法（试行）》（已失效）。根据该法第22条的规定，利用新资源生产的食品、食品添加剂的新品种，生产经营企业在投入生产前，必须提出该产品卫生评价和营养价所需的资料。利用新的原材料生产的食品容器、包装材料和食品用工具、设备的新品种，生产经营企业在投入生产前，必须提出该产品卫生评价所需的资料。随着法律的制定、修改，这一规制对象又先后经历了“新食品资源”、“新资源食品”和“新食品原料”的转变。总的来说，规制目的是通过先行安全评估来保障被纳入这一规制范围的食品的安全性。

第三，明确食品与农产品的定义边界。《现代汉语词典》将农产品定义为“农业中生产的物品，如稻子、小麦、高粱、棉花、烟叶、甘蔗等”。《中华人民共和国农产品质量安全法》（以下简称《农产品质量安全法》）第2条对农产品的概念进行了界定：“本法所称农产品，是指来源于农业的初级产品，即在农业活动中获得的植物、动物、微生物及其产品”。而按照《食品安全法》中食品是“各种供人食用或者饮用的成品和原料”的定义，有些农产品也可以直接供人食用或者饮用，因此食品和农产品的定义中存在相交但不重合的情况，由此将产生食品和农产品相交部分法律概念模糊不清的问题。因此，《食品安全法》在第2条特别将供食用的源于农业的初级产品定义为“食用农产品”，并明确保障食用农产品的安全。

### (二) 食品的分类

食品种类繁多，按照不同的标准可划分为不同的类型。在国家标准GB/T 7635.1-2002《全国主要产品分类与代码 第1部分：可运输产品》中，食品主要包括农林（牧）渔业产品，加工食品、饮料和烟草产品两大类，其中农林（牧）渔业产品大类下包括种植业产品（谷物、杂粮、蔬菜、水果和坚果、油籽类和含油果实等）、动物产品、鱼和其他渔业产品三类。加工食品、饮料和烟草产品大类下包括：（1）肉、水产品、水果、蔬菜、油脂等类加工品；（2）乳制品；（3）谷物碾磨加工品、淀粉和淀粉制品，豆制品，其他食品和食品添加剂；（4）饮料。

2020年国家市场监督管理总局发布《关于修订公布食品生产许可分类目录的公告》，进一步对加工食品的类别和称谓进行了更详细的区分和确定，将加工食品分为：（1）粮食加工品；（2）食用油、油脂及其制品；（3）调味品；（4）肉制品；（5）乳制品；（6）饮料；（7）方便食品；（8）饼干；（9）罐头；（10）冷冻饮品；（11）速冻食品；（12）薯类和膨化食品；（13）糖果制品；（14）茶叶及相关制品；（15）酒类；（16）蔬菜制品；（17）水果制品；（18）炒货食品及坚果制品；（19）蛋制品；（20）可可及焙烤咖啡产品；（21）食糖；（22）水产制品；（23）淀粉及淀粉制品；（24）糕点；（25）豆制品；（26）蜂产品；（27）保健食品；（28）特殊医学用途配方食品；（29）婴幼儿配方食品；（30）特殊膳食食品；（31）其他食品；（32）食品添加剂。

## 二、食品安全

食品安全旨在保障和促进公众健康，是“健康中国”的重要内容，也是“五大公共安全”（社会治安、农产品质量安全、安全生产、防灾减灾救灾、食品药品安全）之首，还是供给侧结构性改革和高质量发展的切入点。食品安全问题已成为重大基本民生问题、重大经济问题和重大政治问题。

### （一）食品安全的概念

学界对食品安全的概念有诸多定义。国际食品法典委员会将食品安全定义为“消费者在摄入食品时，食品中不含有害物质，不存在引起急性中毒、不良反应或潜在疾病的危险性”。世界卫生组织认为食品安全是“食物中有毒、有害物质对人体健康产生影响的公共卫生问题”。我国《食品安全法》中对食品安全的定义是“食品无毒、无害，符合应当有的营养要求，对人体健康不造成任何急性、亚急性或者慢性危害”。由此可以看出，食品安全更关注的是结果安全，即不会对人体造成任何健康损害。

对食品安全概念的理解应区分为“绝对安全”与“相对安全”两种不同的层次。“绝对安全”是确保不可能因食用某种食品而危及健康或造成伤害的一种承诺，即食品绝对没有风险。“相对安全”则是指一种食物或成分在合理食用方式和正常食量的情况下不会导致对健康的损害的实际确定性。由于客观上，人类任何一种行为总是存在某些风险的，没有风险、绝对安全是很难达到的，因而食品绝对安全只是理想化的状态，安全是相对的，安全的本质可以看作是一种可接受的风险。因此，食品安全是一种相对安全，当可预知的风险程度处于人类可接受的风险范围之内，不至于对人体健康产生危害影响时，食品就是安全的。

食品安全的概念经常容易与粮食安全的概念混淆。粮食安全，又称食物安全，联合国粮食及农业组织（以下简称“联合国粮农组织”）对其的定义是保证任何人在任何时候能买得到又能买得起为维持生存和健康所必需的足够食品。粮食安全的内涵包括粮食的宏观供给能力及稳定性、家庭对食物的获取能力与居民营养水平以及资源的可持续利用与安全性，强调食品的数量安全和营养健康。学者在食品安全和粮食安全的关系问题上观点不同，有学者认为粮食（食物）安全的内涵大于食品安全的，也有学者认为食品安全包含粮食安全，食品安全包含食品数量安全、食品质量安全和营养安全三个层次。

食品安全的概念与食品欺诈的概念也容易混淆。食品欺诈的定义是为获取经济利益而故意或者蓄意地替代或添加，篡改或者歪曲食品、食品成分或食品包装，或者对产品进行虚假或误导性陈述，其中经济利益驱动型掺假（Economically Motivated Adulteration，简称 EMA）是重要的形式，例如使用虚假标签、假冒伪劣、以次充好、勾兑等。食品欺诈的结果不一定是导致食品安全问题，例如：牛肉里面掺马肉是食品欺诈行为，但它不是食品安全问题；为馒头染色就既是食品欺诈行为，也是食品安全问题。但食品欺诈行为是违法行为，无论是否引起食品安全问题和事实性危害了他人健康，行为人都要承担法律责任。

### （二）食品安全问题的分类

食品安全问题按照危害的来源，可以分为四大类。

第一类是生物性危害。它主要是指食品在生产、加工、包装、储存、销售过程中因微生物及其毒素、寄生虫和昆虫等造成的食品安全问题，主要以微生物污染为主。微生物污染主要包括细菌及其毒素、霉菌及其毒素以及病毒引起的食物污染问题。首先，食品被细菌污染，进而引起食品腐败变质，是引起食品安全问题的头号因素。食品中的细菌根据对人体健康危害程度可被分为致病菌、条件致病菌和非致病菌三大类，其中因摄入被致病菌及其毒素污染的食物后而发生的急性或亚急性中毒，是食物中毒中最常见的一类。常见的细菌包括沙门氏菌、大肠杆菌、金黄色葡萄球菌、副溶血性弧菌等。其次，霉菌不仅容易造成食品腐败，有些霉菌能够产生毒素，引起霉菌毒素性食物中毒。常见的霉菌毒素包括黄曲霉毒素、镰刀菌毒素等。再次，食品上残存的病毒也会在体内暴发性繁殖，引起相应的病毒病。常见的食源性病毒包括肝炎病毒、轮状病毒、口蹄疫病毒、疯牛病病毒以及禽流感病毒等。最后，动物和水产品中的寄生虫会通过食物进入人体，引发严重的疾病问题。

第二类是化学性危害。它主要包括四个方面：一是天然动植物食物来源的化学毒素，例如河豚毒素、菌类毒素、鱼类腐败后产生的组胺以及生豆角中的胰蛋白抑制物等，直接食用后容易引发严重的食物中毒；二是环境中的化学污染物对食品安全的危害，包括环境本底污染（包括重金属污染等）、农业面源污染（包括过量施用化肥、农药、地膜等废弃物、畜禽粪便等）、工业污染（包括重金属污染、持久性有机污染物污染、$PM_{2.5}$污染等）；三是农业投入品残留危害，指农业生产过程中产生的农药和兽药残留于食品上，产生食品安全隐患；四是食品加工中出现的危害化学因子，包括高温煎炸烧烤时产生的高风险物质（如多环芳烃、丙烯酰胺）、超范围超限量使用食品添加剂、使用非法添加物以及食品包装材料中的化学物质向食品中迁移。

第三类是物理性危害。它主要是指食品在供应链中混入异物、杂质等非食源性物质，对人体造成的危害，也包括物理辐射污染和核污染对食品安全造成的威胁。

第四类是其他危害。它主要包括含过敏原的食物造成的食物过敏问题以及新技术带来的新的食品安全问题，例如纳米食品安全问题、转基因食品安全问题等。

食品安全问题也可以根据问题性质被分类为非人为故意型食品安全问题和人为故意型食品安全问题。非人为故意型食品安全问题指的是通常意义上的食品安全问题，包括微生物污染、化学污染等；而人为故意型食品安全问题指的是为牟取暴利而违法违规生产有毒、有害食品，“三聚氰胺”事件、“地沟油”事件、“瘦肉精”事件等都是人为故意型食品安全问题的代表。

### （三）食品安全问题的演变

人类对食品安全的认识，有一个历史发展过程。在人类文明早期，不同地区和民族对食品安全的认识，大多与食品腐坏、疫病传播等问题有关；各民族以长期生活经验为基础，在不同程度上形成了一些有关饮食安全和卫生的规矩。但是尽管影响消费者健康的食源性疾病古而有之，但食品安全在自给自足的封建社会及以前的历史长河中都不是一个社会性问题。微生物性、化学性、物理性有害因素导致的食品不安全真正成为一个社会问题，是在资本主义社会中才开始出现的。近现代以来，各国食品安全问题的演变史可总结为三个阶段。

第一阶段是“劣质食品”阶段。在资本主义社会市场经济发展的初期，由于市场机制失灵、政府监管不力和食品安全的法律法规滞后，食品市场上普遍充斥着掺毒、掺假、假冒、制伪和虚假标签等情况，不法商家的行径严重威胁人们的健康乃至生命安全。“劣质食品”极大促进了各国食品安全监管机构的建立和食品安全法律法规的制定。发达国家基本已经跨越了本阶段，但是在世界上与之处于不同经济发展水平的国家和地区，至今仍处于“劣质食品”阶段，食品掺杂制假的问题仍在继续威胁着人们的健康和安全。

第二阶段是“化学污染”阶段。到了 20 世纪，随着工业化和城镇化的不断发展，食品工业使用各类食品添加剂的现象日趋增多，农牧业生产中大量使用农药、兽药、化肥等农业投入品，工矿、交通、城镇“三废”对环境的破坏日益严重，这些都严重破坏了食品的生态环境，人类食品安全进入“化学污染”阶段。世界卫生组织和联合国粮农组织自 1960 年开始组织制定《食品法典》，规定各种食品添加剂、农药及污染物在食品中允许的残留限量。各国也开始重构监管体系，赋予监管机构更强的行政权力，以应对化学品对食品的污染及对消费者健康的潜在威胁。

第三阶段是“新型风险”阶段。技术性食品风险是经济发展到一定阶段不得不面对的难题。从 20 世纪末至今，随着经济社会发展水平不断提高，食品新原料、新工艺、新方法、新技术大量涌现，带来了更多的威胁食品安全的“新型风险”。首先，食品新技术创造了快餐、方便食品等大量的新型食品，这虽然为消费者提供了便利，但带来了新的食品安全风险。例如，精加工食品中高油、高盐、高糖和低膳食纤维的营养失衡问题，增加了人群肥胖和罹患高血压、糖尿病、冠心病等慢性病的风险，饮食结构失调成为影响人群健康水平的重要风险点。其次，高速发展的生物科学技术在食品领域的应用也带来了新的食品安全风险，例如，转基因食品安全问题、纳米食品安全问题等已成为全球关注的焦点。再次，自 21 世纪以来，在食品中蓄意添加、投毒、恐怖袭击等生物恐怖主义造成的非传统食品安全问题时有出现，造成公众的恐慌。美国于 2016 年颁布了《保护食品防止被故意掺杂的缓解策略法规》，建立食品防护体系进行应对。最后，蓬勃发展的互联网技术引发互联网食品销售、网络订餐、食品跨境电商等新业态的迅猛增长，也带来了新的食品安全风险，例如，食品在运输过程中遭遇“二次污染”的风险明显增加。

### (四) 我国的食品安全问题

我国食品安全问题的演变历程也经历了上述的三个阶段，所不同的是，我国面临的是“多期叠加”的多个阶段并存的状况。特别是自改革开放以来，快速发展的食品产业开始出现泥沙俱下、良莠不齐的混乱局面，“劣质食品”阶段出现，恶意违法违规引发的食品安全事件逐渐增多，严重威胁到人民的健康和生命安全。同时，随着经济社会的高速发展，工业“三废”违规排放导致的食品生产环境污染，粗放的农业生产模式、非法添加非食用物质等违法行为导致的化学污染，会成为威胁我国食品安全的最大风险之一。此外，经济全球化的背景下，我国也面临着应对多种新型食品安全风险的艰巨挑战。

进入新时代以来，我国食品安全形势总体稳定向好，人民群众食品安全得到切实保障。根据国家市场监督管理总局的报告，2020 年全年国家、省、市、县四级市场监督管理部门共完成食品安全监督抽检、风险监测和评价性抽检等任务 695 万余批次，总体不合格率为 2.31%，日常消费量大的米面油、肉蛋奶等大宗食品和婴幼儿配方食品、特殊膳食食品、保健食品等 30 类食品抽检不合格率低于总体不合格率。其中，乳制品、饼干、调味品等 13 类食品抽检不合格率低于 1%。[①]

但与此同时，我国仍处于食品安全事件易发、多发期，食品安全形势依然严峻。我国现阶段凸显的食品安全问题主要包括以下几个方面。

**1. 食品产业素质低，食品安全基础薄弱**

与发达国家集中生产和有序流通的食品供应体系相比，我国食品产业基础系统性薄弱。根据国家市场监督管理总局统计，2021 年我国食品生产经营主体达 1 500 万家，持有食品生产许可证的食品生产企业 17.2 万家。[②] 产业结构“多、小、散、低”，即食品企业数量多、规模小、分布散、集约化程度低；还有无法计算数量的食品小作坊。食品生产经营者诚信意识和守法意识淡薄，主体责任尚未完全落实，食品产业素质低，是我国食品安全基础薄弱的最大制约因素。2020 年，市场监督管理部门加大对小餐饮、小吃店等抽检力度，餐饮食品抽检不合格率为 5.99%，主要不合格项目为微生物污染，呈现餐饮单位规模越小、抽检不合格率越高的趋势。

**2. 环境本底问题严峻，从源头影响食品安全**

2017 年，由生态环境部、财政部、自然资源部、农业农村部等五部委共同组织开展了农用地土壤污染状况详查工作，详查结果表明，我国农用地土壤环境状况总体稳定，但部分区域土壤污染风险突出，超筛选值农用地安全利用和严格管控的任务依然较重。[③]《中国国土资源报告（2015）》显示，全国 202 个地市级行政区 61.3%的地下水监测点水质为较差或极差。我国环境本底问题日益严峻，这将在未来很长的时间里从源头影响我国食品安全。

**3. 粗放分散的农业生产模式增加农业面源污染，增加食品安全风险**

我国农业生产模式粗放，农业投入品使用量大，农业面源污染严重，根据 2015 年农业部公布的数据，全国每年消耗 32 万吨农药、6 000 万吨化肥和 250 万吨农业塑料薄膜。2015 年以来，农业农村部组织实施农药、化肥使用量零增长行动，农药、化肥使用量连续下降，2021 年，全国农用化肥施用量 5 191 万吨、农药使用量 24.8 万吨。规范农户的农业投入品

---

① 孔德晨. 去年完成食品安全监督抽检 638 万余批次：食品安全形势稳中向好.（2021-04-26）[2024-03-09]. https://www. gov. cn/xinwen/2021-04/26/content_5602188. htm.

② 国家市场监督管理总局. 市场监管总局以“强化食品安全监管 守护‘舌尖上的安全’”为主题举办 2021 年第二季度例行发布会. https://www. samr. gov. cn/zfjcj/sjdt/gzdt/art/2023/art_afa811f453c74245aa5cd8433a828bfe. html.

③ 生态环境部. 生态环境部 11 月例行新闻发布会实录. https://www. mee. gov. cn/xxgk2018/xxgk/xxgk15/201911/t20191129_744897. html.

使用行为依旧任重道远，农兽药残留问题成为我国当前重要的食品安全风险源头。[1]

**4. 人为有意行为导致的食品安全事件在逐渐减少，但仍然存在**

在国家的重拳出击下，掺杂、掺假、冒充等食品欺诈问题，故意使用非法添加物等违法行为得到有效遏制，人为有意行为导致的食品安全事件在逐渐减少，但并没有完全消失，例如，违法使用“瘦肉精”，在食品制作过程中违法添加罂粟壳，在水产品中违法添加孔雀石绿等禁用物质等，仍时有曝光。此外，超范围超限量使用食品添加剂导致的食品安全风险持续存在。根据国家市场监督管理总局的报告，2020 年超范围超限量使用食品添加剂导致的抽检不合格率为 0.98%，虽然处于持续下降状态，但食品添加剂“双超”在抽检不合格样品总量中的占比仍高达 16.2%。

**5. 新型食品经营业态出现，产生新的食品安全风险**

蓬勃发展的互联网技术引发中国互联网食品销售、网络订餐、食品跨境电商等新业态的迅猛增长，也带来了新的食品安全风险，例如网络食品安全问题和网络餐饮服务食品安全问题等。农产品超市、生鲜电商平台及跨境电商平台等食品流通主体相继涌现，自营物流和第三方物流等食品配送主体不断发展，不断涌现的食品安全相关利益主体的行为在得不到有效制度规范时，极易引发新的食品安全风险。

# 第二节 食品安全保障

## 一、食品安全的多学科性

食品安全问题多种多样，没有多学科的知识无法从整体上解决。同时，有的食品安全问题通过已经发生的特定的危害后果来表现，有的则通过特定的风险可能性来表现。认识这些问题需要法学、食品科学、环境科学、农业科学、新闻传播学、管理学等文理多个学科的支撑，解决这些问题则需要法律、技术、标准、舆论等多种调控机制的综合作用。对食品等关系公众健康的政府监管需要确认社会可接受的风险程度，这个过程涉及毒理学、微生物学等自然科学专家的科学判断，也涉及社会学、法学等社会科学专家结合公众的认知、参与来进行价值判断。因此，为保障监管决策的科学性和民主性，政府规制以跨学科的专家委员会方式克服了学科分门别类导致的认知碎片化，并按照卓越

① 农业农村部. 农业农村部关于印发《到 2025 年化肥减量化行动方案》和《到 2025 年化学农药减量化行动方案》的通知. https://www. moa. gov. cn/govpublic/ZZYGLS/202212/t20221201_6416398. htm. 2022.

性、透明度等原则要求确保专家观点的专业、独立。然而，一如贝克在《风险社会》中所指出的，没有社会理性的科学是空洞的，没有科学理性的社会理性是盲目的。这意味着面对食品安全这一成因、表现和影响都极为复杂的问题，如果法学等社会科学的专家不了解食品中的危害和食品行业中的操作实践，其提出的制度安排可能不具可操作性；同时，如果毒理学等自然科学的专家不了解法治中诸如限制政府权力和保障公民权利的基本原则，其提出的应对之策可能超越主管部门的权限或忽略公民的参与。

传统而言，食品安全研究主要通过食品生物技术专业、食品营养与检测专业、食品加工与安全专业等理工科的学科来实现，即便是行业内的卫生与安全监管及法治要求，也是以课程的方式整合进相应的学科中的。同样地，对于行政管理、公共管理、法学等专业而言，对食品安全监管及法治要求也仅仅以案例的方式在相关的课程教学中穿插介绍，如行政法、经济法和刑法课程分别从行政执法、消费者保护、刑事责任等不同的角度讲述食品安全监管案例。然而，随着政府对于食品安全问题的重视以及食品安全法治的快速发展，围绕食品的特定社会经济领域以及与法律有关的现象也成了研究对象。因此，在问题导向下，食品安全保障所依托的工作、研究乃至教育，都需要打破学科壁垒、知识界限以及理论界与实务界的隔阂。尤其是，随着食品安全法律要求的日益趋严，政府规制者和食品行业从业者的法治意识更胜从前。这在不断改善食品安全治理的同时也加大了对食品安全法治人才的需求，食品安全法治人才包括专业化的许可审查人员、执法检查人员，食品企业内合规管理人员等。这一认识已使食品科学等理工学科开始强化对食品安全法律与规制实务的拓展学习，与此同时，食品安全法治及其研究与教育也需要“文理兼备”和“诸法合一”的有机结合。

## 二、我国食品安全保障

### （一）食品安全保障工作的历史沿革

#### 1. 1949—1966 年

新中国成立后，以粮为纲凸显了粮食安全的首要性。毛泽东对粮食问题进行了思考和探索。一是警醒全党“不抓粮食，总有一天要天下大乱”。他认为，农业，特别是粮食生产，直接关系到人民的生活。农业发展了，就“可以更好地供给人民生活的需要”。二是“农业关系国计民生极大”[①]。《论十大关系》指出：“如果没有足够的粮食和其他生活

① 黎青平. 论毛泽东重视和发展农业的思想. https://www.chinacourt.org/article/detail/2003/09/id/80263.shtml.

必需品，首先就不能养活工人，还谈什么发展重工业?”三是要求全党抓粮食生产。以毛泽东为代表的中国共产党人始终将“以粮为纲，全面发展多种经营”作为党指导农业工作的基本方针，强调“农业是国民经济的基础，粮食是基础的基础。粮食生产是比工业生产还要费力的事情，粮食问题的解决，不仅直接关系到人民的生活，而且直接影响到工业的发展。因此，加强农业战线是全党的长期的首要任务”。在领导统筹粮食工作中，毛泽东通过“手里有粮、心里不慌”“备战、备荒、为人民”“深挖洞、广积粮、不称霸”“一定要有储备粮”“吃饭是第一件大事”“节约粮食问题，要十分抓紧”等论断，形象生动地表达了粮食安全的重要性和紧迫性。

基于上述背景，彼时与食品相关的关键任务仍然是保证食品数量。就质量而言，由于食品安全政府监管体制不完善，食品安全科学技术落后，消费者健康素养偏低，食品安全监管重点更侧重于食品卫生防疫管理，卫生部门的监管始终处于初始阶段。

1953 年，通过借鉴苏联的工作方法与模式，我国建立了卫生防疫站，与各级行政区划相统一，它主要包括四个业务科室：卫生、防疫、化验和总务。食品卫生工作主要由卫生科室承担，具体为公共卫生技术服务的技术指导和宣传工作。当时的组织机构管理范围庞大，具有多种多样的工作职责和工作目标。开展组织工作时一般先下达行政命令，然后发起群众运动；工作人员也基本来自各行各业。当时的高校里并没有单独设置的食品专业或者公共卫生专业。我国卫生部门针对慢性和急性食物中毒等由食品污染引发的问题，先后牵头出台了一些食品卫生标准和管理规定，例如 1954 年颁布的《关于食品中使用糖精含量的规定》、1957 年颁布的《关于酱油中使用防腐剂问题》等。但这些规定大多属于部委规章的范畴，有关食品卫生的正式法律并未制定。由此可知，在新中国成立初期，受当时的基本国情和环境的影响，人们尚未对食品安全产生现代意义上的需求。此外，在计划经济时代背景下，国营企业并非以营利为主要目的，食品的安全与质量问题在政府直接监督和指挥下并不明显，政府行政部门之所以对食品问题给予关注，也只是由于卫生问题导致了疾病的产生。因此，这个阶段的食品卫生管理工作并不属于严格意义上的监督工作。但毋庸置疑的是，正是这个阶段的这些管理工作，为后期我国食品安全监管打下了深厚的基础。

**2. 1967—1976 年**

“文化大革命”时期，当时整个中国社会陷入一片混乱，各项工作，包括食品卫生工作都停滞不前乃至处于瘫痪状态。

**3. 1977—1992 年**

1979 年《中共中央关于加快农业发展若干问题的决定》中，党中央仍然在强调粮食生产的重要性：“我们一定要正确地、完整地贯彻执行‘农林牧副渔同时并举’和‘以粮为纲，全面发展，因地制宜，适当集中’的方针。粮食生产搞得好不好，关系到九亿人民的吃饭问题，关系到备战备荒，一定要抓得很紧”。邓小平同志也多次强调：“不管天下发生什么事，只要人民吃饱肚子，一切就好办了”[①]，“农业是根本，不要忘掉”[②]；“要避免过几年又出现大量进口粮食的局面，如果那样，将影响我们经济发展的速度”[③]。

“文化大革命”结束后，我国经济大幅度发展，社会生产力得到解放，农产品质量显著提高，食品行业迅猛发展，食品生产经营者如雨后春笋般涌现，食品安全质量问题和食品卫生工作开始成为政府议程中的重点内容。1977 年，国务院颁布了《食品卫生管理条例》，将食品卫生管理工作进一步明确和细化到各级政府及其有关部门。此时的食品卫生管理工作已经发生了转变，不再局限于食品卫生，产生了许多更进一步的要求。多部门管理的征兆已经显现，但主要的管理部门仍为卫生部门。虽然新颁布的卫生管理条例使食品卫生管理工作颇见成效，情况有了一定的好转，但仍不能符合当时食品卫生管理的要求，管理范围之外仍然存在着许多食品生产经营者。食品生产经营者得不到及时有效的管理和规范，就会对经济形势产生负面影响，经济体制的发展与改革亟须食品卫生管理工作的进一步改革。

食品卫生管理工作真正做到有法可依，是在 1983 年 7 月 1 日全国人大常委会颁布了《中华人民共和国食品卫生法（试行）》之后。从行政管理模式成功转变到法制管理模式，是我国食品卫生管理工作历史上一个里程碑式的进程。《中华人民共和国食品卫生法（试行）》指明以卫生防疫站或食品卫生监督检验所作为卫生行政部门的监督机构，进行食品卫生监督，完成法定职责。然而，作为具备双重属性的机构，卫生防疫站或食品卫生监督检验所既是一个事业单位，又是行政执法机构，将其作为代表，缺乏权威性与合理性。在这个阶段，卫生防疫站或食品卫生监督检验所仍然是食品安全监管中的主导，其他的机构和部门由于处于建构中或者相关立法的缺乏，尚未涉及相关工作。不过此时的工作人员已经相对专业，队伍素质良好，因此这个阶段是食品卫生管理的快速发展阶段。

**4. 1993 年—21 世纪初**

进入 20 世纪 90 年代后，党和政府依然给予粮食安全以高度重视。

1998 年 10 月党的十五届三中全会通过的《中共中央关于农业和农村工作若干重大问题的决定》提出“粮食是关系国计民生的战略物资”，并将“不放松粮食生产，积极发展多种经营”作为实现我国农业和农村跨世纪发展目标必须坚持的 10 条方针之一。

---

① 邓小平文选：第 2 卷. 2 版. 北京：人民出版社，1994：406.

② 邓小平文选：第 3 卷. 北京：人民出版社，1993：23.

③ 邓小平文选：第 3 卷. 北京：人民出版社，1993：159.

在21世纪初，党中央反复强调“把解决好农业、农村和农民问题作为全党工作的重中之重”[①]。2008年党的十七届三中全会通过的《中共中央关于推进农村改革发展若干重大问题的决定》强调，“保障国家粮食安全和主要农产品供求平衡压力增大”，“必须巩固和加强农业基础地位，始终把解决好十几亿人口吃饭问题作为治国安邦的头等大事。坚持立足国内实现粮食基本自给方针”，“把发展粮食生产放在现代农业建设的首位”。

食品安全监管，同样有了长足的发展。改革开放十多年后，我国经济发展水平得到了巨大提高，人民生活日益丰富多彩，食物数量充足、种类纷繁多样，食品工业迅速发展成为我国的支柱产业。随着基本总量的供给平衡，食品安全质量问题日益突出，而法律法规尚未健全、市场机制尚未完善，多样化利益驱动使食品生产经营市场乱象丛生，充斥着大量假冒伪劣商品。原来的食品安全监管模式显然落后于当时的需求，加强食品安全监管工作刻不容缓。因此，国家通过系列法律法规的颁布，引入了多个部门，共同对食品安全进行监管，监管范围也不断扩大。

1993年2月《中华人民共和国产品质量法》颁布了，将质监部门纳入食品安全监管领域；1993年7月《中华人民共和国农业法》颁布了，将农业部门纳入食品安全监管领域；1993年10月《中华人民共和国消费者权益保护法》颁布，将工商行政部门纳入食品安全监管领域。1995年，《中华人民共和国食品卫生法》正式出台了，明确全国的食品卫生监管工作由国务院卫生行政部门主管，其他相关部门在各自职权范围内负责。由此建立起以国务院卫生行政部门为主，以相关部门为辅的监管体制。1998年国家机构改革，卫生部门、质监部门、农业部门、工商部门等多个部委分别监管食品安全。2000年，“食品安全”在党的十五届五中全会中被写入中央决定。这意味着食品安全被提高到前所未有的位置。虽然食品安全的重要性得到了体现，监管力度也前所未有地加大，但由于缺乏综合性协调机构，多部门仍各自为政，分散执法。

由于食品安全存在监管力度不够、效率过低等问题，国务院于2003年对食品药品监管体制进行了进一步改革，成立了国家食品药品监督管理局，完善了监管体制。国家食品药品监督管理局负有对各个监管部门进行统一协调和监督管理的职能，从而形成“全国统一领导、地方政府负责、部门指导协调、各方联合行动”的监管格局。

2004年，国务院出台了《关于进一步加强食品安全工作的决定》，规定一个部门监管一个环节。以此为标志，我国正式形成“分段监管为主、品种监管为辅”的食品安全监管体制。工商部门、农业部门、卫生部门、质检部门的职责被进一步细化：工商部门监管食品流通环节；农业部门监管初级农产品的生产环节；卫生部门监管餐饮业和食堂；质检部门监管食品生产加工环节。各个部门各司其职，对食品生产、加工、流通、消费

---

① 中共中央文献研究室. 十六大以来重要文献选编：上. 北京：中央文献出版社，2005：112.

的各个环节进行分段监管。

2008年国务院新闻办公室发布我国首部《国家粮食安全中长期规划纲要（2008—2020年）》。2009年全国人大常委会颁布实施了《食品安全法》，在中央层面设立了食品安全委员会，作为食品安全工作的议事协调机构。以食品添加剂为例：生产环节由质监部门监管；市场流通环节由工商部门监管；加工和进出口环节由质监部门监管；餐饮服务环节由国家食品药品监督局监管；综合协调由卫生部门负责。看起来井然有序、合情合理的监管体制，实际上却存在着较大的漏洞与弊端。食品安全委员会名义上作为综合协调机构，但却没能发挥其应有的作用，各个部门在监管上仍然缺乏协调与合力，在食品安全事故发生时缺乏能够快速牵头的强有力部门。监管职责划分不明晰，监管真空状态频现，甚至出现“八个部门管不好一头猪”的尴尬局面。

2013年，国务院出台《机构改革和职能转变方案》。根据该方案的要求，国家食品药品监督管理总局成立，工商和质检部门的工作内容被合并到其中，多部门分工监管的“九龙治水”格局逐渐转变为食药监、卫生与农业部门三足鼎立的监管格局。2015年《食品安全法》的修订与出台，则彻底结束了多部门监管的历史，从立法上确立了食药监部门的主导地位。

2018年，根据党的十九届三中全会审议通过的《中共中央关于深化党和国家机构改革的决定》《深化党和国家机构改革方案》和第十三届全国人民代表大会第一次会议批准的《国务院机构改革方案》，将国家工商行政管理总局、国家质量监督检验检疫总局、国家食品药品监督管理总局等多个机构的职责进行整合，成立了国家市场监督管理总局，作为国务院直属机构，其重要职能之一就是负责食品安全监督管理的监督管理和综合协调。

2019年中央一号文件明确指出“实施农产品质量安全保障工程”，促进食品优质供给与美好需求相匹配，是加快建设中国特色社会主义新征程的重要保障之一。随着《食品安全法实施条例》的修订和《企业落实食品安全主体责任监督管理规定》等部门规章的制定、修改，食品安全法制日益完善。同时，我国的食品安全监管部门亦在国家宏观调控下，以实施健康中国战略和食品安全战略为宗旨，按坚持“四个最严”要求持续加大监管力度。当前，我国食品安全总体保持稳中向好的态势。随着产业的发展、技术的进步以及消费者需求的变化，食品安全也面临一些新的问题，如微生物和重金属污染，食品添加剂不规范使用等问题时有发生，环境污染对食品安全的影响也逐渐显现。这就需要与时俱进地修订食品安全标准，优化风险监测、评估等工作，共同推进健康中国建设。例如，国家卫生健康委员会发布的《食品安全标准与监测评估“十四五”规划》已明确，“十四五”时期制定修订不少于100项食品安全国家标准。这将有力确保我国食品安全标准的科学性和严谨性，让老百姓吃得更加放心。

### （二）我国食品安全法治

作为基本法，《食品安全法》的制定出台，在国家层面确立了“食品安全”的法律概念和治理理念，突出了食品安全作为食品法治领域独立规制议题的立法定位。《食品安全法》开宗明义，旨在“保障公众身体健康和生命安全”，将食品安全纳入公共安全的视野，符合风险社会治理的发展趋向。针对食品生产经营者、各级政府监管者、新闻媒体、公众等多元主体，《食品安全法》明确设定了它们各自的权利、义务、职责和责任，这同样为它们之间协同发挥作用提供了有力的保障。随着国家食品安全体制机制的完善和食品安全工作的推进，立法机关先后于2015年、2018年和2021年对《食品安全法》进行了修订。《食品安全法》的颁布实施和适时完善，在规范食品生产经营活动、保障食品安全方面发挥了重要作用，是党和国家善用法治思维和法治方式推进食品安全工作的典型体现。

从基本法律到部门规章，规则的确定性和可执行性更有赖于制度建设，例如，从确保食品安全监管科学性的风险评估和风险监测，到落实生产经营者主体责任的食品安全管理制度、自查制度、追溯制度、召回制度，再到确保监管高效性的风险分级、抽样检验、信息公开等制度。尤其是，《食品安全法》通过明确食品生产经营者保障食品安全的主体责任回应了政府监管因为资源有限而遇到的监管失灵挑战和国际上强调生产经营者承担保障食品安全首要责任的趋同发展。当前，一些制度已经通过组织安排和程序安排落实到位，一些制度在地方层面的落实也在推陈出新，而一些制度也在探索公私之间的分工和互动，以期实现食品安全治理下的“食品安全人人有责”。

徒法不足以自行，食品安全法律是否能够保障消费者和公众的生命健康安全，还有赖于守法、执法、司法等动态的法治发展。为落实四个“最严”的要求，2015年修订的《食品安全法》建立了最严格的责任追究机制，严惩各类食品安全违法犯罪行为，实现民事、刑事与行政责任相结合，财产罚、资格罚、行为罚与声誉罚相结合，从而大大增强了法律规范的统一性与操作性。当下，为强化食品生产经营者的主体责任，“处罚到人”制度的引入成了要求趋严的新特点。虽然，如何落实“处罚到人”依旧是法律实施中的一个难题，但《中共中央、国务院关于深化改革加强食品安全工作的意见》业已明确落实“处罚到人”，对违法企业及其法定代表人、实际控制人、主要负责人等直接负责的主管人员等进行从重处罚。相应地，2019年修订后的《食品安全法实施条例》也为该制度的落实提供了更为明确的规则要求。此外，《中共中央、国务院关于深化改革加强食品安全工作的意见》根据我国食品安全法治的现状，提出了以下要求和目标，包括：着眼于建构完善的食品安全法律体系，以立改废释的思路，研究修订食品安全法及其配套法规制度；修订完善刑法中危害食品安全犯罪和刑罚规定；加快完善办理危害食品安全刑事案件的司法解释；推动建立食品安全司法鉴定制度；加快完善食品安全民事纠纷案件司法解释，依法严肃追究故意违法者的民事赔偿责任。该意见的落实也得到了立法、执法、司法的多维度支持。举例来说，2021 年的《最高人民法院、最高人民检察院关于办理危害食品安全刑事案件适用法律若干问题的解释》加大了对非法添加的打击、聚焦保健食品等突出问题、细化“明知”这一犯罪构成中的主观要件等。2022 年市场监督管理总局制定的《企业落实食品安全主体责任监督管理规定》进一步明确了《食品安全法》第 4 条关于“食品生产经营者对其生产经营食品的安全负责”的具体内容，如细化企业主要负责人、企业食品安全管理人员的食品安全责任和要求，确立了日周月食品安全管控和调度记录、留痕的常态化食品安全管理机制。2023 年《食用农产品市场销售质量安全监督管理办法》在现行食品安全法律规范体系下，对食用农产品市场销售质量安全监管制度进行修订，重点解决了食用农产品进货查验与新修订的《农产品质量安全法》的衔接问题，进一步调整完善市场销售者食品安全责任义务的相关规定。

## 思考题

1. 食品安全和粮食安全、食品欺诈概念的区别与联系是什么？
2. 近现代以来，各国食品安全问题的演变史主要呈现哪些特征？
3. 我国现阶段食品安全的主要问题及特点是什么？
4. 历史上我国食品安全保障工作主要经历了哪几个阶段？

## 第二章

# 食物权与食品安全法

**内容概述**

适足食物权是一项基本权利，指人人都可以获得充足、安全且营养的食物，从而可以过有尊严的生活。从其产生到发展，本章依次阐述了食物权、免饥权、足食权、食品安全权。当以立法来实现涵盖食品安全规范内容的食物权时，历史经验表明：长期以来的食品立法都是基于经济发展而非安全保障。当食品安全事故不断唤起公众的安全关注和权利意识时，制定一部旨在优先保障公众健康的基本食品安全法成为各国保障公众健康的共识选项。基于此，食品安全权的生长和自足也得到肯定，以便通过解释食品安全权所应具有的规范性内容来安排实现该基本权利的制度、组织与程序。

**重点知识**

1. 食物权：免饥权、足食权、食品安全权
2. 食品法：模范食品法、食品安全法
3. 食品体系

## 引读案例

**案例 1**

2011 年，流浪汉奥斯特利亚诺夫在意大利热那亚一处超市购物时只付了长棍面包的钱，而试图将价值 4.07 欧元的一包香肠和两片奶酪藏在衣服里带走。另外一位消费者通知了保安，奥斯特利亚诺夫旋即被警方逮捕。2013 年，奥斯特利亚诺夫被判盗窃罪名成立，入狱 6 个月，罚款 100 欧元。2015 年，上诉法院支持了这一判决。然而，意大利最高法院评估了法条的应用后作出最终裁决，推翻了原判罚。裁决书指出，“奥斯特利亚诺夫的经济状况，以及事发时的具体情形都证明，他占有这少量食品，是为了满足当即的，

最基本的营养需求，因此这是一种在‘危急状态’下的行为”，继而这样的盗窃不构成犯罪。[①]

**案例 2**

2013 年，爱尔兰最早在超市销售的牛肉汉堡中发现马肉的掺杂使假问题，并就此开展调查。随着事件的调查，肉类掺杂使假问题日益升级，涉及的国家也随之增加。为了解决该食品问题，恢复消费者对肉类产品的信心，除了成员国加强食品检测和官方控制，欧盟层面也展开行动，以应对这一食品事件对欧盟食品安全规制的挑战。其间，马肉风波被定性为食品欺诈而非食品安全问题，因为对掺杂使假食品的检测中并没有发现会导致健康问题的保泰松。事件的定性之所以重要是因为其决定了规制方式。例如，在事件在成员国被定性为食品欺诈而非食品安全问题后，政府规制无须通过预警系统告知欧盟及其他成员国。食品欺诈犯罪由来已久，其目的是实现客观的经济利益，但是作出误导性的信息标示会损害消费者的知情权和选择权。因此，即便是为了保护消费者的经济利益和市场秩序，也有必要打击食品欺诈行为。[②]

**案例 3（2018 年食品安全法治十大事件之一）**

从 2017 年 7 月开始，国务院食品安全委员会办公室、原国家食品药品监督管理总局联合工业和信息化部、公安部、商务部、海关总署、新闻出版广电总局、中央网络安全和信息化委员会办公室等部门开展食品、保健食品欺诈和虚假宣传整治工作。该项整治工作历时一年半，于 2018 年年底进入收尾阶段。各级市场监管部门站在维护广大人民群众切身利益的政治高度，以落实食品、保健食品生产经营单位主体责任为主线，以治理欺诈和虚假宣传为重点，坚持问题导向，坚持重典治乱，着力强化监督检查，排查风险隐患，突出案件查办，深入宣传引导，促进社会共治，下大力气把整治工作组织好、实施好、落实好。在案件查办工作中，对违法违规线索纵横配合，上溯源头、下追终端，相关犯罪发现率大幅提高，打击更加精准集中。截至 2019 年 2 月，各地共查处案件 5.8 万余件（其中普通食品虚假宣传案件占比达 94%以上），累计货值金额 33.2 亿元，配合公安机关抓获犯罪嫌疑人 1.3 万余名，陆续公布 4 批 34 起典型案件。深入科普宣传，集中组织“五进”科普宣传，共发放宣传资料 1 322 万份，举办专题讲座 1.64 万场次，新华社、央视等媒体广泛报道。

---

① 穷人为了生存偷窃少量食物意大利法院：无罪.（2016－05－04）. https://www.guancha.cn/europe/2016_05_04_359060.shtml.

② 该案例是作者根据国外新闻报道编译的案例。

# 第一节 得食的权利与食物权

## 一、 得食的权利

食品是人类维持生命、保持健康的物质基础。如果无法获得安全食品，生命和健康安全将无法得到保障。食品的这一自然属性使与得食相关的权利构筑了生命权、生存权、健康权的基础。在此基础上，国际人权条约先后通过适当生活水准权明确了食物权作为一项基本人权的保障路径。食物权由“免饥权”和“足食权”共同构成。

1948 年《世界人权宣言》第 25 条第 1 款规定，人人有权享受为维持他本人和家属的健康和福利所需的生活水准，包括食物、衣着、住房、医疗和必要的社会服务；在遭到失业、疾病、残废、守寡、衰老或在其他不能控制的情况下丧失谋生能力时，有权享受保障。这是第一个有关人权问题的国际文件，规定了基本人权应得到普遍保护，并首次对食物权为一项人权给予了确认。1996 年，《经济、社会和文化权利国际公约》的通过为免饥权和逐步实现足食权提供了法律保障。该国际公约第 11 条第 1 款规定，本盟约缔约国确认人人有权享受其本人及家属所需之适当生活程度，包括适当之衣食住及不断改善之生活环境；缔约国将采取适当步骤确保此种权利之实现，同时确认在此方面基于自由同意之国际合作极为重要。第 2 款规定，本盟约缔约国既确认人人有免受饥饿之基本权利，应个别及经由国际合作，采取为下列目的所需之措施，包括特定方案在内：充分利用技术与科学知识、传布营养原则之知识、发展或改革土地制度而使天然资源获得最有效之开发与利用，以改进粮食生产、贮藏及分配之方法；顾及粮食输入及输出国家双方问题，确保世界粮食供应按照需要，公平分配。

## 二、 食物权的内涵

自 1979 年以来，联合国经济、社会及文化权利委员会就开始审查缔约国的报告。该委员会注意到，尽管在取得足够的食物的权利方面制定了报告准则，但只有少数缔约国提供足够、准确的资料，以使该委员会能够确定有关国家在这项权利方面的普遍状况，并找出这项权利的落实障碍。此外，该委员会也注意到，尽管国际社会经常重申充分尊重食物权的重要性，但条约规定的标准和世界许多地区的普遍状况之间依然存在很大差距。而且，虽然饥饿和营养不良问题往往在发展中国家极为突出，但是，与取得足够食物的权利和免于饥饿的权利有关的营养不良、营养不足以及其他问题在一些经济最发达的国家也存在。从根本上说，饥饿问题和营养不良问题的根源，并不在于食物缺乏，而在于世界多数人口主要由于贫困而无法得到食物。

为此，该委员会编写了第 12 号总评论——《取得适足食物的权利》，以确认在取得足够食物的权利方面的一些主要问题。例如，该委员会认为，取得适足食物的权利的核心内容是食物在数量和质量上都足以满足个人的饮食需要，无有害物质，并在某一文化中可以接受，且此类食物可以可持续、不妨碍其他人权的享受的方式获取。其中，无有害物质是关于食品安全的规定，这要求政府和私营部门都采取保护措施，防止食品在食物链各阶段因掺假掺杂和环境卫生问题或处置不当而受到污染，还必须设法识别或消除自然生成的毒素。

作为关键概念，对“足食权”（right to adequate food）的解释在于对 adequate 的理解。究其词源，该术语强调需求和满足之间一种相等的关系，程度仅限于相当好而不是极好，因此，基于“充足适度而又不过分”的要求，对足食权的理解及翻译应为“适足食物权”。对于这一权利，适足性、可得性和可及性是其中三个关键的因素。其一，适足性。首先，这要求食物能从数量上解决饥饿和营养不良的问题，同时也应从质量上保障没有物质会对人的健康产生危害；其次，个人在获取食物时，不仅要考虑其个人的生理需要，也要考虑与其所在文化的适宜性；最后，适足性也要体现在可持续性上，即不仅要考虑当代人能够获得足够的食物以满足自身需要，也要考虑子孙后代的饮食需要。其二，可得性。得食的方式有两种，包括通过在土地上种植粮食或畜牧，由自然资源中获得食物，或者购买进入供应链中的食用农产品或食品。其三，可及性。一方面，个人的经济条件确保其买得起满足个人需要的食品且不影响其他诸如得房、得衣乃至受教育的权利；另一方面，所有人都应获得食品，尤其是诸如儿童、老年人等特殊群体或者在特殊情况下（如自然灾害时）获得食品。基于上述这些内容，适足食物权又进一步包括了适足营养的权利、食品安全的权利以及食物尊严的权利。

## 三、食物权的落实

对于作为一项社会权的食物权，国家可以通过渐进性的方式承担其尊重、保护和实现食物权的义务。也就是说，国家应当制定并实施旨在实现人人享有食物权的宪法修订案、法律、战略、政策和计划。尽管国家可以根据国情逐步实现食物权，但国家不能没有行动，其中，“人人免于饥饿”是国家实现食物权的最低限度义务。在此基础上国家应确保满足其公民尽早享受足食权的各项要求，即每个男子、女子、儿童，单独或同他人一道在任何时候都具备取得足够食物的机会和经济条件或获取食物的手段。事实上，免饥权被独立于足食权而提出是为了应对当时存在的粮食不足危机，而通过人权公约的承认可以增强法律强制力，进而支持联合国粮农组织在1960年发起的世界范围内免除饥饿运动。从免饥权到足食权，后者的实现与人的固有尊严有着不可分割的联系，包括提供食物满足营养的基本物质需求时应尊重主体的文化可接受性，即要尽可能考虑到食品和食品消费附带的非基于食品的价值。需要指出的是，在实现食物权时，国家应首先尊重个人获取足食的权利，并避免采取任何会妨碍这一机会的措施。在此基础上，保护个人获取足食的机会不被其他个人或企业所剥夺，并通过积极开展活动便利个人获得足食的机会以及针对特殊人群或在特殊时期直接提供食物。

为推动食物权的落实，国际层面的努力也是多管齐下。其一，鉴于国家落实食物权的情况并不尽如人意，国家元首和政府首脑于1996年在《世界粮食安全罗马宣言》中"重申人人有权获得安全而富有营养的食物，与足食权和人人免于饥饿的基本权利相一致"。《世界粮食首脑会议行动计划》确定的任务之一是澄清《国际经济、社会和文化权利公约》和其他有关国际或区域文书中所规定的足食权和人人免于饥饿的基本权利的内容，并特别重视实施和全面逐步实现这项权利，作为实现人人粮食安全的一种手段。

其二，联合国粮农组织的食物权团队也致力于通过《食物权准则》来落实人类的得食权。例如，2004年《支持在国家粮食安全范围内逐步实现足食权的资源准则》准则二"经济发展政策"要求，为了在国家粮食安全范围内逐步实现充足食物权，各国应促进支持其粮食安全政策的广泛经济发展，各国应根据人口的粮食安全需要制定政策目标和基准。准则九"食品安全与消费者保护"要求各国应采取措施确保所有食品，无论是当地生产的还是输入的食品，是免费供应的还是在市场上销售的食品，都既安全又符合国家食品安全标准。

其三，对于时代挑战，联合国粮农组织一再强调：每一位妇女、男子和孩童都拥有获得充足食物的权利。采用以人权为基础的方法来实现粮食安全与营养是解决饥饿和营养不良根源性问题的关键。而且，以人权为基础的方法有助于各国通过营造有利环境，从而提高人民自立水平和以有尊严的方式养活自己能力的方式来履行义务。例如，根据《2021年世界粮食安全和营养状况》，2020年全世界有7.2亿～8.11亿人口面临饥饿，世界上没有一个区域能够幸免。此外，由于健康膳食的高成本以及长期存在的严重贫困和收入不平等现象，健康膳食对世界各地约30亿人而言依然遥不可及。很多重要因素给粮食安全和营养带来了障碍，其中包括世界多地发生的冲突和暴力事件以及气候相关灾害。因此，世界正处在紧要关头，不仅因为要克服更多挑战才能消除饥饿、粮食不安全和一切形式营养不良，还因为随着粮食体系的脆弱性不断暴露，我们有机会加大未来的建设力度，重回正确的轨道，稳步实现可持续发展目标 2，即消除饥饿，实现粮食安全，改善营养状况和促进可持续农业。

## 第二节　食品安全权与法律演变

### 一、食品安全权的形成

食品安全既指食品无毒无害，也指食品符合营养要求。作为食品消费的前提，食品安全要求内涵于生命权、健康权这些基本权利，并最终成为适足食物权这一人权的一个规范内容。尤其是，对于适足性而言，粮食安全从数量的角度强调通过保障充足的粮食以及多样的非粮食食物供给以消除饥饿和解决营养不良问题。食品安全则从质量的角度对食品提出最低的符合饮食安全的需求。而且，随着对粮食安全与食品安全的认识深入，一方面，食品安全成为适足食物权和粮食安全的共同要求。对于后者，1996 年的世界粮食会议不仅重申了人人有获得安全且有营养的食物权，也在《世界粮食安全罗马宣言》中明确了所谓的粮食安全是指只有当所有人在任何时候都能够在物质上和经济上获得足够、安全和富有营养的粮食来满足其积极和健康生活的膳食需要及食物喜好时，才实现了粮食安全。也就是说，粮食安全作为上位概念，涵盖了食品安全的要求。另一方面，食源性疾病是我国乃至世界上重要的公共卫生问题，也是食品安全的“头号”敌人。世界卫生组织指出食源性疾病是世界范围内引起发病和死亡的重要原因。[①] 因此，2018 年 12 月 20 日，联合国通过决议，自 2019 年起将每年的 6 月 7 日确定为“世界食品安全日”，将食品安全纳入公共议程的主流，并在全球范围内减轻食源性疾病的负担。

从历史维度来说，食品安全本身并不是一个独立的概念，而只是食品质量的一个特征。比较来说，食品质量具有多面性，如卫生、营养、享用和使用等，这使其一直缺乏一个统一的定义。但就质量而言，有两个互为补充且各不相同的概念。其一，质量应有一个“阈值”，用以判断食品是否可以用于人类消费，即合格与否。其二，质量差异这一概念是指以不同的质量特征，诸如感官、口味、材质、原料或产地等区别各类食品。此外，除了这一横向的差异化，质量还可以等级化。当不同的质量特征或等级可以单独或者混合使用以便通过质量的差异化满足消费者不同的需求或偏好时，质量阈值的确定主要是从卫生的角度加以规范，以确保食品的安全可靠。有鉴于此，食品卫生/食品安全一

---

① 国家卫生健康委在线访谈. 谨防“病从口入”. 健康界，2023－10－13，https://www. cn-healthcare. com/article/20231013/content-582206. html.

直被视为食品进入市场的基本要求，在此基础上，可以通过其他增值的方式实现食品的质量差异化。然而，食品安全事故的多发引起了对食品安全的高度关注。随着食品安全立法的发展，食品安全已经从食品质量的某一特征独立出来，成为食品规制领域内一个独立的规制对象。对于与食品安全相关的权利内容，国际社会的规范性文件和各国的立法都根据社会生活的不断发展对其进行了扩张解释，并使食品安全权成为一项独立的权利而得到确立并日渐明确。在这个方面，根据现有的国际法律文本和相关国际组织的呼吁，食品安全权的生长和自足已经得到肯定。

## 二、食品安全权的意义

人权是每一个人源于内在尊严而应充分享有的自由，国家必须予以充分尊重和保障。在传统的人权理论上和实践中，我们更多强调的是生存权、生命权。然而，随着技术的发展与社会的变化，传统的生存权已经不能满足人类对生命本质的理解，已经不能满足人类在信息时代应对新的挑战的需要。一方面，今天我们追求有尊严的生存与高质量的生活，但由于食品在生物、物理、化学等方面遭受污染所造成的恐惧等影响着人们的生存环境。可以说，食品安全权成为一种超越传统生存权的新的权利形态，也成为社会长治久安的保障。另一方面，信息载体与工业技术的结合，进一步给安全食品的供给带来挑战，食品安全治理也面临着线上治理与线下治理并存，市场、服务与信息监管并存的复杂局面，考验着国家治理体系和治理能力现代化的水平。据此，既然食品安全权是基于人的尊严而享有的权利，那么民众有权要求国家、社会和食品企业尊重每一个个人获得充分的、可靠的安全享用食品的权利。

从内容来说，食品安全权是一种安全获得的请求权。因此，食品安全权首先意味着我们有权请求国家和社会建立一个全程监管的框架，建立严格的食品追溯体制，避免监管手段与环节的冲突，最大限度保证在每一个环节、各个链条都消除食品遭受污染的隐患。同时，信息时代的权利也必然暗含信息披露与知情的请求。食品安全权不仅对应着工业文明时代技术安全的逻辑，也对应着互联网时代对信息安全的请求。我们处在一个食品和信息全球分享、流动的时代，分享、开放满足了我们对更丰富生活的期待，但食品、信息的全球流动和网络传播，也让我们对于透明、真实、及时、科学的信息有了更高的要求。可以说，食品安全权必然蕴含着信息披露与分享的请求权。这是一个信息时代对权利内涵的拓展，也意味着国家和政府负有更加勤勉、严谨、坦诚的信息公开义务。同时，食品安全权也是一种自由选择权。创造一个自由、开放、平等的食品市场和产业，是满足食品安全权的前提。因此，消费者有权按照市场的逻辑来评价食品的安全状态，有权在充分知情的情况下自由选择食品。食品安全权赋权我们请求更加充分的食品安全治理的公众参与和社会共治，这是理性的人进行自由选择的前提。

鉴上，食品安全权一方面作为一种国家利益，应该是一种“底线利益”。对于国家组织而言，其核心利益体系包括众多元素，但是最大限度实现国家政治、经济、金融、信息等各种传统与非传统的安全，尊重每个人的尊严，确保改革和发展始终依循稳定、有序的轨道，显然是实现其他核心利益的前提和基础。涉及国家安全领域的改革措施与制度设计无疑在战略上应该作为优先步骤得到考虑和启动，因为只有国家安全体制与安全战略有效建立和实施，其他领域的改革风险才能降到最低，改革的绩效才能最大化。食品安全作为一种底线安全体现为保障的优先性，也就是当国家利益体系中的其他利益或价值与之冲突的时候，它必须得到优先保障，任何其他利益都不能凌驾于健康生命之上。因此，食品安全治理应该成为国家优先考虑的利益，也是国家战略的基础，而这其中关系到公众最密切利益和最基本权益的食品安全领域成为重中之重。

另一方面，国家、社会与个人共同治理实现食品安全权的过程中，企业责任是一个关键的环节。能不能充分保障每一个人的食品安全权，相当程度上取决于我们的食品产业和行业主体能不能在充分自律的基础上通过自我规制，实现食品产业整体的安全。在全球范围内，伴随着信息化、全球化，企业的社会责任成为各国普遍关注的实践性问题，它不仅仅是公司治理本身的问题，同时也是关系法治文明、人类尊严与价值，涉及国家与社会、社会与公民关系的重要问题。从某种意义上说，企业社会责任的实质是人权问题，是通过“物”所看到的“人”的问题。因此，食品企业的社会责任对于人权保障具有重要意义。如转基因食品，到底对人类健康是否有害？企业的社会责任告诉我们，只要有1%的不安全性与风险，就必须保护消费者的知情权与选择权。在当代，企业的社会责任是全人类共同面临的重大挑战。社会诚信与道德的建立，需要企业社会责任的承担。诚信企业获得利润，不诚信企业遭到淘汰，这是法治社会正常的商业模式。其前提是：大家都遵守规则，尊重法治，把法治作为企业文化，作为基本的生活方式。

## 三、食品安全法的演进

### （一）食品（安全）法律变迁

由于饮食的生活必需性，食品的采集、生产和流通从一开始就是人类活动的核心内容之一。因此，所有的社会都会通过规则的设定对这一主要的人类活动进行规制。随着农业和食品行业的发展，这一规制也变得越来越复杂。就规则之一的法律而言，第一，当农业依旧是食品供应的主要经济活动时，国家通过农业政策工具和法律手段对粮食的生产、消费和流通进行干预，来保障这些环节的安全，例如，通过土地所有权和耕地保护制度来确保粮食的播种面积和产量。第二，诸如食品掺假掺杂或错误标识等食品欺诈已是由来已久的问题，对此，国家的规制也是一早跟进，例如，通过食品成分、标识信息的立法确保食品的纯净度和完整性。在这个方面，国家对食品质量的干预主要是基于经济而不是安全保障考虑。以假冒伪劣食品为例，打击该类商品的目的主要是防止以次充好、以此充彼的食品对从业者的公平竞争和消费者的经济利益造成损害。第三，随着食品工业的发展，以规制食品安全保障消费者及公众健康为目的的食品（安全）法及其法律体系也得到迅速发展。就这一领域的立法内容而言，一是通过对产品特性的立法，减少食品中的危害性物质；二是通过对过程特性的立法，应对生产中的环境、动物福利诉求以及诸如转基因等新技术的应用；三是通过对信息特性的立法明确应当向消费者披露信息的内容与形式。

在上述立法演变中，安全保障作为食品（安全）立法的优先目标不仅与包括安全在内的食物权、健康权、知情权等权利的兴起和发展有关，也是基于深刻历史教训的国家规制回应。一直以来，食品安全被视为食品质量的一个方面，两者具有属种的关系，即食品质量中包含了所谓的与食品安全相关的质量特征。从质量的角度看食品欺诈自古有之，从缺斤短两到物质掺假，再到信息误导，形式各异。其中，食品掺假作为食品欺诈的一个亚类，也具有多样性和复杂性的特点，包括以较便宜的成分替代较高价值的成分、添加某种少量非真实物质以掩盖质量低劣的成分、剔除某种有价值的成分这些不同做法。正是食品掺假的不可抑制以及其对市场秩序的破坏（低劣食品）和对公众健康的损害（有毒食品），使各国开始强化食品（安全）的立法来打击食品的掺假掺杂以及错误标识。然而，针对食品安全的立法是“危机导向的就事立法”结果，并没有一个完整的立法体系在先，且陷入了一个“危机—立法—适用”的循环中，例如美国《联邦食品、药品和化妆品法》在1938年出台后的多次应景修订和欧盟在50年内“头痛医头，脚痛医脚”的食品安全立法演变。随着食品安全问题的多发，尤其是影响深远的食品安全危机多次发生，消费者对食品安全规制和食品行业的信心受到了极大的损害。

以深受疯牛病危机影响而改革食品安全规制的英国为例：为了保障战后的粮食供给，食品政策以价格支持等方式优先保障农业生产者的利益。在这一国家主导的食品规制中，消费者的利益保护被边缘化。随着数量问题的缓解和食品制造商、零售商的崛起，政府与这些利益相关者在合作中形成新的食品规制形式。一方面，这些私人提出的有关动物福利、环境的质量标准对农业生产者形成了新的约束。另一方面，原本由政府负责的食品配给也由零售商所取代，这使维护消费者利益的食品主管部门被农业部门所合并，即便后者通过消费者小组这样的内设机构听取消费者的意见，其影响也极为有限，因为作为农业部门，其所偏好的也就是食品供给这一优先考量。正是在这样的背景下，英国政府在应对疯牛病危机时优先保护的是食品行业的利益，而即便作为规制基础的科学意见也没有摆脱政治和经济利益的影响。最终，消费者因为没能及时被告知疯牛病的人患风险和停止消费有病患的牛肉，而成为克雅氏病的受害者。至此，从英国和欧盟开始，原有食品安全规制的问题得到反思，包括：一是经济发展优先的理念使危机管理中行业利益保护凌驾于公众健康安全保障之上。二是零散且缺乏一致性的立法也无法应对食品行业发展中出现的新问题，如凌乱差的工厂环境得到改善后，微生物污染导致的危害是传统的感官检查无法察觉的。三是着眼于终产品检测和违法行为处罚的事后规制方式也不足以挽回生命、健康损害这些不可逆转的损失。因此，要避免历史的重演，重塑消费者的信心，以及应对食品行业发展的变化挑战，就应当改革食品安全的立法。

上述回顾表明，即便安全的食品是保障生命、健康及人身安全所必需的，食品安全也并不是一开始就成为食品安全规制的独立内容。直到食品安全问题的持续出现，食品的安全规制才受到重视，并进而脱离于食品的数量、质量规制，成为一个独立的风险规制领域。在现代技术风险所促成的风险社会背景下，大多数的消费主体往往通过购买获得进入食品供应链中的食物，其专业知识的鸿沟和食品信息的劣势使其无法有效管理食品不安全导致的健康风险，而食品生产的集中化、规模化、技术化也加剧了上述风险的危害性，如危害一旦产生波及范围广、新技术又存在科学不确定性等。对于这些不受个人理解和控制的公共风险，需要通过政府规制将公共风险维持在一个可接受的程度内，从而在食品安全权的实现中保护主体免受这一公共风险的健康危害。有鉴于此，在实现食品安全权的过程中，国家更多的是采取积极的行动，通过风险的规制与治理保障食品安全。

### （二）模范食品安全法

通过一部基本的食品安全法，确定风险管理的法律制度以及相应的监督管理体系已经成为通行的做法。其中，食品安全权所具有的客观价值秩序在于明确保证安全优先，且保持安全与自由之间的适度平衡，后者的目的在于通过经济的发展为安全食品的实现提供物质基础和经济上的可及性。对此，食品安全立法通过立法目的这一法律规则来规范行为。具体来说，一方面，在食品安全规制方面，安全优先成为食品安全立法改革的目标，即优先保障公众（消费者）的生命健康安全。值得一提的是，立法目的大部分在特定立法中被置于第1条，开宗明义地说明了这一立法所持有的特殊目标预设和价值定位。由于该条款辐射范围为整个法律文本，因此其为立法活动的选择指明了方向，也为后续的法律解释提供了重要标准。也就是说，在优先考虑健康的立法目的下，这意味着只有“在健康保护许可”的情况下才能考虑“经济和技术发展的需要”。另一方面，一个自由、开放、平等的食品市场和产业是满足食品安全权的前提，这进一步强调了在安全优先的前提下也要兼顾经济。因此，当食品安全立法明确以公众的生命健康安全这一具体的公共利益来限制食品生产经营者的自由时，也需要通过“比例原则”来防止公益被认定为优先情况下的基本权利而限制过度。

当上述基本食品安全法的调整对象应该包括食品供应链中的所有食品时，有必要对食品作出明确的定义。此外，这一基本法同时需要回应以下这些重要问题，包括：什么是食品安全？考虑到食品供应链中存在的诸多利益相关者，如食品从业者、主管部门、消费者，谁对确保食品安全负有责任？当出现违法行为时，有哪些惩罚手段？为了回答这些问题，基本食品法的关键就是要通过制定一些基本原则，指导次级立法以及执法。只有遵循共同的法律原则才能确保特别法、执行规章和规则的一致性。正因为如此，基本食品法的规定不能过于细化，而只是提供一个法律框架，因为具体的条款应由其他特别法、执行规章或规则加以细化。例如，以下这些内容可以出现在一部食品安全法的模范法中：（1）明确目标、范围和定义的总则；（2）定义法律执行权限和责任的行政框架规定；（3）适用于食品和其生产、进出口和销售的具体规定；（4）违法和犯罪时应当承担的法律责任；（5）其他通过废除或修订及规定制定规章权限，从而调整现行法律的附则。

根据上述的内容，可以说，我国《食品安全法》就是践行这一模范法的实例。而且，作为基本法，《食品安全法》的制定、修改不仅解决了对食品卫生、食品质量等诸多要素共同监管的混乱局面，也为健全我国食品安全法律体系提供了法律基础。

### （三）我国食品安全法律

就我国包括粮食安全在内的食品安全问题而言，毋庸置疑，面对人口众多、资源有限的压力，粮食安全会一如既往地重要。然而，长期以来通过农业生产中过度投入的化肥和农业来实现粮食的有效供给，所导致的农业面源污染也带来了人们健康损失、农产品质量下降、农作物减产以及食品安全等问题。此外，工业化、城市化的发展也使食品工业不断扩张，相应地，食品安全问题的发生率也随着生产链的延伸而增大。而且，低端市场的广泛存在也诱发了企业的机会主义行为。由此而来的是，在粮食短缺的问题缓解后，食品安全事件的爆发使食品安全更具有显著的时代性。相应地，一方面，我国立法也通过“多管齐下”的方式应对不同的食品问题，例如，通过《农业法》应对粮食安全，通过《产品质量法》应对食品质量，通过《食品安全法》应对食品安全等。另一方面，随着食品安全既是重大民生问题也是重大政治问题的这一定位以及食品安全战略的提出，构建严密高效、社会共治的食品安全治理体系更需要法制完善的先行，进而为食品安全的公私共治和社会参与奠定法律基础。

就食品安全立法的演变而言，我国食品安全法律的历史沿革主要有两条支线，其中，一条支线是基于公众健康保护的食品安全立法。随着对食品安全的重视，该支线的法律法规体系已经初步形成，包括：一是《食品安全法》这一母法；二是针对这一法律的实施条例和针对食品许可、食品添加剂等规制事项的行政法规、部门规章；三是食品安全标准这一类的技术规则；四是与《食品安全法》相衔接以保障食品供应链全程安全的相关法律法规，如《农产品质量安全法》对农产品安全的规范，《产品质量法》对食品相关产品的安全规范等。另一条支线则是散落在各类法律部门中与食品安全问题相关的各类法律法规，如保障粮食安全的《农业法》，保障食品消费者健康以及其他各类消费者权益的《消费者权益保护法》，保护食品生产经营者公平竞争、维护食品市场秩序的《反不正当竞争法》等。尽管这些立法并不着眼于食品安全问题，但其对粮食安全、食品质量等问题的规定也会影响食品安全的实现。例如，粮食安全立法对生态环境的要求可以从源头确保农产品的安全，消费者保护立法对消费者知情权的规定则可以从终端保障消费者的安全决策。根据食品安全法律法规的具体表现形式及法律效力层次，我国食品安全法律法规体系由法律、行政法规、部门规章等不同法律效力层次的规范性文件构成。同时，考虑到我国食品行业、饮食文化的地方差异，地方立法在因地制宜细化食品安全法的规定之余，也根据《食品安全法》有关小餐饮、小作坊的授权立法，探索对小规模业态的监管建制。

当前，我国食品安全法律体系日臻完善，围绕食品的违法行为可能触及《食品安全法》《广告法》《产品质量法》等。就综合运用法律法规进一步提升食品安全现代化治理水平而言，择一适用还是诸法共治有赖于对违法行为的定性，需要先厘清现行市场监管法律规范体系中，法律法规之间、行政法与食品安全相关法律法规的适用，法律的执行等问题。在以事实为依据、以法律为准绳的“从严从重”办案中，遇到法律问题时也要及时跟进法律制度完善，推进法治政府、法治社会的建设。这一过程具有综合性，具体体现为：一是需要在内部分工的基础上加强部门之间的信息通报；二是执法目的要综合考虑不同的立法目标，在保障安全的同时塑造公平、有序的营商环境；三是通过对案件等数据库的分析，提高信息利用的综合性，发挥研判、预警、预防、教育等不同的作用。

## 第三节　食品体系与食品安全法的完善

当下，在食品安全日益成为一个独立的规制课题的同时，对于整个食品体系而言，食品安全与其他的粮食安全、食品质量、食品营养等食品问题的关联性意味着作为该系统的一个问题要素，其解决之道不仅受到食品体系整体性以及其他问题要素的制约，同时也会反过来影响其他问题要素的解决方案以及食品体系整体功能的发挥。就立法发展而言，一方面，食品安全法律研究的热度带来了新的学界反思。例如：对于以优先保障公众健康为首要目的的安全立法而言，食品安全法该如何权衡消费者保护和食品行业利益？就食品行业所用的概念而言，如“天然”“非转基因”，该如何通过明确的法律定义来规范实践，以防误导消费者？等等。另一方面，食品安全法的发展也对相关立法产生了影响。例如，通过全程控制的法律要求使食品安全立法扩张到了原本的农业立法领域，如设定农业生产者的安全保障义务，对此，如何定位农业法和食品法？再如，当食品安全的规制往往借助最低的标准要求时，标准化和同质性的发展也影响了食品品质的提升和多样化的保持，由此也引发了有关食品质量立法的诉求。因此，即便探讨如何完善食品安全法制这一问题，也需要意识到食品安全仅仅是食品问题的一个方面，有必要以系统性的思维方式关注各类食品问题的关联，即根据相关概念、系统的性质、关系和结构，把研究的对象有机地组织起来构成研究系统，着重从整体上揭示系统内部各要素之间以及系统与外部环境的多种多样的关系。如此，不仅可以使相关法学理论更具有清晰性和精确性，也有助于研究问题的法理实践更具有预见性和可操作性。

一方面，研究食品安全等食品问题时，系统性的思维要求首先关注食品生产和消费中存在的各类食源性问题及其危害，如数量上的不充足、质量上的不安全、营养上的不平衡等各类问题对人体健康造成的危害和安全隐患。尽管粮食安全、食品安全、食品质量等的问题界定和监管配套说明了这些问题在成因和解决方式上的差异性，但对这些问题的“分而治之”也会使治理停留在“头痛医头，脚痛医脚”的阶段，进而很难消除各类问题的根源。例如，当超范围、超限量使用化学性农业投入品时，产量增长的同时食品中的残留超标以及环境污染物的迁移也会引发食品安全问题。再如，仅仅以食品提供为主而不注重营养规划的现代农业也只会从根源上加剧生产结构和消费结构之间的不协调，以致于比重偏低的高质量农产品无法满足消费者对营养的需求。正因为如此，在界定“食品法”这一概念时，从广义来说其不仅包括有关食品控制、食品安全和食品贸易的规制立法，同时也涉及粮食安全以及食物权的实现。其中，食品安全立法可以被视为对“食品法”的狭义解读，即将这一概念仅限于对一般食品的控制、安全、贸易规制。

另一方面，当食品供应链的变迁构成治理食品问题的微观背景时，食品问题的解决也不能脱离社会经济、环境、文化等宏观背景，因为将食品问题置于上述大背景下进行综合分析有助于了解食品问题产生的原因以便针对性地铲除引发问题的根源。例如，就食品立法的发展而言，与其说是法理、规制理论变迁的结果，不如说是科学发展所致，因为科学技术的进步改变了食品的生产、流通方式并引发了新的食品问题。相应地，监管也需要与时俱进地实现从事后应对向事前预防的转变，包括构建以科学为基础的监管方式，如风险监测、评估等。此外，食品政策和法律的制定也会考虑经济、社会、文化、环境等因素。例如，当科学的作用在于趋同各国的食品规制时，文化差异是美国和欧盟在推行巴士消毒奶、牛类饲养中使用激素和发展转基因食品方面未能达成一致的根源所在。与此同时，社会经济、环境和文化的宏观背景与食品供应链这一微观背景的相互作用也会引发新的食品或跨领域问题，进而需要系统的思维加以全面的剖析。例如，食品供应链方式的提出是为了应对日益延伸乃至全球化的食品供给，然而，对食品质量、环境保护、节约能源的关注推动了以“短距离”为特点的替代性食品供应链的出现，而这一注重农产品附加值的短距离食品供应也有助于农村经济的发展。

从域外发展来看，美国食品法治研究经验表明：针对食品生产和规制的历时性法律认知、学习和学术发展主要围绕两个领域：一个是食药法律，另一个是农业法律。前者主要研究基于食品、药品和化妆品法案的食药监管部门如何规制食品，后者则检视法律对于农业生产食品的影响。然而，无论是各自研究还是组合都没有全面覆盖当下食品体系内涉及的紧迫性法律问题。因此，十年来，两个领域内的一些研究日渐整合，建立了一个重要且独立的法律研究领域，即食品法律与政策。这一领域性研究探索的法律和政策问题远超食药法律和农业法律所关注的食品问题。食品法律和政策涉及不同政府层级影响食品体系的法律和规制，议题可从当地的农民市场或食品摊贩监管延伸至联邦有关肥胖或者饥饿政策。该领域在法学界的发展势头也很强劲。其发展活力体现于美国法学院内的课程设置、法学研究、法律诊所项目和学生的社团组织。

域外食品安全法治发展为我国食品安全治理提供了经验借鉴，促进了我国食品安全立法理念的国际协调性。同时，我国确定的食品安全社会共治法定原则也具有先进性，为实现食品安全人人有责的世界共识提供了制度化的参考经验。例如，2019 年 6 月 7 日是首个世界食品安全日，其主题定为“食品安全与每个人息息相关”；2020 年的主题则重点强调食品安全人人有责。随着法制完善，一方面，我国从主体责任、特殊食品、网络食品等不同方面探索适合我国国情的食品安全规范体系；另一方面，我国也在食品相关立法中不断融入可持续发展等理念，系统回应食品体系下环境健康、动植物健康、人类健康等问题的一体性。例如，《反食品浪费法》把反食品浪费的倡导制度化，为减少食品损耗、反对食品浪费的治理提供了长效机制。凡益之道，与时偕同。基于食品体系、食品法等理论研究的深入，从问题导向转向理念导向的立法完善可进一步实现减少食品损耗、杜绝食品浪费、保障粮食安全、保证食品安全并促进食品体系可持续发展的综合治理。

## 思考题

1. 食物权的内涵和国家的相应义务各是什么？
2. 如何解释适足食物权中的“适足”要素？
3. 食品安全的规范意义和立法目的是什么？
4. 如何基于食品体系的演变来重塑食品安全法？

# 第三章 食品安全规制与治理

**内容概述**

食品生产经营在丰富食品供给的同时也伴随着信息不对称、负外部性等市场失灵问题。为此，政府规制通过事前、事中、事后的干预来实现保障粮食安全、保证食品质量与安全、保护消费者权益与公平竞争等多元目标。本章着眼于食品规制的演变及渐进性发展。从最初主粮供给的数量和价格规制，到食品质量、食品营养等侧重健康安全的规制，市场和科技之于政府规制，既是规制对象也是规制合作的主体或工具选择。随着食品安全成为独立的规制事项，渐进性的规制优化在目标权衡、主体分工与工具匹配等方面不断调适。从政府主导的市场规制到公私主体之间的规制合作，再到多元主体参与的社会共治，覆盖“农场到餐桌”的全程控制、“食品安全人人有责”等领域特征也彰显了构建多元主体合作和共治格局的重要性。

**重点知识**

1. 食品欺诈：食品质量、食品安全、食品真实性
2. 政府规制：经济性规制、社会性规制、回应性规制
3. 规制工具：许可、标准、标识
4. 自我规制：基于管理的规制、合作规制、规制合规
5. 治理：社会共治

## 引读案例

**案例 1**

HACCP 是 Hazard Analysis and Critical Control Point 的缩写，即“危害分析和关键

控制点”，是对可能发生在食品加工过程中的食品安全危害进行识别、评估，进而采取控制的一种预防性食品安全控制方法。HACCP最初是由美国太空总署（NASA）、陆军Natick实验室和美国Pillsbury公司在20世纪60年代为了生产百分之百安全的航天食品而研发的食品安全控制系统。当时，为了尽可能减少风险，确保航天食品高度安全，Pillsbury公司花费大量的人力、物力进行检测，最终产品成本难以接受，并且靠最终的检验控制食品质量并不能防止不合格产品的出现。为解决这一问题，Pillsbury公司率先提出了通过过程控制食品安全的概念，这就是HACCP的雏形。后来美国食品药品监督管理局陆续颁布了以HACCP原理为基础的低酸性和酸化罐头食品、水产品、禽肉、果蔬汁等一系列法规。为了符合这些法规的要求，保证我国出口食品生产企业的顺利发展，我国从1996年起开始在一些出口食品生产企业推广HACCP体系，取得了显著效果。由此，HACCP的学习和应用在我国食品行业中蓬勃发展。例如，2015年，原国家认监委与“全球食品安全倡议”组织签署合作协议。根据协议，“全球食品安全倡议”组织正式承认我国的危害分析与关键控制点认证制度。我国将有超过4 000家获得认证的国内食品生产企业直接受益，从而降低贸易成本并提升在国际市场的品牌声誉。

**案例2（2018年食品安全法治十大事件之一）**

北京、上海等地从地方法规、政府规章、地方标准、规范性文件等多层面出台了相关政策，支持和规范食品新业态发展。北京市市场监管局顺应新零售发展趋势，对于商业综合体等新经营形式，以及零售餐饮一体化等新业态，采取许可和监管联动审查模式，执法人员和审批人员统一现场办公，在保障新业态经营食品安全的同时，引入“容缺受理”机制，优化审批流程，为企业讲解政策，提供审批前指导，提升许可审批效率。6月26日，上海市闵行区市场监管局颁发了上海首张“共享厨房”食品经营许可证，一种全新的餐饮业态开始试营业。7月4日，上海市食品药品监管局发布《上海市食品经营领域进一步深化放管服改革优化营商环境十二条措施》，明确提出“支持新兴业态，包容审慎监管”：一方面，要求全市各受理窗口对于许可咨询、受理中遇到的新业态、新工艺，不能简单说不，应当向市食药监局报告。另一方面，加强政策的回应，及时制定新业态许可监管要求，制定服务和鼓励支持食品行业创新发展的指导意见。

# 第一节 食品规制与安全保障

## 一、食品欺诈与安全规制

从域外食品监管[①]来看，食品规制源起于解决食品欺诈这一历来有之的问题。面对关乎食品数量、质量和安全的欺诈问题，英国立法双管齐下。一方面，禁止食品的掺杂使假行为，如缺斤短两的数量欺诈、以次充好的质量欺诈和掺入有毒物质的安全欺诈。另一方面，打击食品的标识错误，以保证食品的真实性。例如，生产经营者为了获利会以错误信息欺骗或误导消费者，如虚假陈述食品的性状或功能、隐瞒真实情况或生产经营仿冒食品等。食品立法的标杆美国也采用了这一禁止食品掺杂使假和标识错误的立法框架，并沿袭至今。随着技术进步、社会经济发展，食品欺诈亦是历久弥新。食品事故的性质差异先后使食品的安全性和真实性成为国家立法干预的重点。

20 世纪初期的食品及其生产加工相对简单，沿用英国规制传统的美国食品规制主要通过食品属性的定性与定量标准和事后检查来确保食品的纯净性及安全性。例如，政府以识别式的产品标准和禁止掺假来限定食品成分中的固有成分和添加成分，并通过入市后的检测确保食品的合规性。消费者则依据食品标识的信息披露作出知情选择。就食品安全而言，食源性危害的不同使食品安全问题呈现历时性变化，从掺入有毒物质的化学性危害问题，到工厂环境和生产过程中的微生物危害问题，再到非传染性疾病的营养性危害问题，以及当下恐怖袭击等蓄意性破坏引发的非传统食品安全问题等。从危害防控出发，以科学为基础、以风险预防为目的的食品安全规制逐渐兴起。正因为如此，美国在禁止食品掺杂使假和食品标识错误的传统立法模式下，已于 2011 年出台了以风险预防为主的《食品安全现代化法》。

当食品安全从食品欺诈中分离出来且成为独立的规制事项时，食品欺诈问题日益食品的真实性与完整性，并具有以下三个特点：其一，是误导消费者的违法行为。其二，存在主观故意。其三，为了经济收益。当下，受利益驱动的食品掺杂使假愈演愈烈，加强食品欺诈规制成为新的食品规制取向。这一是为了强调食品不仅关系人们的健康和生命安全，也关系到消费者的经济利益以及知情权和选择权，必须全面保护消费者。二是

① 针对政府就市场主体行为采取的干预措施，一项经典的理论研究是“Regulation”。因跟进的学术领域不同，如管理学、经济学、法学等，故常见的翻译有管制、管控、规制、监管等。其中，“监管”一词便利了和实务部门的沟通。但是，不同于监督管理的简称，“Regulation”译作监管时指向一系列有关政府干预市场主体行为的理论。本章选用“规制”一词，侧重学理分析。

由于食品欺诈具有低风险、高利润的特点，集团犯罪的情况越来越多。三是为促进食品行业健康有序发展，加强对无关安全的食品欺诈行为的打击也是当下食品规制领域的重要内容。例如美国，其在《食品安全现代化法》的执行规章《保护食品防止被故意掺杂的缓解策略》中进一步细化了预防故意掺杂使假的规定，以阻止意图造成大规模公共健康危害的故意掺杂使假，其中既包括导致疾病、死亡的食品安全问题，也包括经济驱动型掺杂使假问题。

## 二、 领域应用与规制理论

食品，尤其是粮食的充分供给，历来是政府高度关注的议题，展现了所谓的农业和粮食安全的基础作用。与此同时，掺入有毒有害物质、错误标识等严重危害消费者健康和信心的食品问题，也强化了政府对食品安全、食品质量等议题的规制干预。然而，长期以来的食品安全立法演变具有危机导向的应急规制特点，即每每发生食品安全事件，政府便通过“头痛医头，脚痛医脚”的修补式立法，从严规制某一事项。食品领域内不断发生的影响深远的食品安全事件，在加剧公众对食品安全的关注和担忧的同时也坚定了政府改革食品规制的决心，尤其是，通过彻底的食品安全立法改革来恢复公众和消费者对政府规制、食品行业的信心。

对于上述发展，规制理论意在说明政府干预的合理性。从二战后摆脱经济危机的应急措施到制度化、常态化的发展，政府规制首要应对的是市场中的自然垄断和排他竞争导致的市场结构，表现为约束企业定价、管控市场进入与退出的经济性规制。鉴于经济活动中的信息不对称和负外部性等对环境、健康这些公共利益造成的消极后果，政府针对垄断而施行的经济性干预也被强化为了社会性规制，后者的显著特点就是规制范围的扩大。在这个规制不断强化的过程中，“规制国家”成为政府公共行政的新标签。由于“规制”本身没有统一的定义，基于规制所探索的规制工具也是概念繁多。随着宏观背景的变迁，如科学技术的进步、全球市场的发展、社会目标的新动向等，无论是经济性规制还是社会性规制，抑或是政府借助文牍来收集信息和干预经济行为的行政性规制，都应在规制的改革中作出有利于减轻规制负担、提高规制质量的改进，包括对规制工具的改进。

在社会性规制领域，尽管市场行为往往将私人利益置于公共利益之上，但为了实现市场利润，回应消费者的诉求、基于环境保护的质量提升都已成为新的竞争优势。在此基础上，更多的产品选择和信息供给也更容易获得消费者的青睐，借此也有助于实现和保障消费者的知情选择。因此，政府规制改革路径包括：一是通过简化政府规制、减少规制成本，以促进更具创新力、竞争力和全球化的市场发展。事实上，因为知识和信息的优势，市场主体比政府规制者更容易适应环境，推进技术创新和防控风险。因此，简化政府规制要求在某些领域让公众得到更多的自由裁量权。二是可以借助基于管理的规制，使被规制者可以通过自我评估和规划，在内部建立有助于实现规制目的的管理规则。当然，借助事前法定的绩效要求以及具体的义务设定，这一所谓的强制性自我规制也已经成为食品生产经营者承担保障食品安全主体责任的公私合作规制方式。三是在企业自我规制的基础上，政府可进一步开展回应规制，其关键在于采取多样的规制措施应对某一具体问题，进而将政府规制要求的可预见性和强制性与企业自我规制的灵活性相结合。在这个方面，政府规制可进一步通过良好规范、指南等“软法”给予市场主体更多自我规制的空间，并基于不同的自我规制意愿和能力采取回应性的规制手段，如用红名单激励守信企业，用黑名单惩戒失信企业。

## 三、食品安全规制

### （一）社会性规制

就食品规制而言，政府干预既可以是经济性规制也可以是社会性规制。例如，大型食品企业会利用市场优势欺凌小业态的从业者并剥夺消费者的自由选择权。作为社会性规制，食品安全保障不仅能保护消费者的健康权益，同时也能通过保障公平竞争来保护食品从业者的权益。以美国为例：规制随着社会发展呈现三个阶段。第一，由于大型国家企业的出现，出现了自然垄断。第二，在大萧条期间，特定市场内出现了卡特尔。于这两个阶段，经济性规制是最初的规制形式，其目的是通过价格和入市控制等规制手段调节经济。第三，从 20 世纪 60 年代到 20 世纪 70 年代早期，所有行业都兴起了针对大社会的安全规制。相较而言，第三阶段的社会性规制旨在保护健康、安全、环境和社会团结等公共利益。对于食品规制，美国早在 20 世纪初便制定了食品法。面对兴起的社会性规制，作为规制机构的美国食品药品监督管理局又进一步强化了食品安全规制，以加强对消费者权益的保护。

对于早期的食品立法，历史演变表明：立法的目的都是经济发展而不是安全保障。尽管这些立法也考虑到了消费者的需求，但只是保护了消费者对于所购产品的经济期待，而针对安全的保障只是在过去的 100 年里才出现。因此，即便食品安全是消费者的一个根本利益，但是健康保障只是立法上的一个次要目标而不是主要目标。所幸，随着消费者运动的兴起，从反对经济垄断到寻求社会公正，消费者保护越来越受到关注。而且，在危机—应急的国家干预下，疯牛病等食品安全危机亦表明：如果针对食品安全的规制将经济利益凌驾于安全保障，尤其是公众健康之上，那么其所要付出的安全代价将是严重损害公众对公共行政及食品行业的信心。因此，对食品安全进行国家干预，首要目标在于保障公众不受食源性风险乃至危害带来的健康损失。由于食品的特殊性在于人人都是消费者，消费者健康和公众健康保障是一致的。此外，消费者的知情选择、决策参与等权利同样直接或间接影响健康等权益的实现与保障。因此，消费者通过发起和参与食品正义等社会运动来不断影响政府对食品安全的社会性规制。

### （二）风险性规制

为防控工业化发展带来的公共风险，原本由个体通过侵权诉讼的事后司法控制转向了由行政机关实施的社会性规制，以预防性而非反应式的方式来保障健康、环境安全等损害不可逆转的公共利益。具体到食品安全规制，风险社会的到来使技术风险所致的危害具有范围广、损害不可逆的特点。尽管事后的处罚和损害赔偿对导致危害的风险性行为具有威慑力，但是对健康、生命的损害，与其等待损害后的补偿，不如预先加以避免。因此，当安全岌岌可危时，规制的理念遵循“安全总好过抱歉”的逻辑，即借助许可等事前干预来防控风险。尽管这些技术风险的发生是科学技术现代化的负面效应，但科学技术的进步也同时为这些风险的界定提供了方法，例如，通过对风险和危害进行定性和定量分析来预先设置预防、管理这一风险及其危害的保护措施。因此，科学和预防都成了规制食品安全风险的重要原则。例如，以风险评估为内容的科学原则为防控食品安全风险提供了事前干预的科学依据，如是否许可某一物质的使用，是否对潜在的风险进行警示。此外，鉴于科学不确定性及风险评估在风险识别和定性中的有限性，谨慎预防原则的引入确保了在应对科学不确定性时，政府可通过前瞻性的行为保护人类免于遭受潜在的严重且不可逆转的损害。

值得补充的是，对于如何保障公众和消费者的健康安全、经济安全等利益，实践发展亦表明，事前政府规制和事后司法控制并不是替代性的，当食品立法一并安排政府的监督管理与惩罚性赔偿等制度时，双管齐下无疑表明了两者的互补性。由此，合作并不仅仅体现为行政与司法共同具有的事前威慑性和事后问责性，也表现为公共执法和私人执法的并行与融合，如消费者不仅可以通过诉讼来进行民事索赔，也可以通过投诉举报来触发行政调查和处罚。

### （三）科学型规制

作为推动经济和社会发展的生产力，科学技术及其应用业已带来市场前景可观的新产品和生产方式。同时，科技和商业创新也伴随着技术风险和安全隐患。例如，随着科技的发展和应用，食品中不断加入的化学工业品和通过辐照技术、遗传工程、克隆动物等开发的新食品已经引起了社会的广泛关注。这使规制机构不得不与时俱进地反思既有规制方式的充分性和适宜性。应运而生的科学型规制旨在防控风险并通过科学评估寻得规制的合理性和可行性。这方面要求无论是重塑被食药事件影响的规制信任，还是提高对转基因食品等技术食品的社会接受度，风险规制者都既需要技术和经济的理性维度来掌握风险的客观信息和知识，也需要政治乃至道德维度来回应消费者和公众的需求。一个优化方向便是探索科学型规制如何在食品规制决策环节通过规制者、专家、行业生产经营者和消费者以及公众之间的互动来提高规制的科学性和民主性，即同时兼顾技术可行性和社会可接受度。

食品安全的确认就在于通过定性和定量的研究确认可供食用的物质和不至于对人类健康构成危害的剂量，如食品添加剂的使用范围和剂量，铅、镉等重金属污染物的限量。然而，上述基于客观存在的认识以及将此作为构建食品安全法治的科学基础并没有消除消费者和公众对于现行食品安全法律体系和监管体系的不信任。究其原因，首先，诚然食品安全的定性需要借助科学技术的手段，但科学技术作为生产力所产生的负面影响——技术风险也影响了公众对安全的判断。在这样的背景之下，基于风险所具有的不确定性这一特点，安全确认的目标并不在于风险本身是否存在，而是其所带来的不利因素在多大程度上能够被接受。

其次，当将食品安全视为一种可接受的社会风险时，其特点之一固然是基于科学解释、预测和控制的客观事实，如食品安全对应不造成人体健康的各类由化学物、微生物导致的急性、亚急性或慢性危害，并由此通过科学判断确定可接受水平。但其作为一种主观判断的特性也不容忽视，后者要求将食品安全解读为社会事件而不是自然现象，进而在管理的过程中考虑社会成员对风险的感知，尤其是他们所持有的价值偏好。

最后，纵使科学判断为现代法律奠定了客观基础，但作为人类记载和保障追求价值的方式，法律自身价值在于将人类所要追求的价值确立为自身的价值与目标。主观价值评估中，价值的主观性与特定的历史时期或者特定的社会情况相关，而这些背景都会影响法律决策。因此，价值判断才是法律规范的取向所在，并以此为食品安全法律的制定提供根源和导向。有鉴于此，食品安全法治在突出预防为主、风险管理的监督管理原则时，一方面需要通过风险评估及其制度化为科学专家的参与提供组织和程序上的保障，另一方面也需要借助风险交流构建多元主体的利益诉求和衡量机制。

# 第二节 食品安全规制的优化

食品安全规制发展和当下的制度安排具有以下特点：第一，生命健康安全第一位。一度，安全保障从属于经济发展需求，即政府规制食品的重心在于确保食品的自由流通，以便促进食品行业的发展。基于沉痛的教训，为重塑公众对食品消费的信心，食品安全规制在优先考虑公众和消费者生命健康安全的同时兼顾食品自由流通和经济发展。第二，强调基于风险评估这样的原则来确保食品安全规制的科学性，与此同时，系统落实风险管理、风险评估和风险交流这三位一体的风险分析体系，以期为食品安全规制决策和执行期间的专家参与和利益相关者及公众参与提供制度保证。第三，通过"从农场到餐桌"的全程覆盖以及"食品安全人人有责"的责任共担来实现食品安全规制的全面性和风险预防性，尤其是，通过确立食品生产经营者的首要责任来明确安全食品首先是"产出来"的。在这样的规制要求下，食品行业也越来越重视个体或集体性的自我规制。这些共识不仅促进了食品安全规制的现代化和全球协调，也成为我国优化食品安全规制，实现食品安全社会共治的指导原则。结合我国的创新和探索，"中国之治"已经成为他国改进食品安全规制的借鉴经验。

## 一、政府规制的优化

政府规制食品安全并非一成不变的，在深入了解食品安全问题成因、自身资源限制以及市场配置资源的作用后，政府规制也在不断作出契合实际所需的转型。

虽然规制本身没有定论，但规制目标、主体、时节、工具等不同的视角为我们提供了研讨是否规制、如何规制的框架基础。其中，从主体来说，当政府规制指向规制者和被规制者这对主体之间的规则制定和执行关系时，政府规制者的零干预到全干预可构成一个规制光谱，其中，零干预时指向被规制者的纯自我规制。从时间节点来看，政府规制可分成事前规制和事后规制，并可匹配不同的规制工具。例如：针对食品生产经营者的行为或者食品品类，要求其获得入市许可即为事前规制；事后规制则既包括惩戒违反法定要求的行为如吊销行政许可，也包括激励合规行为如尽职可免责或减轻、从轻处罚。此外，随着对被规制者自我规制和内部管理型规制的认识与重视，事中规制也日益成为独立的政府规制环节。在规制光谱中，事前、事中、事后规制匹配的工具会因为决策主体的不同而存在干预度差异。质言之，规制者决策为主的规制干预力强，相应地，被规制者自主决策的灵活性就减弱。

在不同的规制类型中，一是被规制者不具有决策权的规制被视为控制命令型规制。这是政府早期干预食品生产经营时选择的规制类型。以许可为例，可否入市由规制者决定。然而，长期以来控制命令型规制强调对抗，通过威慑实现法律遵从，即便取得了成效，却也导致了规制者和被规制者在立场上对立的僵局，影响规制目标的实现。因此，政府不断优化控制命令型规制。以许可为例：即便被诟病为“一刀切”的控制命令型规制工具，其也可以充实灵活性而弱化“一刀切”的特点。例如，在意识到一些许可要求客观上滞后于新的食品生产经营业态，如食品生产、经营、餐饮不同业态的混业新模式与既有单一许可模式下的标准差异后，基于风险评估的许可和监管要求可为新业态等的入市难题提供审慎且精准的破解之道。

二是在通过转向事中事后规制来优化政府干预时节和工具选择时，要结合行业特色来发挥被规制者的主体自觉性和能动性。对于事中干预，传统控制命令型规制不仅明确被规制者预期达到的目标，也细化实现这些目标的行为标准。即便被规制者可以实现规制目标，也会因为没有激励而止于法定要求的底线安全水平。相反，基于自我规制并结合内部管理特征来优化政府规制可以降低合规成本并提高效率。以食品安全规制为例：自我规制主要通过生产经营者落实诸如危害分析和关键点控制体系等安全管理体系。这一转变也是因为食品安全的首要责任主体是生产经营者，而基于管理的规制赋予了生产经营者更多的自我管理权限。例如，即便自我规制所要达到的目标（安全水平）是通过强制性标准确定的，但是，企业内部的危害关键点和相应的监控及纠正措施，可由企业根据食品加工方法的特殊性予以确定。由此，以企业的事中过程管理替代政府的事后产品检查，也实现了从减少损害到预防风险的转变。作为事后规制工具，对于轻微违法行为，约谈甚至免责日益成为行政处罚的前置举措。这样的变更进一步表明了控制命令型规制和激励性规制的交替应用，如约谈借助规制者和被规制者之间的沟通来促进后者的合规选择，以避免前者采取严厉的行政处罚。

三是从政府一元主导的政府规制转向政府、市场和社会的多元参与和社会共治。在规制者意识到食品安全具有很强的科学性、技术性后，落实以风险评估、管理和交流为核心内容的风险分析原则，已成为确保食品安全法律政策及各项管理措施有效落实的重要基础。在食品安全人人有责，且生产经营者承担保证食品安全的首要责任成为共识后，食品行业利益相关者通过履行好各自职责来确保食品安全，业已成为保证食品安全、保障公众健康的制度基础。相应地，与政府规制者相关的放松规制、激励规制、回应规制、信息规制等并不是物理分割、自行发展，而是化学融合、协同合作。而且，在智慧规制和社会治理的新取向下，多元合作可以整合政府规制和自我规制，由商业机构抑或非政府组织扮演规制代理者的角色，进而增强传统且直接的政府规制模式的有效性。也就是说，通过主体多元化、工具多样化可以优化规制，尤其是借助量体裁衣式的调整适应具体场景的规制需求。

## 二、自我规制与规制合规

政府规制的这一职能场域并不是市场机制的禁地。从市场失灵到政府失灵，规制者在借助事前、事中、事后不同规制工具干预市场主体行为的同时也存在规制资源不足、规制俘获等问题。与此同时，市场主体在内部发展动力和外部规制压力下也日益重视内部控制，并不断提升符合法定要求的合规能力。尤其是，食品安全法律要求的不断趋严，使食品生产经营者日益重视有助于履行法定义务要求的规制合规。作为舶来品，英语“compliance”被释为合规，取“合乎规定”之意，其中，规定包括：一是法律法规，二是商业行为守则和企业伦理规范，三是自身制定的规章制度。当规制本身可指向政府规制、私人集体式或个体式的自我规制时，所谓“规制合规”也意味着被规制者基于上述不同规制而分别遵从法律法规、行业守则或内部规章。比较而言，对于被规制者，合乎法定义务已成为日益重要的合规驱动，因为：一方面，不符合强制性的法律规定，被规制者将遭受严厉的法律制裁，导致财产损失、声誉损失和付出自由代价；另一方面，即便在不合规的情形下，根据一些法律规定，合规管理可作为减轻乃至豁免法定责任的抗辩。也就是说，食品生产经营者不仅仅依托自我规制来落实法定义务，同时，还会在合规导向下确保自我规制的有效性，即通过自我的规则设定和执行来实现政府规制目标——可接受的食品安全水平/风险水平。

比较而言，自我规制和合规并不等同。从私主体为什么要开展自我规制的角度来说，其规制意愿除有外部法律的合规驱动外，也有风险预防和市场逐利的驱动，且特点是内发的自主性。但从自我规制到规制合规，前者借助后者展现了自身动机、自我规制能力等，这些都会成为规制者的检视内容以决定规制的时机和手段。当政府规制回应生产经营者的合规选择时，执法策略也会由威慑导向转向合规导向，并以合作而非对抗的方式重塑规制者和被规制者之间的关系，如以合规激励、合规协助来改进被规制者的守法行为。因此，在市场主体自我规制和政府规制构成的规制光谱上，规制者和被规制者之间的对抗关系也在转向公私互动式的规制合作，如被规制者的规制性合规可以触发规制者的回应性规制。当然，政府规制执法并非二择其一式的单向选择，当合作式执法可以预防违规行为和劝服轻微违规行为时，组合运用威慑导向的强制执法也能基于过罚相当的原则来查处和惩戒严重违规行为。

## 三、食品合规管理

合规的作用在于对外适应规制者的要求，对内防控违法违规的风险。重视合规是食品生产经营者在“利润导向”下应保持的底线和自觉。在食品安全规制日益趋严、企业保障食品安全力在行为的背景下，这份自觉既有外在的他律，也有内在的自律。就食品生产经营者的合规建设及其发展而言，一是合规工作由外部驱动。一般而言，企业等生产经营组织内往往有单设的法律事务部门，但法务工作人员主要负责的是合同和诉讼事务。对于食品生产经营者，由于领域内单行的食品安全法律事务涉及行政管理和专业技术的要求，因此其还需要具备这些知识、经验的专业人员负责相关的法律分析、规则协调和纠纷解决工作，以防控食品生产经营的法律风险。从几个合规人员到一个有上百号成员的合规小组，食品行业内合规人员的数量发展不仅体现了合规的专业性，也反映了食品生产经营者的机构重组不仅仅是市场导向下的区域或品牌管理，而且包括回应外部官方监管要求的合规管理。就后者而言，合规工作的内容也随着食品安全法制的完善而呈现“技术规则”合格评定和“法定义务”履职到位的双驱动。

二是合规人员促进内外连接。就内向的沟通而言，合规人员应及时将不断推陈出新的义务要求和标准规则转换为企业的合规工作，并整合到产品研发、生产、经营、包装、营销、客服等不同的工作中，以确保内部管理和产品符合法定要求。就外向的沟通而言，合规人员不仅可以向外传达企业合规的意愿和行动，也可以通过参与规则制定来反映企业对于规则合理性的诉求，进而提高规则的可操作性。鉴于此，合规人员在企业内部架构中的归属呈现不同的形式。例如，将合规人员设于企业事务部或研发部，前者可以发挥其“内外连接”的作用，后者则侧重“产品的研发源头”，通过对物质使用、生产工艺的合规评估来事先防控违规风险。又或单设合规部门，并设立“食品安全官”来统筹食品安全相关工作，包括合规审查。当前的一个新趋势是增设法务部门的政策法律研究职能，并匹配食品安全政策法律的研究人员，以提供合规咨询。这些发展都表明了合规工作和专人培养日渐受到食品生产经营者的重视，原来救火式的解决法律问题正转向事前的法律风险防控，以充分发挥具有实务优势的企业的智库作用。

三是重视合规权力的内部升级。无论是落实合规工作还是发挥合规人员的作用，外部监管环境都是重要的驱动因素。反观食品生产经营者及其内部架构：一方面，食品生产经营的组织形式和规模大小各不相同，如何内设合规部门仍需结合具体情况作具体分工。小规模的生产经营者在资源有限和成本制约的情况下，可以依托于第三方的合规服务来开展这项工作。另一方面，合规工作的非营利性和非效率定位，也使其与利润导向的企业有天然排斥性，并在面对其他营利部门时有天然弱势性。因此，在分析违法成本和违法收益后，先盈利后罚款的营销、广告投机也不乏鲜见。为了避免这样的合规失灵，食品生产经营者在提升合规人员素质和能力的同时，更应强化他们对于违规的否决权力。

对于食品生产经营者而言，食品合规管理特指食品企业合规中的“食品法规”，且往往由专设的食品法规团队完成该项工作。在我国，所谓“食品法规”，是指食品安全法律体系规定的要求，包括以食品安全标准这一形式体现的强制执行的技术要求。需要指出的是，食品安全法律有国别特点，外企在进入中国后，应当以本地法规为合规依据。尤其是，在直接适用一些国际上比较成熟的质量管理体系时，其自成体系的规则会因为制定基础和发展背景而和我国的一些规定存在差别。就合规管理工作而言，其从产品开始。由于产品标签的可视化和直观性，合规工作一般缘起于标签的合规审查。在此基础上，逐步建立覆盖原料、生产过程等的合规工作。这一过程的转变便是将外部的法律规定分解到内部的质量控制等工作中。当然，不同的企业会有不同的内部管理体系，如HACCP体系，合规的“内外转换”便是结合这些内部的管理要求将外部的法律规定落实到具体的操作中，由此而来的内部操作规则和管理要求便形成了企业的内部合规制度。然而，实践中不乏“制度上墙”的象征性合规现象。所谓食品安全等于行为，只有践行，食品安全的规范要求才能融于日管理、周排查、月调度等管理活动，并最终生产出具体的安全产品。

## 第三节　食品安全治理

### 一、食品安全社会共治与法治基础

不同于规制中政府的单一权力中心和单向管理过程，治理的特点在于它是一个持续的互动管理过程，除政府以外的公共机构和私人机构，也可以因为公众认可其权力的行使而在不同的层面成为权力中心，进而协调其锁定的集体行动（联合行动），实现利益的共享和责任的共担。鉴于主体、利益和行动方式的多样性以及所应对环境的持续变化，治理并不具有一种单一的模式，而是表现为一个宽泛、变化且复杂的互动决策过程。因此，决策需要在地方、国家等不同层面因地制宜地进行，且需要各类人员和机构的参与。正是因为如此，不同的主体之间应当构建伙伴关系，以便通过信息、知识、能力的集结来达成共识，以解决共同关心的问题。由此，多元主体的互动将进一步构成网络治理，即借助联合行动实现集体的目标。

对于以共享和参与为特点的网络治理，在以单一组织为中心的网络结构与多组织交错分权的网络结构之间，可存在各类不同的模式，这需要根据目标、关联、管理模式等不同考量予以选择。鉴于此，一方面政府应鼓励各类不同主体的联合行动，如社区层面的自治，市场行业组织的自律；另一方面，政府作为公共行政乃至公共服务的主体，也应参与到各类网络治理中，如政府自身从中央到地方的多层治理，抑或在合作规制中和企业及行业组织共建的多级治理。但无论何种形式，政府原有的等级化控制都是不适宜的。因此，政府需要通过分权、赋权，使其他市场和社会主体有更多的自治权利，并通过职能的转变，以事中事后的监管以及公共服务为主。相应地，其他主体参与和协作的意愿及能力在政府转变的过程中不断确立和提升，包括教育和实务所推进的合作文化和责任意识对个体行为的改变，进而形成企业（行业组织）会去管理市场，公民会去管理政府、政府集中资源防控高风险的共治格局。

食品安全社会共治在近些年来已逐渐成为国际社会的共识。这既涉及理念认识层面，也涉及制度建设层面，还涉及技术层面。从理念认识层面来说，规制者对于食品安全社会共治的必要性已经有了比较全面的认识，食品供应链涉及环节多、链条长，诸如我国又存在地域广阔、食品种类繁杂的挑战。因此，食品安全治理工作长期以来面临着有限的规制资源与广泛复杂的规制对象之间不匹配的困境，引入社会资源参与共治是一种客观需求。规制者对于积极利用社会资源参与食品安全共治，也寄予了很大的期望，比如对食品第三方检验检测机构的培育，投诉举报制度的建立。但从社会角度来看，主动参与社会共治的意愿还比较薄弱，行动力还远远没有发挥出应有的社会效力。如何破解这一问题？一方面，要从法律制度建设层面予以推动和保障。用法律来规范食品安全治理，就是将人们在食品安全治理中的权利义务用法律的形式固定下来，通过确定行政机关、生产经营者、消费者等各方社会主体的权利义务，指导人们行为，惩罚违法活动，明确应该做什么、不能做什么，可以做什么和如何做，从而保证食品安全治理规范有序。另一方面，要解决技术层面的问题。在当前食品安全规制过程中，有很多技术层面的问题尚待突破，有必要借助社会资源，比如追溯制度的建立以及数据规制。另外，有一些则是必须借鉴第三方力量的，比如食品安全犯罪定罪量刑中的专家检测鉴定。

此外，还有必要把思路进一步拓宽，除了科普宣传、知识普及、社会监督，把社会共治所能发挥作用的领域挖掘得更多一些。要从食品安全的监管手段和方法之一的层面上认识社会共治，而不仅仅是将其作为一种营造社会氛围的手段。推动食品安全社会共治，使我国食品安全“进入”社会共治，使社会共治切实成为食品安全的治理手段和方法，还需要更多的社会理性。

## 二、我国食品安全社会共治

社会共治是一种崭新理念，是一项重要政策，是一系列法律制度，是值得追求的价值目标。党的十八大以来，随着社会管理体系建设的不断深入推进，食品安全社会共治的顶层设计日渐清晰，政策表达逐步明确。2012 年，党的十八大报告提出："要围绕构建中国特色社会主义社会管理体系，加快形成党委领导、政府负责、社会协同、公众参与、法治保障的社会管理体制，加快形成政府主导、覆盖城乡、可持续的基本公共服务体系，加快形成政社分开、权责明确、依法自治的现代社会组织体制，加快形成源头治理、动态管理、应急处置相结合的社会管理机制。"这段表述已经透露出明显的社会共治理念。2013 年 6 月 5 日，汪洋副总理在全国食品药品安全和监管体制改革工作电视电话会议上，明确提出保障食品药品安全需要"构建社会共治格局"。当月 17 日举办的全国食品安全宣传周启动仪式暨第五届中国食品安全论坛，更是将主题明确定为"社会共治同心携手维护食品安全"。2014 年 3 月，李克强总理在《政府工作报告》中明确提出，"建立从生产加工到流通消费的全程监管机制、社会共治制度和可追溯体系，健全从中央到地方直至基层的食品药品安全监管体制"。除了对食品药品安全治理提出社会共治，李克强总理的《政府工作报告》也对社会治理和环境保护提出了社会共治的要求，强调"推进社会治理创新。注重运用法治方式，实行多元主体共同治理"。

不止于此，党和国家把维护食品安全在内的公共安全摆在更加突出的位置。党的十八届三中全会围绕健全公共安全体系，提出食品药品安全、安全生产、防灾减灾救灾、社会治安防控等方面体制机制改革的任务。党的十八届四中全会提出了加强公共安全立法、推进公共安全法治化的要求。从中可以看出，建立包括食品安全在内的社会共治体系，并非权宜之计，而是国家治理战略转型的重要举措。新一届政府强调，努力形成企业负责、政府监管、行业自律、社会参与、法治保障的食品安全治理新格局，充分体现了多元主体共治的精神，彰显了公共治理理念的提升和社会管理方式的转变，也是法治社会建设内容的重要体现。应该明确，社会共治是公共治理的更高形态，是最高的目标追求。

最终，2015 年修订的《食品安全法》开了先河，将"社会共治"确立为一项法定原则。这意味着社会共治理念从政策表达层面进入了法律表达层面，食品安全社会共治具有了明确的法律依据。据此，食品安全社会共治对我国食品安全治理格局树立了更高目标、提出了更高要求。从理论到规范再到实践，《食品安全法》通过具体制度安排为不同主体参与食品安全社会共治提供了路径选择和行为规范。除了生产经营者的主体责任和行政机关的监管责任，2015 年修订的《食品安全法》还鼓励消费者协会和其他消费者组织依法进行社会监督；规定县级以上人民政府食品安全监督管理等部门应当公布本部门的电子邮件地址或者电话，接受咨询、投诉、举报，对查证属实的举报，给予举报人奖励；规定监管部门应当准确、及时、客观公布食品安全信息；鼓励新闻媒体对食品安全违法行为进行舆论监督；鼓励建立食品安全责任保险制度；规定食品行业协会应当引导和督促食品生产经营者依法生产经营，加强行业自律，依照章程建立健全行业规范和内部奖惩机制，提供食品安全信息、技术等服务。

2015 年修订的《食品安全法》实施以来，我国食品安全监管部门食品抽检信息发布逐渐规范化、常态化，对食品安全生产经营企业的警示和威慑，也为新闻媒体和公众提供了了解、监督食品安全工作的平台和机会。全国食品安全宣传周也已成为监管部门、企业、媒体、专家学者、消费者共同倡导和共同参与食品安全治理的重要平台。

例如，2023 年 11 月 28 日上午，国务院食品安全委员会办公室联合中央精神文明建设办公室、中央网络安全和信息化委员会办公室、最高人民法院、最高人民检察院、教育部、工业和信息化部、公安部、民政部、司法部、生态环境部、交通运输部、农业农村部、商务部、文化和旅游部、国家卫生健康委员会、海关总署、市场监督管理总局、金融监督管理总局、国家广播电视总局、国家粮食和物资储备局、国家林业和草原局、中国民用航空总局、共青团中央、中国科学技术协会、中国国际贸易促进会、供销合作总社、中国国家铁路集团有限公司等 28 部门，在京正式启动主题为“尚俭崇信尽责 同心共护食品安全”的 2023 年全国食品安全宣传周活动。

近年来，我国食品安全状况保持总体稳中向好。人民群众对食品消费的需求也呈现高品质、多元化、个性化的不同趋势。需求变革带来了行业创新。食品行业推出的新产品、新商业、新营销满足了各类消费需求。这既需要监管部门秉持包容性的监管来优化创新友好型、合规减负型、守信激励型的营商环境，也需要保持审慎性的监管来防控风险、制裁违法、化解危机。例如：《企业落实食品安全主体责任监督管理规定》在要求企业配备食品安全总监和食品安全员来落实主体责任时，考虑了企业在企业规模、食品类别、风险等级、管理水平、安全状况等方面的差异性，使企业可以根据实际需要自行确定。《食品经营许可和备案管理办法》适应了改革发展需求，增设专章明确仅销售预包装食品备案的具体要求；在推进食品经营许可和备案信息化建设的基础上，进一步简化食品经营许可流程，压减许可办理时限，并将部分按照许可管理的情形调整为报告，释放改革红利。

## 思考题

1. 食品欺诈、食品质量、食品安全的关联与区别是什么？
2. 如何理解食品安全规制是社会性规制？
3. 针对食品安全，政府规制者该如何选择规制工具？
4. 食品安全治理的内涵与意义各是什么？

# 第四章
# 食品安全治理中的责任分配

**内容概述**

在现代汉语语境下，“责任”包含“义务”和“课责”两个方面；在学术语境中，“法律责任”一般仅指“课责”。责任，以规范为基础。除了法律规范，其他规范也能够成为责任的基础。其中，规范明确规定的责任，是显见责任；而规范未予明确规定，但通过学理可以推导出来的责任，是隐含责任。我们在处理责任分配的时候，不能只关注显见责任，而忽视隐含责任。责任分配遵循规范拟制原则和责任自负原则，“课责”方面还有专属的归责原则。基于这些原则，在食品安全治理中，食品生产经营者的主体责任、政府及其监管部门的监管责任和社会其他主体的责任得到确认，进而使治理结构形成了闭环。

**重点知识**

1. 责任：义务、课责
2. 责任的基础：规范
3. 责任的分类：显见责任和隐含责任，法律责任
4. 责任的分配：责任分配原则，法律主体的责任分配

## 引读案例

**案例 1**

2008 年，“三聚氰胺奶粉事件”爆发，郭某两岁多的女儿一直长期食用“美国施恩婴幼儿奶粉”。当年 9 月，他带女儿到北京海淀区北太平庄医院检查，检查结果显示，“双肾中央集合系统内可见数个点状强回声”，这意味着肾功能受损。2009 年 6 月 13 日，郭某与奶粉生产商施恩（广州）婴幼儿营养品有限公司（以下简称“施恩公司”）达成

和解协议，施恩公司补偿郭某一方40万元。次日郭某出具书面材料表示，基于问题已妥善解决，不再追诉并放弃赔偿要求。在拿到40万的补偿款后，郭某再次向施恩公司索赔，郭某在谈判中称问题尚未妥善解决，并提出300万元赔偿要求。施恩公司及其控股股东广东雅士利集团股份有限公司（以下简称“广东雅士利”）拒绝支付并于同年6月30日向警方报案。

一审法院（潮安县法院）认为，郭某再次提出的300万元“赔偿款”系在不存在合法请求权的情况下，事先预谋并虚构其所有亲属对赔偿不满意等借口提出的“索赔”要求，非法占有目的明确。潮安县法院还认为，基于国家发生“问题奶粉”事件后，在社会公众及奶粉生产企业中产生并持续存在的负面影响，此时郭某采取将在媒体进行报道的手段，必将直接歪曲两家企业努力重建市场信用的心思，并足以损害两家公司的市场信誉，影响两家企业的正常经营，引起两家公司的惧怕。2010年1月，潮安县法院一审判决，郭某犯敲诈勒索罪，判处有期徒刑5年。后郭某上诉，潮州市中级人民法院于当年2月裁定维持原判。2010年5月31日，广东省高级人民法院作出再审决定书。再审决定显示，广东省高级人民法院经审查认为，“此案在程序上存在不符合刑事诉讼法规定的情形，确有错误”，遂指令潮州市中级人民法院再审。潮州市中级人民法院于当年12月30日再次作出裁定，维持原判。

2014年7月，郭某刑满出狱，此后继续申诉。2015年5月，广东省高级人民法院再审提审此案。2017年4月7日，广东省高级人民法院再审改判郭某无罪。①

**案例2**

2018年10月22日，李某在某购物广场购买“呛面馒头”一袋，该商品外包装载明该食品保质期至2018年10月20日。李某购买后发现该食品为过期食品。李某认为该购物广场的销售行为违反《食品安全法》（2015年）第34条关于“禁止生产经营下列食品、食品添加剂、食品相关产品：……（十）标注虚假生产日期、保质期或者超过保质期的食品、食品添加剂”的规定，遂提起诉讼，请求判令被告退还货款并给予原告赔偿金1 000元。法院认为：原告李某为主张其与被告存在买卖合同关系，向法院提交了购物发票、照片、商品实物，原告证据已经形成锁链，作为消费者，其已完成了相应的举证责任。根据相关法律规定，食品销售者负有保证食品安全的法定义务，应当对不符合安全标准的食品及时清理下架。现案涉商品出售的日期已经超过保质期，应当认定某购物广场销售了明知是不符合食品安全标准的食品。根据《食品安全法》第148条第2款的规定，生产不符合食品安全标准的食品或者经营明知是不符合食品安全标准的食品，消费者除要求赔偿损失外，还可以向生产者或者经营者要求支付价款10倍或者损失3倍

① 本案例根据相关网络报道整理而成。

的赔偿金；增加赔偿的金额不足 1 000 元的，为 1 000 元。但是，食品的标签、说明书存在不影响食品安全且不会对消费者造成误导的瑕疵的除外。原告主张赔偿款 1 000 元的诉讼请求，符合法律规定，依法应予支持。法院遂判决某购物广场退还李某货款并支付李某赔偿金 1 000 元。[①]

**案例 3**

针对 2022 年央视“3・15”晚会爆出的“土坑酸菜”问题，华容县委县政府立即对央视曝光企业采取查封措施，开展执法调查。针对涉案的锦瑞公司，公司和责任人同时受到行政处罚。就后者而言，锦瑞公司法定代表人杨某才未履行食品安全主体责任，为降低生产成本，购进存在食品安全风险的“土坑酸菜”用于生产；锦瑞公司生产厂长孙某勇明知“土坑酸菜”产品质量不合格，存在食品安全风险，配合杨某才将“土坑酸菜”原料未经检验投入生产，持续时间 2 年以上。锦瑞公司违法收购“土坑酸菜”原料金额为 1 112.81 万元，数额巨大，性质恶劣，并被央视“3・15”晚会曝光，造成严重社会影响，其行为违反了《中华人民共和国食品安全法》第 44 条中关于“食品生产经营企业应当建立健全食品安全管理制度，对职工进行食品安全知识培训，加强食品检验工作，依法从事生产经营活动。食品生产经营企业的主要负责人应当落实企业食品安全管理制度，对本企业的食品安全工作全面负责”的规定和《中华人民共和国食品安全法实施条例》第 19 条关于“食品生产经营企业的主要负责人对本企业的食品安全工作全面负责，建立并落实本企业的食品安全责任制，加强供货者管理、进货查验和出厂检验、生产经营过程控制、食品安全自查等工作。食品生产经营企业的食品安全管理人员应当协助企业主要负责人做好食品安全管理工作”的规定。依据《中华人民共和国食品安全法实施条例》第 75 条中关于“食品生产经营企业等单位有食品安全法规定的违法情形，除依照食品安全法的规定给予处罚外，有下列情形之一的，对单位的法定代表人、主要负责人、直接负责的主管人员和其他直接责任人员处以其上一年度从本单位取得收入的 1 倍以上 10 倍以下罚款：（一）故意实施违法行为；（二）违法行为性质恶劣”的规定，应予处罚。

相关部门参照《湖南省市场监督管理行政处罚自由裁量权基准（试行）》第十四章“食品监督管理”“湖南省食品监督管理行政处罚自由裁量权基准适用说明”第 11 条“符合下列情形之一的，可以依法从重处罚：……（七）具有连续违法时间 6 个月以上、涉案食品数量较多或者货值金额较大，且全部或绝大部分销售无法追回的……（十八）造成较大社会影响的”和《湖南省市场监督管理行政处罚自由裁量权基准（试行）》第

---

① 最高人民法院发布的典型案例之一：销售已过保质期的食品，构成经营者“明知”——李某与某购物广场买卖合同纠纷案.

310 条“…… （二）裁量基准：……4、符合本章《适用说明》从重处罚规定的：裁量基准：处以其上一年度从本单位取得收入的 7 倍到 10 倍罚款”，决定对锦瑞公司相关生产经营负责人从重处罚：处法定代表人杨某才上一年度在公司所获收入 10 倍罚款（人民币 100 万元），处生产厂长孙某勇上一年度在公司所获收入 10 倍罚款（人民币 100 万元）。[1]

## 第一节　责任的法律解析

### 一、责任的释义

食品安全人人有责已成为共识。在从农场到餐桌的全程供应中，这一“人人”的主体可指向不同的食品生产经营者，如农户、食品制造商、食品进口商、食品销售者等；亦可以指向食品流通中的运输仓储者、食品消费者乃至食品安全监管者等。这些角色的差异意味着即便人人负有保障食品安全的责任，也会基于角色差异而需要各司其职、各尽己责。那么，何为责任？尤其是，如何结合食品生产、经营、消费、监管等不同的场景理解保证食品安全责任？认识责任的内涵，是理解责任分配的基础。

“责”“任”最早于何时何地被合为“责任”一词并纳入现代汉语的语境，尚不可考。但基于原有单音词阶段语义的多样性，合二为一之后的释义不可避免地具有模糊之处。哈特在考查“法律”“权利”概念之时，也敏锐觉察到了“责任”话语体系的复杂性，并对其进行了类型化的分析，即角色责任、因果责任、应负责任、能力责任。只不过哈特的区分以英文语用为基础，和现代汉语存在不小的差异。在现代汉语里，哈特所称的“因果责任”和“能力责任”更多指向作为归因的责任，其侧重于“归属”而非“责任”。毕竟，“归责”（或责任承担）和“责任”不是一个范畴。借鉴哈特的分类，结合现代汉语语用习惯，可以认为，在现代汉语语境中，“责任”一词包含着两个子集：一个是根据规范应为的分内之事，即义务（duty），如“一切国家机关实行精简的原则，实行工作责任制”；另一个是因违反了相关规范设定的义务而引发的（不利）状态，即课责（liability），如“刑罚的轻重，应当与犯罪分子所犯罪行和承担的刑事责任相适应”。

作为义务，保证食品安全的责任随着食品安全规制的优化不断分解。在政府扮演守夜人的自由市场中，消费者不得不在购买食品这一时间节点谨慎小心，而当事后发现问

---

① 本案例根据网络报道和公开执法信息整理而成。

题时，司法救济的举证之难也使其只能自负其责。随着食品生产经营的分工与供应链的延长，信息不对称导致食品欺诈愈演愈烈，尤其是，食品安全问题对公众健康的损害日益凸显。为保护消费者权益和公众健康，政府事前预防式的规制干预一度“保姆式”地控制食品的生产经营。然而，行政资源的有限性和政府规制者与生产经营者之间的信息、技术落差，又让政府规制者意识到保证食品安全不能仅仅依靠外部的他律，更应发挥生产经营者的主体作用。

一如欧盟在《通用食品法》中所指出的，食品生产经营者所在的环节最适宜建立一套安全机制以确保供应食品的安全性。因此，它肩负了确保食品安全的首要责任。一方面，生产、加工和流通各阶段的食品生产经营者应在其所在企业确保食品符合与它们活动相关食品法的要求以及核实这些要求的实际落实情况。另一方面，各国主管部门应执行食品法，监督并且确认生产、加工和流通各阶段食品生产经营者有效遵守相关食品法的要求。这要求它们需要建立一个官方控制体系以及根据情况采取相应措施，包括针对食品安全和风险开展公众交流、官方监督等。对于因违反了相关规范设定的义务而引发的（不利）状态，课责意味着这些主管部门要针对上述措施明确相应的违法制裁。

例如，德国《食品饲料法典》第 11 条规定，禁止以误导性标识、说明或装潢流通食品，一般或个别地以误导性陈述或其他说明推广食品。第 59 条规定，违反本法第 11 条第 1 款第 1 项的，处 1 年以下自由刑或处罚金。此外，德国《刑法典》第 263 条也规定了食品欺诈的刑事责任：意图为自己或第三人获得不法财产利益，以欺诈、歪曲或隐瞒事实的方法使他人陷于错误之中，因而损害其财产的，处 5 年以下自由刑或罚金。当我国试图辨析“食品安全是产出来的”还是“食品安全是管出来的”时，前者指向生产经营者保证食品安全的主体责任和后者指向政府监管者的监管责任，这是从义务的角度强调两者的分工与合作。然而，实践表明，市场失灵与政府失灵同时存在，因此，“食品安全是治出来的”，这意味着保证食品安全的义务还涉及其他的市场或社会主体。

从一般责任到法律责任，全国高校法学专业核心课程教材《法理学》（第五版）对后者有如下表述：“迄今为止，在中国法学界乃至世界法学界尚没有一个能被所有人接受并能适用于一切场合的有关法律责任的定义。中国法理学者们通常把责任分为广义法律责任和狭义法律责任两类……越来越多的学者倾向于在狭义上使用‘法律责任’这一术语。”更进一步，有学者认为，为了避免“法律责任”和“法律义务”两个概念的混淆，仅将“法律责任”限定为“课责”，即“在特定的法律关系中，只要一方被授予法律能力，与之相关的另一方就必须服从拥有法律能力一方的支配”[①]。尽管这种限定性解读与中国现存法律条文中对“责任”一词的使用有所出入，导致许多法律条文中规定的“责

① 蔡宏伟.“法律责任”概念之澄清. 法制与社会发展，2020（6）.

任”不能被“法律责任”所涵盖，但是，从知识体系的内在逻辑自洽角度出发，这一限定是有意义的，尤其是涉及“追责”这一概念的时候。因此，本教材第二编第七章第五节将按照这一限定后的“法律责任”概念来呈现“严格的法律责任体系”。而本章将继续在一般语境（而非法律语境）中处理“责任”问题。

## 二、责任的基础

责任的基础，是指责任何以存在的理由，从更深层次的角度回答责任为什么的问题。这一基础，便是规范。它与权利不同，而与权力类似。如果不存在规范，则无所谓“责任”，但即便不存在规范，依然可以主张权利。对于道义责任论来说，其规范基础即道德规范；对于社会责任论来说，其规范基础是社会运行规范。无论从哪个角度出发，规范责任论的解释力，都将优于前两者。在责任背后，至少存在三种规范：规范责任履行的规范，指定承担责任资格的规范，以及规定责任承担后果的规范。需要明确的是，尽管义务和课责都与规范相关，但涉及二者的规范是两种不同的规范状态，在规范系统和社会生活中发挥着不同的功能。只不过，既然义务和课责都是责任的一个子集，那么，基于二者的差异并不能必然得出作为二者存在基础的规范是不同的规范这一结论。毫无疑问，存在着一些同时设定义务和确立课责的规范。例如，立法法明确了立法者的责任，同时也设立了法律规制对象（包括立法者本身）遵守法律的义务。于是，从规范的角度出发，义务和课责都是由规范设定的必然结果，且某一规范和二者的对应关系取决于这一规范在整个规范体系中的位置，而并非截然二分，因此，“责任”一词包含二者。

以我国为例：客观存在着法律规范、党内法规、党的政策、国家政策、社会规范等在各自不同场域发挥作用的规范类型。法律规范构成了法律责任的基础。这一系列规范由《中华人民共和国立法法》所指的法律、行政法规、地方性法规、自治条例和单行条例、规章、法律解释等构成。它确立了中国“法律体系的基本架构”，并且“对法律体系的结构进行了位阶安排”。其中，有三点需要特别注意：其一，对于某一具体事项来说——比如，刑事辩护的规范体系——宪法规范具有举足轻重的地位，引领其他的法律规范。宪法构成了凯尔森意义上的基本规范，是其他所有法律规范得以具有效力的终极渊源。于是，在这个意义上，除了常规的刑事法律责任、民事法律责任和行政法律责任，违宪责任也是不可忽视的一类法律责任。

其二，虽然其他规范性文件并不属于立法法中确定的“法律规范”集合，但其本身带有“规范性”这一文字表述，使其存在被归入法律规范等级结构中的可能性，即它可以成为法律规范体系的一部分。之所以如此，是因为其他规范性文件的规范效力根据是法律规范。这一规范体系是和谐统一的，尽管新法的创设和旧法的修改会对其产生影响，但经历一个调整期后，借助法律适用和解释，它将重归和谐。截至 2021 年 1 月，我国关于食品安全的法律主要有《食品安全法》《农产品质量安全法》《动物防疫法》《进出境动植物检疫法》《进出口商品检验法》《国境卫生检疫法》《消费者权益保护法》等 7 部，另有《刑法》《国家安全法》《标准化法》等辅助。为实施这些食品安全立法，国务院颁布了《食品安全法实施条例》《国务院关于加强食品等产品安全监督管理的特别规定》《突发公共卫生事件应急条例》《认证认可条例》《农业转基因生物安全管理条例》《生猪屠宰管理条例》《乳品质量安全监督管理条例》等多部行政法规以及近 30 件规范性文件，国家卫计生委和食药监总局①等监管部门颁布的规章、食品安全标准以及规范性文件达 400 多件。这些法规、规章和标准在增强《食品安全法》的可操作性、确保责任落实方面发挥了巨大的作用。

其三，其他类型的规范构成了其他责任的基础。党的十八届四中全会决定“坚持系统治理、依法治理、综合治理、源头治理，提高社会治理法治化水平”。作为执政党，中国共产党认识到“现代性的到来并没有消灭传统，更没有消灭社会自身生产地方性、群体性规范和价值观的机制”。如中共中央办公厅、国务院办公厅印发的《地方党政领导干部食品安全责任制规定》，在标题中即强调“责任”，内容上也以专章规定了“职责”和“奖惩”，明确了食品安全的党内法规责任。其中，“职责”即“义务”，而“奖惩”中的“惩”即“课责”。

## 三、责任的分类

### （一）显见责任和隐含责任

根据不同的标准可以对责任进行不同的分类。在一般情况下，“责任”指全集而非子集，但“义务”和“课责”的划分依然有其意义，因为基于这样一种对应“权利”和“权力”的划分，“责任”彰显出两种状态：显见责任和隐含责任。

当规范中明确存在展示“责任”的语词的时候，比如“应当”“负责”等语词，责任即为“显见责任”，如“食品行业协会应当加强行业自律，按照章程建立健全行业规范和奖惩机制……引导和督促食品生产经营者依法生产经营，推动行业诚信建设……”。而当规范中没有明确展示“责任”的语词，但其中有明确展示“权利”或“权力”等语词的时候，由此规范中可以推演出的某种责任状态，即“隐含责任”。如“任何组织或者个人

① 2018 年机构改革后，国家卫计生委变更为国家卫生健康委员会，食药监总局变更为市场监督管理总局。

有权举报食品安全违法行为，依法向有关部门了解食品安全信息，对食品安全监督管理工作提出意见和建议"，与其说是一种请求权，不如说是一种"权力权"，因为一旦消费主体启动这一权利，相对方便被课加了一种责任，进而必须履行相关的法律义务；而消费主体承担的与权力相关的自身责任是不得滥用这些权力。

"显见责任"受罗斯（W. D. Ross）"显见义务"（prim a facie duties）概念的启发，后者被用来解决实际义务（actual duties）之间的冲突问题。罗斯从伦理学的角度出发，认为"显见"一词所表达的是来自道德情感的表象，体现了人们对义务的追求，因此，显见义务并非义务本身。但在威尔曼看来，罗斯使用"显见"是为了强调义务的基础，因此，"'显见义务'与其说是实际义务的试金石，还不如说它自身就是义务"。这一义务的基础，便是规范，毕竟只有某一具体的规范才能够设定某一确定的义务。而作为显见义务的上位概念，显见责任同样具有这一以规范作为基础的特性。

与显见责任在规范上的"显见"相比，隐含责任隐藏在授权规范之后，如同隐含义务隐藏在真正的权利之后一样。如果说显见责任和显见义务的共性在于规范基础，那么，隐含责任和隐含义务的共性在于其内部分类方式。几乎所有人都同意权利在某种程度上能够设定义务，但实际上不同权利所设定的义务在形式上有所差异。这种差异体现在该义务和设定义务的权利之间的关系上。根据霍菲尔德的区分，权利和义务的关系是一种相关关系。然而，隐含在权利背后的义务不仅包括相关关系下的对应义务，同时还至少包含相关义务、新义务和补充义务。这是由权利本身的复杂性所决定的。鉴于新义务的基础是新的事实而非规范，隐含责任只有三种：对应责任、相关责任、补充责任。又因为补充义务的基础并非权利而是尚未列入法律规范的原则，所以，在进行法律规范文本分析之时，补充责任——如同补充义务一样——并不在考量之列。因此，隐含责任的核心是对应责任和相关责任。其中，对应责任十分明确，即甲有实施 A 行为的权利/权力，则乙有不干扰甲实施 A 行为的义务。而相关责任比较复杂，但因为权利几乎以同样的方式隐含着相关义务，而其中一些义务指向的是权利持有者而非其他主体，所以一些权利持有者本身就是其权利所隐含责任的承担者。它意味着，一个授权规范可能同时也是一个设定责任的规范。此时，真正的问题在于明确依照相关规范，何种情况下权利持有者才成为其权利隐含责任的承担者。

### （二）法律责任

作为一种规范责任，法律责任本身有着内容正当的价值要素。换而言之，法律问责需要明确归责的事由，即基于客观事实的归因和行为的主观方面来明确特定的责任人。由此而来的一个重要内容便是归责原则，且基于因果关系探索行为及其后果的可归责性有主观归责和客观归责之分。其中，主观归责强调主体过错，典型的便是基于过错的民事问责。比较而言，客观归责则是基于客观事实及因果关系上的进一步规范评价，来确认行为主体是否承担责任。对于行政处罚，当依据行为人客观上的违法行为及后果适用时，便被认为采用了客观归责原则。换而言之，这样的行政处罚无须考虑行为人的主观因素。这一主张与保障行政效率和强调行政处罚的惩戒性相关。

随着风险社会的到来，归责原则的研究加大了对客观归责的关注。例如，尽管客观归责在刑法学界争议不断，但风险社会的到来依旧使刑法在面对归责复杂化时，通过对风险是否容许的判断和由此而来的注意义务分配，强化了对安全的保障。其间，安全保障的相对性意味着风险的制造主体需要将其控制在允许且可接受的范围内。因此，行为主体具有注意义务，并因未履行这一注意义务而承担责任。同样地，在风险社会的背景下，民事责任重的产品责任归责也采用了无过错原则，其特点是不考虑行为人的主观意识，而只考虑损害结果和免责事由，目的在于对不幸损害进行合理分配。而且，对于违反注意义务所认定的过失归责，也广泛运用于产品责任领域。事实上，伴随科技发展而来的风险感知和通过食品安全事件所显现的危害性，强化了公众对于安全的诉求，并进一步要求政府通过干预来优先保障安全，包括采取风险预防导向的政策和立法。与政府强化对风险的规制一样，归责原则在部门法律中的发展也是为了迎合社会发展趋势。

相应地，科学技术助力下的食品生产经营便是一种典型的风险行为，无论是食品产品还是生产过程，都伴有诸如化学性、生物性、物理性的危害，因此，应遵循一定的安全标准和行为规范来防控这些风险。随着食品安全立法的推进，这样的一种注意义务更是通过法律要求被强化为了生产经营者保障食品安全的首要责任，并通过行政处罚来保证这一责任的承担。由于我国的行政处罚法律没有明确必须以行为人的主观过错为归责条件，因此，行政处罚通常被视为客观归责。但是，随着实务的发展，无论是法理还是法律，都有了以主观过错为归责原则的主张。而且，以主观过错为行政处罚的归责原则也是域外的通行做法。尤为值得一提的是，即便是基于违反行政法的义务而推定相对人的责任，相对人也可以通过无可归责的反证来推翻这一责任认定，即对于推定的归责，相对人可以通过举证来证明自己无可归责。也就是说，通过举证证明自己的义务履行，来避免不应归责于自己的责任。

例如，我国 2015 年修订后的《食品安全法》一方面通过行政处罚的“组合拳”，强化了针对违法行为的惩戒力度；另一方面，也通过第 136 条明确了特定情形下针对食品经营者的免责规定，其所依据的便是上述的过错推定的归责原则。就这一规定而言，首先，需要指出的是，由于生产者、经营者的角色差异，尤其是对产品安全性的影响情况，法律责任的认定就有“区分对待”的要求。以产品责任法为例：针对生产者采用的是无过错责任，即产品存在缺陷造成人身、缺陷产品以外的其他财产损害的，生产者应当承担赔偿责任。这意味着受害人无须证明生产者的过错，这是国际通行的做法。但是，对于经营者而言，其承担损害赔偿责任的前提是过错，即销售者的过错使产品存在缺陷，造成人身、他人财产损害的，销售者应当承担赔偿责任。在此背景下，追责食品生产经营者的行政责任时，仅针对经营者设定免责规定也是考虑到了经营活动的特点，尤其是其对采购食品的食品安全风险往往存在着“不知”的情形。其次，“不知”的主观考虑反映了将过错作为是否应受行政处罚的构成要件之一，体现了“过罚相当”的法律原则精神。也就是说，在推定过错的原则下，经营者可以通过针对主观方面的举证来推翻这一责任的认定。最后，仍需指出的是，即便经营者没有过错，即主观不知情且有充分证据证明，对其设定的“尽职免责”也是有条件性的，包括：一是履行进货查验等义务和说明进货来源。二是仅限于不符合食品安全标准的违法行为。三是免除的行政处罚也仅仅是罚款，也就是说，经营者依旧需要被没收不符合食品安全标准的食品，和针对损害承担民事赔偿责任。其若无过错，承担民事赔偿责任后，可以进一步向生产者进行追偿。

## 第二节 食品安全社会共治的责任分配

社会共治，是多元主体共治；责任，是主体承担的责任。因此，食品安全治理中的责任分配，不可避免地围绕主体展开。

### 一、责任分配的原则

#### （一）规范拟制原则

责任，以规范为基础。这就意味着，责任不是一般的社会事实，而是经过规范“二次转码”的社会事实。它不仅仅存在于日常的生活世界之中，被人们通过语词表达来进行交流，同时存在于规范所打造的专门系统之中，被人们按照规范自洽的逻辑进行交流。有必要强调，尽管法律规范是规范中的典范代表，但“法律规范”不能等同于“规范”。除了法律规范，道德规范、其他制度性规范，都构成了规范体系的重要组成部分。可以认为，只要存在组织结构，就必然存在成文或者不成文的规范来规定组织的构成、确定人员配置以及不同职位的权力和责任。如果用法律规范作为参照，那么其他类型的规范中，也存在着“立法者”、“执法者”和“裁判者”，即便在这一组织结构中，没有专门的裁判机构。经由这些规范，社会中已经存在的、诸多使用“责任”话语的场景被进行了重新的判断，进而明确了“义务”和“课责”并归于“责任”之下；而这显然不是“责任”这一语词的全部使用外延。因此，责任的分配，以规范拟制为原则。也就是说，只有业已得到规范确认的责任，才是真正的责任。

但这仅是第一层的拟制，即通过规范确认已经存在的社会事实。而规范的拟制意义，不止于此。主体是责任构成的必备要件。规范不仅确认社会中真实存在的主体，同时，还将部分非主体拟制为规范中的主体，以便使责任分配可以更加简便。精神状态正常的成年人，是一切规范主体的标准模板。他或她不仅拥有权利能力，同时拥有行为能力。这就意味着，他或她不仅有权利实施某一行为，同时能够承担实施这一行为的责任。而无行为能力人或限制行为能力人，显然在这一层面有所缺失。规范并没有将后两者排除在“义务”之外，但却在“课责”层面有所保留。此时，依然可以发现，这不过是第一层的拟制而已。然而，规范上的主体，不仅仅有自然人，同时还有其他。最为典型的代表就是法人，它从概念上便呈现出“法律拟制之人”的基本表征。而法人之下的“公司”“企业”等，无一不是其他类型规范拟制出来的“主体”：它们绝非简单的人的联合体，而是人基于某一类特定规范而聚合在一起的组织形态。如果没有规范，便不会有这一类主体，进而，也就不可能存在这一类主体的责任。而且，不同国家的拟制还会有所区别。比如，根据《中华人民共和国民法典》，法人可以分为“营利法人”、“非营利法人”和“特别法人”；而在《德国民法典》中，法人分为“社团法人”与“财团法人”。

此外，国家、国家机关也是十分重要的主体类型。它们仅能由法律规范来予以拟制，而不能由其他类型的规范来予以拟制。甚至，在一些国家，人以外的其他物种也开始被规范确认为主体。

### （二）责任自负原则

主体为自身实施的行为负责，是现代社会和传统社会的显著区别之一。在传统社会中，个体是被嵌入社会关系之中的，以古代中国为例：君臣、父子、夫妻等，都是十分典型的“对等”关系。这不仅体现为他们的权利义务是不平等的，同时还体现在，规范所确定的责任，不是基于某一个自然人是不是主体，而是基于这一自然人是不是处于某种对等关系中的特定主体。关系，而非主体，成为负责的识别点。于是，一方面，存在主体甲实施某一行为却由和主体甲处于某一特定社会关系中的主体乙来负责的情况，甚至出现了职业的“代罪人”；另一方面，还存在主体甲实施了某一行为，不仅主体甲要对这一行为负责，而且同时处在某一特定关系中的主体乙要同样对这一行为负责，如株连。随着现代社会的兴起，“关系”被解构，“主体”的独立意识兴起，漂泊的鲁滨孙成为现代“人”的隐喻，当某一主体实施某一行为的时候，就是某一主体个人自由意志所作出的判断导致的某类外在表征。鉴于其他主体在理论上无法直接干预另一个理性主体的自由意志，其他主体也就不需要为另一个理性主体的行为负责，即便他们处在某一特定的社会关系之中。

当然，责任自负原则不是绝对的。在现代社会中，精神状态正常的成年人才是主体的模板。这就意味着，严格意义上来说，仅有精神状态正常的成年人才能够为自己实施的行为负责。即便不考虑法律规范拟制的其他主体，未成年人或者精神状态不正常的自然人，就不符合现代社会规范调整的基本预设，因此，他们是否需要承担责任，是要取决于具体场景的。比如，基于对未成年人或者精神状态不正常的自然人的保护，以及对社会利益的考量设立的监护制度，就是典型的责任不自负的情形：被监护人所实施的行为，由监护人负责。此外，基于实施行为的必要，由规范拟制产生的委托关系、代理关系、担保关系等特定关系，可以将行为实施者和责任承担者归为两个主体。如在委托关系中，只有在实施委托行为有故意或重大过失时，受托人才会被委托人进一步追责；而只要受托人是在委托权限范围内、以委托人的名义实施的行为，那么责任便由委托人来承担。

有必要明确的是，主体实施的行为，既包括积极行为的作为，也包括消极行为的不作为；这一行为的外在表征可以是身体行为，也可以是言语行为。如果规范规定某一主体在某一场景下应当实施积极行为，那么该主体就不能实施消极行为；反之亦然。如果规范规定，某一主体在某一场景下既可以实施积极行为也可以实施消极行为，那么，此时便不涉及“责任”问题，而涉及“权利”问题。

### （三）课责领域的专属原则

课责，不是一般的责任确认，而是在义务被违反后进行的责任确认，因此，除了规范拟制原则和责任自负原则，还有属于这一领域的专属原则。此类专属原则不适用于义务领域，但是，在通常意义的“法律责任”领域，不能不考虑这一专属原则的加持。

最为突出的专属原则是因果联系原则，也就是：在外部表现上，主体实施的行为和规范上的负面评价之间要具有关联性；在内在驱动上，主体的自由意志和行为的实施之间要具有关联性。这种关联性一般要求内在、直接、逻辑的联系，而不能是外在、间接、偶然的联系。毫无疑问，万事万物均在普遍联系之中，但不是所有的联系都能够作为课责的理由。不光法律规范不是万能的，所有规范都整合为一个规范体系，这一体系依然不是万能的。因为只要是规范，就不可避免地带有“语义学之刺”，就不可避免地和千姿百态的社会生活有所区隔；而课责还包括具体的规范实施，这就涉及人力、物力等客观条件的限制。一方面，要避免将时间上的先后关系和逻辑上的因果关系混淆起来，主体实施的行为发生在前，规范上的负面评价结果发生在后，并不必然意味着该主体应该为这一结果负责。因果联系，无论是一因一果、多因一果还是一因多果，都是一种排他性的必然关系，即如果没有这个行为的发生，在通常情况下，无论如何不会产生后面的结果。另一方面，要注意逻辑因果关系的递归链条，即如果主体甲实施的行为导致主体乙实施了另一行为，而后/另一行为导致了结果的出现，那么，甲是否要承担责任，就要考虑规范上的理由。当然，这不意味着递归链条考虑到第二层因果关系就可以彻底截止了，而是说，除了第一层的因果关系，后面的每一层因果关系追溯，都要有规范的理由予以支持。

当然，如果仅及于“法律责任”领域，还需要考虑“责任与处罚相当原则”。对这一相当，有三重考量：法律责任的性质和行为的性质相适应，主要考虑社会危害程度，以便将其归为刑事责任、行政责任或民事责任；法律责任的轻重和行为的情节相适应，这里主要涉及实施的手段或导致的结果；责任的轻重和行为主体的主观恶性相适应，这里主要涉及行为主体的动机或目的。毕竟，在法律规范课责的领域，国家权力的运用，必须十分审慎。而比如道德责任，很难在第三层面进行判断。因为道德领域的主观恶性不仅取决于道德规范本身，同时，还取决于实施这一行为的主体本身被赋予了多少道德意涵，而这一赋予并非来自道德规范对主体社会地位的确认，而更多来自社会其他主体对这一主体本身的社会期待。

## 二、法律主体的责任分配

### (一) 食品生产经营者的主体责任

“如果排除食品消费之前的非生产经营企业的人为加害因素，造成食品安全事故的原因就只能存在于企业的生产经营过程之中。”因此，食品生产经营者的责任属于典型的第一类责任。《食品安全法》明确规定“食品生产经营者对其生产经营食品的安全负责”，旨在强化食品生产经营者的主体责任。

由于食品风险的不确定性以及损害的不可逆转性，食品生产经营者仅在事后对其产出的不安全食品承担法律责任是不够的，因为这既不能预防风险，更不足以消除风险。因此，食品生产经营者的责任包括事先责任、事中责任和事后责任三个方面，体现在食品生产经营的全过程。

基本上，关乎事先责任和事中责任的法律规范，就是设定法律义务的法律规范，其意味着食品生产经营者之外的其他主体，都有权利要求食品生产经营者履行这些义务。

这些义务大体上可以被分为以下三类。

**1. 取得食品生产经营许可**

鉴于食品安全领域存在的信息不对称、负外部性等市场失灵问题，为保护公众的食品安全，国家可能基于父权主义的立场，采取许可的方式确保食品符合最低限度的安全标准，即未经许可，企业不得从事食品生产经营活动。这就为食品生产经营者施加了取得许可的义务，食品生产经营者必须按照法律规定的程序和要求取得食品生产经营许可证，并保证生产经营持续符合许可要求。

我国的食品行政许可分为两类：一类是食品生产经营的职业许可。《食品安全法》第35条第1款规定：国家对食品生产经营实行许可制度。除销售食用农产品无须取得许可，食品生产加工小作坊和食品摊贩的具体管理办法由省、自治区、直辖市制定两种例外情况外，“从事食品生产、食品销售、餐饮服务，应当依法取得许可”。另外，“国家对食品添加剂生产实行许可制度”。从事食品添加剂生产，应当依法取得食品添加剂生产许可。另一类是产品的生产许可。《食品安全法》规定，利用新的食品原料生产食品，或者生产食品添加剂新品种、食品相关产品新品种应当依法取得许可。

**2. 依照法律、法规要求和食品安全标准从事生产经营活动**

为防止食品安全事故的发生，国家要求食品生产经营者根据法律、法规和食品安全标准或者高于法律、法规和食品安全标准的水准制定企业的内部规则，对企业的生产经营活动进行控制。如果未能符合法律、法规和食品安全国家标准的要求，则构成违法。

**3. 建立确保食品安全的制度性保障和组织性保障**

要保证食品生产经营活动符合国家法律、法规和食品安全标准的要求，食品生产经营者必须建立相应的制度保障和组织保障。

《企业落实食品安全主体责任监督管理规定》通过兼具刚性与弹性的组织要求、程序安排、权责匹配、能力建设等，督促食品企业建立健全责任体系和履责机制。以“企业主要负责人—食品安全总监—食品安全员”构成的责任体系为例，企业主要负责人以法定代表人、实际控制人为代表，承担全面领导责任；食品安全总监承担直接管理责任，包括但不限于组织拟定食品安全管理制度，组织拟定并督促落实食品安全风险防控措施，组织拟订食品安全事故处置方案等；食品安全员从事食品安全管理具体工作，责任包括但不限于督促落实生产经营过程控制，检查食品安全管理制度执行情况等。从管理责任到法定责任，均遵循自己责任原则，即“任何人不因他人的不法行为受处罚”。具体而言，一方面，需要确保高中层管理人员有责也有权，尤其是对危害食品安全的情形具有否定权；另一方面，他们已经依法履职尽责的，不予处罚。这也说明了管理留痕的重要性。

## （二）政府及其监管部门的监管责任

从广义上讲，所有国家机关，包括立法机关、司法机关、行政机关，对食品安全均负有不可推卸的责任。其中，立法机关负责制定相关法律，规定食品安全的基本要求，明确各方权利义务内容以及违法的行为后果，为确保食品安全提供基本的法律框架；司法机关负责裁决民事纠纷，追究食品生产经营者的违约责任或侵权责任，使受害者获得民事赔偿，同时对依法构成犯罪的行为追究刑事责任；而行政机关，即狭义的政府，承担日常监管的职责。

政府的监管责任也可被简单划分为法律义务和法律课责两个方面，关于课责，参见本教材第二编第七章第五节。监管的法律义务可以再进一步划分为基于一般行政权力的义务和基于监管权力的义务。前者即在行政法治国中，行政机关有制定规则和标准以完善法律规范体系的义务；后者即在食品安全监管中依法监管的义务。

**1. 制定规则和标准的义务**

随着食品产业分工的日益细化，食品交易范围的不断扩大，加之科学技术在食品生产工艺中的运用，食品安全日益成为专业技术性很强的领域，而且变化迅速，需要一种专业的、持续的监管。而立法机关的工作时间有限、立法程序烦琐，不能适应需要不断调整的监管实践的立法需求，且立法官员未必能满足监管立法的专业性、技术性要求。正如波斯纳所言："立法机关虽然是最民主的，但其不具备处置具体风险的专家知识、机构能力和时间。因此导致法律是不完备的，要么存在空白，无法处理某些损害行为，要么无法清楚地界定法律的边界，使得对某些损害行为的处理有很大裁量余地。"① 特别是随着社会经济的日益发展及技术和快速变革，为解决"老"问题而设计的法律解决方案不断受到挑战，新问题不断出现。在法律不完备的前提下，为实现法律对破坏市场的行为的阻吓作用和对市场失灵的矫正作用，政府及有关监管机构的首要义务就是根据法律制定相应实施细则和规范、标准，增强食品安全立法的可操作性，确保食品安全立法的动态实施。

**2. 规范和控制食品生产经营活动的义务**

政府的食品安全监管不同于一般的执法，它是政府部门为确保食品安全，基于法律制定相关规范、标准，对市场主体的食品（包括食品添加剂和食品相关品）生产、流通、销售等行为进行规范和控制的活动。具体的规范和控制手段包括：（1）食品安全风险监测和风险评估。它是现代政府履行食品安全监管责任的重要手段，体现了食品安全监管

① 伊莉莎白·费雪. 风险规制与行政宪政主义. 沈岿，译. 北京：法律出版社，2012：27.

从末端控制向风险控制、由经验主导向科学主导的转变。（2）信息监管。它是填补食品供应者与消费者之间的信息鸿沟、保障消费者的知情权和选择权、维护市场良性运转的一种监管方式。（3）标准控制。通过制定标准将食品供应商的产品或服务调整到某种假定是消费者选择的一种标准上，是一种成本较低的监管方式。（4）食品安全知识普及。一方面，政府部门在食品安全知识普及方面应该有所投入；另一方面，在社会主体和经济主体进行食品安全宣传之时，除非有更强的理由，否则政府不得妨碍其他主体开展相关活动。

### （三）社会其他主体的责任

对社会“其他”主体笼统归类，是基于功能主义的考量。在食品安全领域，食品生产经营者作为“输出”的一方，政府及其监管部门作为“控制”的一方，而社会其他主体作为“输入”的一方，一并构成了一个相对稳定的闭合循环。如果依照自由（放纵）主义的观点，控制方实属多余，仅凭“输出”和“输入”便可完成经济系统内部的沟通。但食品安全毕竟不是一个纯然的经济收益分析，在信息不对称的背景下，必须对输出方加以控制才能维护“安全”，这也是政府承担监管责任的理由之一。因此，在划定法律责任类型之时，并没有进一步区分消费者、媒体、中立第三方的必要。只不过，鉴于消费者这一主体是《食品安全法》和《消费者权益保护法》的保护对象，其在法律规范上更多的是以“权利持有者”的身份出现，在某些特定的法律规范中，这一主体承担的是隐含责任，而非显见责任。

作为被保护的对象，社会其他主体的显见责任类型相对简单，即监督义务、广告禁止责任和与之相关的法律课责。其中，监督义务，是社会其他主体在确保食品安全过程中最为重要的责任。与政府监管部门相比，行业协会具有信息优势、监管动力、专业技术特长和成本优势。因此，发达国家历来重视发挥行业协会的作用。消费者协会和其他消费者组织是依法成立的对商品和服务进行社会监督、保护消费者合法权益的社会组织，对侵害消费者合法权益的食品生产经营行为依法进行监督是其法定职责。经国家认证的食品检验机构，既不属于食品生产经营者，也不属于政府监管部门，其所进行的检验由独立检验人完成，出具的报告应当客观公正，以便确认食品生产经营者的相关责任。至于新闻媒体的监督责任，无须赘述。

从法律规范的实体内容出发，消费主体基本上不负有显见责任，尤其是消费者，其侧重享有受保护的权利。但是，这并不意味着，消费主体只享有权利，不履行义务，因为在每一个权利背后，依照霍菲尔德的概念界分，都存在一个或一组隐含义务，这便是“权利的多样性和每一种权利所隐含的义务的多样性”。考虑到新义务和补充义务的产生并非来自规范自身，而是缘于社会变迁，其具有开放性，而对应义务已经体现在食品生产经营者、政府监管部门的显见义务之中，在此仅简要列举消费主体几项权利所隐含的相关义务，该类义务体现了“丙对甲指向丙的Z行为承担责任”这一自我指涉。比如，获取食品安全知识的权利和获取食品安全风险信息的权利，作为两种典型的权利，具有请求权的特征，其核心关切在于“消费者借助何种手段获取知识和信息”，因此，消费主体自身承担不得使用非法手段获取信息和知识的相关义务。又如，食品安全标准建议权、委托食品检验权和举报权，与其说是一种请求权，不如说是一种“权力权”，因为一旦消费主体启动这一权利，相对方便被课加了一种责任，进而必须履行相关的法律义务；而消费主体承担的与权利相关的自身责任是不得滥用这些权利。

## 思考题

1. 如何从“义务”与“课责”的分配来理解法律责任？
2. 就规范而言，食品安全相关的责任基础有哪些？
3. 随着风险社会的到来，食品安全的法律责任有哪些变化？
4. 围绕食品安全社会共治的各类主体，如何分配法律责任？

PART TWO

2

|第二编|

# 我国食品安全法

## 第五章
# 食品安全的法制演变与法治作用

**内容概述**

新中国成立70多年以来，我国农业和食品行业的生产及经营方式发生了深刻转变。由此而来的经济发展也要求我国的食品安全保障水平与其相适应。这不仅是行业可持续发展的底线保证，也是政府干预市场以保障公众健康安全的监督底线。然而，这样的发展并非一蹴而就，也非自然而然。在牺牲质量乃至安全的底线竞争损害了公众对行业和政府保障食品安全的信任后，我国通过不断完善的食品安全立法和日趋综合式的机构体制安排来规范和强化食品生产经营活动，以期符合安全第一的治理要求。其间，2009年出台的《食品安全法》实现了食品卫生到食品安全的立法定位，明确了风险治理与社会共治的理念融合，践行了开门立法、秉持科学民主的原则要求。在此基础上，一方面，食品安全法治进程在立足本土之余通过借鉴域外经验来响应全球共识和推进自我优化；另一方面，在包容的新经济新业态中创新监管模式并不断向域外输出食品安全社会共治的“中国经验”。

**重点知识**

1. 法制：食品卫生法、食品安全法、地方立法
2. 法治：法律体系、治理体系

## 引读案例

**案例1**

2019年10月，国务院发布修订后的《中华人民共和国食品安全法实施条例》，引发关注。11月12日，国务院新闻办公室举行国务院政策例行吹风会，请国家市场监督管

理总局副局长孙梅君、司法部立法三局局长王振江介绍情况并答记者问。近年来，我国食品安全状况不断好转，但现阶段食品产业以“小、散、低”为主的格局还没有根本改变，食品“从农田到餐桌”链条长、体量大、风险触点多。由于违法违规成本低，监管技术手段不足，加之有的企业道德缺失、逐利枉法，食品安全问题仍时有发生，需要加大治理力度；同时，食品产业新技术、新工艺、新业态、新商业模式层出不穷，也需要相应的法律制度对市场主体进行规范引导。于2009年颁布的《食品安全法实施条例》的相关规定有的已明显滞后，有必要进行全面修订。孙梅君介绍，此次《食品安全法实施条例》的修订，坚持以人民为中心，坚持“四个最严”要求，在食品安全法的基础上，补短板、强弱项，以良法善治，为人民群众“舌尖上的安全”保驾护航。

修订后的《食品安全法实施条例》共10章86条，已于12月1日起正式实施。[①]

**案例2（2021年食品安全法治十大事件之一）**

2021年4月12日，海关总署公布《进出口食品安全管理办法》，该办法自2022年1月1日起实施。原《进出口食品安全管理办法》《出口蜂蜜检验检疫管理办法》《进出口水产品检验检疫监督管理办法》《进出口肉类产品检验检疫监督管理办法》《进出口乳品检验检疫监督管理办法》《出口食品生产企业备案管理规定》随之同时废止。出台新办法的意义如下：一是海关系统贯彻落实党中央、国务院关于进一步强化食品安全工作要求的最新行动。二是总结重大食品安全事件及疫情疫病应对，完善风险预警及控制措施的有力举措。三是固化海关全面深化改革、关检业务深度融合成果及执法经验的制度成果。四是优化整合海关食品安全监管领域规章结构布局的具体体现。

## 第一节 食品安全法律的演变

### 一、基于部门分工的立法演变

#### （一）食品卫生

针对食品安全规制，我国最早应对的问题是确保食品卫生。早在1953年，卫生部就针对新鲜食品制定了相关的卫生规则。在1959年则是针对肉类卫生确立了具体的卫生规

① 国务院新闻办公室2023年12月11日国务院政策例行吹风会文字实录. 2023-12-1. http://www.nhc.gov.cn/xcs/s3574/202312/868f48c0e5f8479f84b19892d2fb9ee0.shtml.

则。到了 1965 年，国务院针对所有食品制定了一部卫生法，意在预防食品中毒和急性感染病。至此，一部横向的卫生法取代了诸多纵向的食品卫生立法。改革开放后，国务院针对食品卫生制定了新的行政法规，以便加强对进出口食品的监管。在这些立法的基础上，由全国人民代表大会制定的《食品卫生法（试行）》于 1983 年开始实施，其于 1995 年被修订，升级为《食品卫生法》。该次修改最为显著的一个特点就是在加强官方监管责任的同时，规定了社会团体和个人对食品卫生的社会监督。

在《食品安全法》出台前，《食品卫生法》为食品安全规制奠定了法律基础。根据该法律，食品应当无毒、无害，符合应当有的营养要求，要有相应的色、香、味等感官性状。因此，任何腐败变质、混有异物或含有毒、有害物质的食品都被禁止生产经营。在适用范围方面，一是《食品卫生法》的适用范围仅限于食品的生产经营环节；二是除了对食品作出规定，该卫生法对食品相关的其他物质也作出了规定，包括食品添加剂或者食品接触材料；三是针对食品卫生，其主管部门可以针对食品和相关物质、生产过程以及食品信息制定部门规章和食品卫生标准。

### （二）产品质量

与《食品卫生法》一样，《产品质量法》同样可适用于食品规制。根据这一法律，产品是指经过加工、制作，用于销售的产品。作为入市的前提条件，生产者必须确保其生产的产品不存在危及人身、财产安全的不合理的危险，且符合相关的保障人体健康和人身、财产安全的国家标准、行业标准。而且，就它们生产的产品而言，不得掺杂、掺假，不得以假充真、以次充好，不得以不合格产品冒充合格产品。在信息提供方面，它们也应确保其产品或者其包装上的标识真实。根据这一法律，国家相关的主管部门应在其职能范围内就生产和销售阶段的产品质量保障开展检查。为了落实这一法律，相关主管部门进一步制定了《食品生产加工企业质量安全监督管理办法》（已失效）。根据这一部门规章，食品是指经过工业加工、制作的，供人们食用或者饮用的制品。因此，为了满足保障人体健康、人身安全的要求，食品不应存在危及健康和安全的不合理危险。值得一提的是，针对食品的生产加工，必须符合食品质量安全市场准入制度，该制度包括生产者必须获取食品生产许可证，而其所生产加工的食品应在检验合格后添加食品质量安全市场准入标志（QS）标志。①

---

① 2001 年针对米、面、油、酱油、醋五类食品引入“QS”标志，其是食品质量安全市场准入标志。作为标志，“QS”分别是英文字母 Quality 和 Safety 的缩写，标志中的中文为“质量安全”。2003 年之后这一标志的使用范围扩大到肉制品、乳制品以及其他非食品产品。2010 年 6 月 1 日，该标志更名为食品生产许可标志，其中，“QS”变更为“Qiyeshipin Shengchanxuke”的缩写，标志中的中文改为“生产许可”。随着《食品安全法》于 2015 年的修订，该 QS 标志被企业生产许可证的 SC 编码所取代。

尽管对食品安全规制而言，《食品卫生法》和《产品质量法》是两部非常基本的法律，但是它们的适用范围各有局限性。首先，它们都不涉及初级阶段的食用农产品规制。其次，《产品质量法》仅仅针对生产和销售阶段的食品质量规制。最后，尽管《食品卫生法》的适用涉及除了初级阶段的其他环节，但各阶段的监管涉及不同的主管部门。因此，食用农产品和进出口食品的安全规制另有相应的法律法规。

### （三）农产品质量安全

针对初级生产，《农业法》是基本的法律，其主要针对农业、农村和农民作出相应的规定，包括推进农业现代化、深化农村改革和增加农民收入等。该法律针对食品的主要目标是确保农业生产。就食品的质量安全规制而言，相应的立法是《农产品质量安全法》。根据这一法律，农业行政主管部门负责农产品质量安全的监督管理工作，而所谓的农产品是指来源于农业的初级产品，即在农业活动中获得的植物、动物、微生物及其产品。为了确保农产品的质量和安全，对可能影响农产品质量安全的农业、兽药、饲料和饲料添加剂、肥料、兽医器械实行许可制度；针对农产品建立质量安全体系，即强制性的技术规范。此外，农产品生产企业和农民专业合作经济组织应当建立农产品生产记录，相应地，有下列情形的农产品不得销售：含有国家禁止使用的农业、兽药或者其他化学物质的农产品，使用的保鲜剂、防腐剂、添加剂等材料不符合国家有关强制性的技术规范的农产品，等等。随着《食品安全法》的制定、修改，两法衔接、部门合作成为实现食品安全源头治理、全程保障的重要机制。

### （四）针对合作和协调的尝试

由于分段式的立法以及不同主管部门的职能分工，合作是必不可少的。然而，食品安全问题日益复杂，连有关食品卫生的概念也随之变化。不同的法律法规之间的冲突更是加大了食品安全工作的难度。为了应对这一问题，国务院已经出台了若干规章，明确各主管部门的职能以便促进各主管部门之间的协调和合作。在这个方面，最为显著的贡献就是于 2003 年组建国家食品药品监督管理局，负责综合监督食品、保健品、化妆品安全管理和主管药品监管。此外，2004 年《国务院关于进一步加强食品安全工作的决定》则按照一个监管环节由一个部门监管的原则，采取分段监管为主、品种监管为辅的方式，进一步理顺食品安全监管职能，明确责任：农业部门负责初级农产品生产环节的监管；质检部门负责食品生产加工环节的监管，将曾由卫生部门承担的食品生产加工环节的卫生监管职责划归质检部门；工商部门负责食品流通环节的监管；卫生部门负责餐饮业和食堂等消费环节的监管；食品药品监管部门负责对食品安全的综合监督、组织协调和依法组织查处重大事故。

尽管存在上述的这些立法和监管努力，但食品安全问题依旧不断。就立法本身而言，食品相关概念依旧缺乏清晰的界定。诚然，我国在食品安全监管领域内的基本法最终定位于“食品安全”，但依旧因为食品问题的复杂性而在立法和实务中存在如何定性和区分食品安全、食品质量、食品营养等不同食品问题及如何确定其相应监管的困境。此外，诸法并行也增加了上述问题的难度，诸法包括针对食用农产品的安全和质量的《农产品质量安全法》、针对食品质量的《产品质量法》、针对食品安全的《食品安全法》以及禁止消费欺诈的《消费者权益保护法》。在此背景下，与时俱进的立法需要克服食品问题复杂性所导致的定义难、范围界定难等问题，也需要衔接各个相关的法律，避免法律适用的不一致性。

## 二、《食品安全法》的制定、修改

基于三聚氰胺的教训，《食品安全法》于 2009 年出台，为食品安全规制奠定了新的法律基础。就适用范围而言，2009 年《食品安全法》不仅适用于食品生产和加工、食品流通和餐饮，同时有关农产品的质量安全标准、公布食用农产品安全有关信息也得遵守本法的规定。就监管而言，首先，从事食品生产、食品流通、餐饮服务，应当依法取得食品生产许可、食品流通许可、餐饮服务许可。其次，质量监督、工商行政管理和国家食品药品监督管理部门分别对食品生产、食品流通、餐饮服务活动实施监督管理。值得一提的是，尽管这一《食品安全法》适用于食品供应链中的所有环节，但是食用农产品的监管依旧以《农产品质量安全法》为依据。其进一步强调了卫生部在食品安全综合协调，负责食品安全风险评估、食品安全标准制定、食品安全信息公布、食品检验机构的资质认定条件和检验规范的制定，组织查处食品安全重大事故中的领导角色。

时值 2015 年，《食品安全法》的修订先后历时 6 年。与 2009 年《食品安全法》相比，内容新增了 50 条，从原来的 104 条增加到 154 条，对原有 70%的条文进行了实质性的修订；法律文本从约 1.5 万字增加到约 3 万字，法律责任从 15 条增加到 28 条。2015 年《食品安全法》的修订是以我国国情为基础，对我国食品安全现实状况作出的回应。尽管我国在食品安全治理中付出巨大努力，食品安全总体形势已稳中向好，但食品安全事件仍时有发生；民众对食品安全关注度不断提高，对食品安全的期待更高，对食品安全事故容忍度更低；同时，随着食品科技的迅速发展、食品生产经营消费链条的全球化、食品经营新业态的出现，2009 年《食品安全法》的某些规定已滞后于现实发展。事实上，时至今日，我国食品安全形势总体保持稳中向好之余，抽检数据依旧表明，我国仍处于食品安全易发、多发期，一些食品安全问题仍需持续治理。从立法理念和基本原则到相关监管制度和机制的建立，都体现出了许多新变化。随着后续食品安全的法制完善，这些新的理念和原则要求都陆续转换为具体的建制，且在基于法治的治理中推动实施食品安全战略，助力健康中国建设。

需要补充的是，鉴于行政监管体制的改革以及“放管服”改革的推进，食品安全立法已作出了相应的调整。其中，2018 年修正的《食品安全法》回应了 2018 年的机构改革，即综合性的“市场监管机构”代替了原来的“食药监管机构”。因此，《食品安全法》第 5 条等条款中的“食品药品监督管理”被修改为了“食品安全监督管理”。2021 年修正的《食品安全法》对第 35 条进行了修改，明确将仅销售预包装食品的经营者的市场准入方式由许可改为备案。此外，鉴于婴幼儿配方液态奶较婴幼儿配方乳粉质量安全控制要求更高，为严格落实食品安全“四个最严”要求，保障婴幼儿配方液态奶质量安全，市场监管总局拟将婴幼儿配方液态奶纳入注册管理，研究起草了《中华人民共和国食品安全法》(修正草案征求意见稿)，已向社会公开征求意见。

## 三、食品安全法律配套

### (一) 行政立法

为了便于落实《食品安全法》，国务院首先针对《食品安全法》制定了《食品安全法实施条例》，且其同样面临着法制完善、机构改革和行政转型带来的挑战。这一是指食品安全立法工作需通过条例修订和规章配套来进一步促进法制在数量规模和质量升级上的完善，尤其是通过考虑专家建议和行业反馈来提升食品安全法律的科学性和可操作性。二是指机构改革后，内部规章制定权的分配、既有法律法规的合法性审查、相关法律法规的协同和综合执法等加大了法制工作压力。三是指在“放管服”的背景下如何实现“最严”的要求和行业合规创新发展的平衡。鉴上，2019 年最新修改的《食品安全法实施条例》在以下几个方面作了回应性的制度安排：进一步细化《食品安全法》中的义务要求，尤其是加强企业主体责任，进而提高该法律要求的可操作性；针对实践法治中的突出问题，在行政法规这一顶层设计中给出统一性的规范要求，如应对保健食品销售中的虚假宣传；多管齐下完善食品安全监管工作，例如，强化地方政府的属地管理、规范食品安全教育等基础制度、完善地方和企业等标准管理工作、设立食品安全检查员和明确检验补充方法；等等。

根据《食品安全法》和《食品安全法实施条例》，食品安全相关的行政主管部门又在自身的管辖范围内不断完善部门立法。以 2018 年机构改革确认的分工为基础，国家市场监督管理总局已制定、修改《保健食品原料目录与保健功能目录管理办法》《食品生产许可管理办法》《食品生产经营监督检查管理办法》等部门规章。有关食品经营许可和备案管理、食用农产品市场销售质量安全监督管理、食品相关产品质量安全监督管理等的法律制定、修改工作也在进行中。作为风险评估和标准制定机构，国家卫生健康委员会也修订了相关的部门规章，如《食品安全风险监测管理规定》《食品安全风险评估管理规定》等。针对进出口食品的监管分工，2018 年组建的海关总署也依据《食品安全法》修订了《进出口食品安全管理办法》，且已配套发布《进口食品境外生产企业注册管理规定》等。

此外，除了上述的部门职能立法，我国也有针对某一食品或某类食品的立法。例如，2007 年的《新资源食品管理办法》（已失效）针对在我国无使用习惯的动物、植物和微生物，或因采用新工艺生产导致原有成分或者结果发生改变的食品原料作出了规定。鉴于其后实施的《食品安全法》，卫生部重新修订了上述法规，并更名为《新食品原料安全性审查管理办法》，通过修改新食品原料的定义和范围，进一步规范新食品原料应当具有的食品原料属性和特征，以便发挥新科学技术对于研发新食品原料的作用。值得一提的是，根据该法规，转基因食品并不属于新食品原料。而就转基因食品而言，《农业转基因生物安全管理条例》规定，从事高风险农业转基因生物研究的，应当在研究开始前向农业部报告。目前，这一食品安全相关的立法体系，尤其是有关食品安全标准，依旧在完善中。

作为补充，食品安全国家标准因《食品安全法》授权而具有强制性，即根据《食品安全法》第 25 条的规定，食品安全标准是强制执行的标准。除食品安全标准外，不得制定其他食品强制性标准。该类强制性标准的内容包括：食品、食品添加剂、食品相关产品中的致病性微生物，农药残留、兽药残留、生物毒素、重金属等污染物质以及其他危害人体健康物质的限量规定；食品添加剂的品种、使用范围、用量；专供婴幼儿和其他特定人群的主辅食品的营养成分要求；对与卫生、营养等食品安全要求有关的标签、标志、说明书的要求；等等。我国强制性标准“似法而非法”的特点由“法律授权＋行政制标”的生成模式所致，且暗含的规制逻辑为法律授权下的科学他治（法治）而非科学自治。然而，法律往往采用“空白式”的一揽子授权，即概括性地授权标准范围而不明确具体内容。对于规制标准的科学性和民主性，修订后的《标准化法》要求保证标准的科学与规范性，后者意味着制定标准不仅要以科学技术研究成果为基础，也要考虑社会实践经验和广泛征求意见，这不仅在于解决标准老化、缺失、滞后等问题，也有助于提高标准这一规范制定的透明度和民主性。自 2023 年 12 月 1 日起施行的《食品安全标准管理办法》第 21 条规定，标准项目承担单位和项目负责人在起草过程中，应当深入调查研究，充分征求监管部门、行业协会学会、食品生产经营者等标准使用单位、有关技术机构和专家的意见。根据第 26 条，标准草案经专业委员会会议审查通过后，应当向社会公开征求意见。

### （二）地方立法

食品生产经营的日常监管主要由地方政府及其监管部门承担。而且，我国地方经济社会发展水平存在差异，各地食品安全监管侧重点有所不同，这更需要地方政府发挥能动性来因地制宜地保障本地人民群众的“舌尖安全”。因此，《食品安全法》已经确认了食品安全监管领域内的地方政府负总责制度。《地方党政领导干部食品安全责任制规定》进一步以党内法规的形式明确了食品安全监管工作既是政府之责，更是党委之责，且不同领导干部应各司其职、各尽其责。其中，地方各级党委主要负责人承担本地区食品安全工作的领导责任，具体落实方式包括组织学习、开展报告、责任督促、专题调研、能力建设、宣传导向；地方各级政府主要负责人承担本地区食品安全的属地管理责任，并组织相关责任体系和督促落实工作；地方各级党委常委会其他委员、地方各级政府分管食品安全工作负责人和地方各级政府领导班子其他成员应在分工基础上做好分管的领导、组织和落实工作。

就因地制宜的法制建设而言，一是地方在相应的立法权限内，配套制定《食品安全法》的地方实施条例，以细化相关的制度要求。例如，2017 年 1 月 20 日上海市第十四届人民代表大会第五次会议通过了《上海市食品安全条例》。该条例在原来实施的《上海市实施〈中华人民共和国食品安全法〉办法》的基础上进行了拓展，在保留“食品生产加工小作坊和食品摊贩”“监督管理”等章节的同时增加了“食品安全风险监测、评估和食品安全标准”“食品安全事故预防与处置”章节。这些制度建设坚持了最严的要求，在上海地方立法中突出创新点的特点，严格落实食品安全各方责任。二是根据《食品安全法》针对小作坊、小餐饮、食品摊贩等小规模业态的授权立法，地方也积极尝试针对此类小业态的监管创新，尤其体现为市场准入方面的因地制宜性。例如，各地结合地域特征自行定义小餐饮，主要区别在经营场所的面积上。重庆市关于小餐饮的定义是经营面积在 60 平方米以下或就餐座位在 30 座以内；辽宁省关于小餐饮的定义是经营面积在 80 平方米以下；湖南省、安徽省、山东省、新疆维吾尔自治区、广西壮族自治区、陕西省的小餐饮经营面积在 50 平方米以下；宁夏回族自治区的小餐饮经营面积在 150 平方米以下。在备案、登记等“宽进”成为各地重置食品小微业态的“绿灯”监管后，如何通过事中事后环节的严管来保障食品安全成为当下监管的重点和难点。尤其是，对具有“小、散、乱”特点的食品摊贩、餐饮小店等食品小业态很难通过业内自治并自下而上地改善自身所处的监管环境，因此，政府在“疏堵结合”的治理中日益侧重服务带来的改善效果，例如，结合自我监管、政府监管、消费反馈等的综合性食安指数为政府回应性监管提供参照。三是地方也可以根据《食品安全法》制定食品安全地方标准，但其前提是针对地方特色食品，没有前置的食品安全国家标准。

就地方立法的制宜空间和合法性审查，全国人大常委会法工委在 2019 年备案审查工作情况的报告中首次提出允许和鼓励制定机关根据实际需要和法治原则进行立法探索。在《深圳经济特区食品安全监督条例》就限制食品职业投诉、职业索赔作出地方性新规后，审查结果为属于允许探索的范畴。也就是说，该规定并没有违背上位法基本原则和超越权限，并且是根据本地食品监管的实际和需求作出的，属于积极尝试、制度探索的范畴，应该被允许和鼓励。

### （三）其他立法

#### 1. 刑法

面对严峻的食品安全问题与日益组织化、链条化的危害食品安全违法犯罪，食品法治的完善既要通过制度优化来增强其解决实际问题的科学性，也要以更大的介入力度发挥威慑、防控违法犯罪的作用。根据 2011 年 2 月 25 日第十一届全国人大常委会第十九次会议通过的《刑法修正案（八）》，对于生产、销售不符合食品安全标准的食品和在生产、销售的食品中掺入有毒、有害的非食品原料的行为，视其情况将予以法律的制裁，包括罚金、有期徒刑等。实践中，食品安全法制与时俱进，行政执法、行刑衔接、刑事司法等动态治理中的法律适用时不时引发争议。最高人民法院、最高人民检察院在历时数年的调研、研讨后，于 2021 年修订了《办理危害食品安全刑事案件适用法律的解释》。新解释已于 2022 年 1 月 1 日起施行。作为对实务挑战的回应，该司法解释加大了对非法添加的打击，聚焦保健食品等突出问题，细化“明知”这一犯罪构成中的主观要件等。内容精细、结构优化的新解释进一步严密了法网，更具可操作性的实现也使其达成“严网厉治”的刑事制裁目标。

此外，2020 年 12 月 26 日，第十三届全国人大常委会第二十四次会议表决通过了《中华人民共和国刑法修正案（十一）》[以下简称《刑法修正案（十一）》]，通过后的《刑法修正案（十一）》已经于 2021 年 3 月 1 日起施行。本次修正案修改了原来的食品监管渎职犯罪，增加了药品监管渎职犯罪，即将原来的“食品监管渎职罪”修改为“食品、药品监管渎职罪”，用于规制负有食品药品安全监督管理职责的国家机关工作人员滥用职权或者玩忽职守的犯罪行为。除了增加药品监管渎职罪，进一步细化了食品、药品渎职犯罪的情形，增强了本罪在司法实践中的操作性和适用性。

**2. 反食品浪费法**

长期以来，餐饮浪费得不到有效解决的一个主因就是我国缺乏制约浪费的有效机制。当国家治理需要综合运用多种工具时，法律工具的价值在于把反食品浪费的倡导规范化、法律化、制度化，以发挥法治固根本、稳预期和利长远的作用。因此，《反食品浪费法》为依法治理餐桌浪费等问题提供了法制基础。立法速度之所以快是因为此次立法试图以“小切口”来解决食品浪费的“大难题”，即急用先行，聚焦制定管用条款而非大而全的法律。从既有的制度安排来看，该立法主要侧重餐饮环节的多元参与和多措并举以减少“舌尖上的浪费”，并通过对粮食和食品在存储、运输和加工环节的规定兼顾其他重点环节的损耗与浪费规制。当下法律的制度安排契合了我国国情，凸显了公务活动用餐的引导性、多元分工合作的共治性、数据分析支持的先进性、地方配套立法的制宜性。

从制度挑战来看，《反食品浪费法》的制定首先从法律协调的角度架构了其与《食品安全法》的关系，即新法规定的反对浪费的食品仅限于可安全食用或者饮用的且未能按照其功能、目的得到利用的食品。也就是说，保障食品安全同样是各类反食品浪费行为的前置条件。与此同时，该新法也意识到了法定的“安全食品”概念与保质期这一制度密切相关。在《食品安全法》的一元法律架构下，经营者面对安全保障能否兼顾反食品浪费、开展食品捐赠的选项，主要还是偏向前者的单选。随着《食品安全法》与《反食品浪费法》重新组建二元法律架构，一方面，食品生产经营者应及时完善内部的合规管理，在生产经营环节履行与反食品浪费相关的义务；另一方面，也需要相关的行政主管部门配套行为指引的建制。例如，法律规定县级以上地方人民政府民政、市场监督管理部门等建立捐赠需求对接机制，引导食品生产经营者等在保证食品安全的前提下向有关社会组织、福利机构、救助机构等组织或者个人捐赠食品。对此，行政主管部门不能仅仅以罚代管而要积极建立机制，因为捐赠引起的一系列行为不仅仅关联到捐赠前与捐赠时的食品安全，还涉及捐赠后食品分配时的安全保障。捐赠者的责任边界和关联主体的责任分配直接影响到捐赠者的捐赠积极性。

## 第二节　法治在食品安全治理中的作用变迁

全面依法治国是国家治理的一场深刻革命，关系党执政兴国，关系人民幸福安康，关系党和国家长治久安。必须更好发挥法治固根本、稳预期、利长远的保障作用，在法治轨道上全面建设社会主义现代化国家。当食品安全治理涉及各种不同的利益及利益主体时，法治的稳定性、平等性和程序性，决定了法治是各种利益冲突有效化解和凝聚不同利益主体共识的基本方式。“十四五”期间，围绕实现全面依法治理、在食品安全领域基本实现治理体系和治理能力现代化、推进健康中国战略的目标，建议在以下几方面着力推进。

## 一、加快构建以食品安全法为核心的食品安全法律法规体系

推进食品安全治理，坚持法治的原则性地位，坚持立法的科学性、民主性，坚持立法以人民群众利益为出发点，坚持良法与善治的结合，坚持法治与改革的协调，坚持食品安全法治的中国化，就能够从根本上发挥法治在食品安全治理中稳预期、利长远的作用。

首先，大力推进食品安全法律法规的立、改、废、释工作，为食品安全治理提供长期稳定规范前提。完善食品安全法律法规体系，一方面要积极推进食品治理本身的食品生产经营监督检查办法、食品标识监督管理办法、食用农产品市场销售质量安全监督管理办法、婴幼儿配方乳粉产品配方注册管理办法等法律法规的制定、修改；另一方面也要注重食品相关的农产品质量安全法、粮食安全法、产品质量安全监督管理办法的制定与完善。同时，依托行政法的基本学术理论，尤其要注意调整食品安全法律规范彼此之间的竞合关系、协调关系和职能分配关系，形成规范层面的监管合力和共治局面。

其次，积极推进食品安全市场监督管理行政规范的清理、凝练工作。长期以来，食品安全治理所依托的规范体系存在着范围广、部门多、变化大、领域杂的特点。这固然是由积极实施机构改革和食品安全治理的本质特点所必然决定的，但规范备案、清理工作实施障碍也是导致这一现象的重要原因。在目前所实施的综合执法改革和组织机构改革的背景下，要实现长期对食品安全监管预期的再稳定，核心就需要实现食品安全规范的预期的再稳定，具体表现为大量被各级行政执法机关所使用的部门规章、行政规则的规范化。要充分围绕食品安全法这一食品安全领域的根本法和法律位阶的基本原理，实现以食品安全治理为核心的规范体系创设。

最后，充分借助体系化的法律技术实现稳定的预期。食品安全的立法预期是以四个“最严”的顶层设计和保障人民群众舌尖上的安全的底线思维为依托的规范体系设定。以此为根基所延伸出的法律在立法的理论控制与规范预期上，均应以此为根本的理论皈依和检验标准。而体系化就是在食品安全法律的内部，其立法目的、法律规范的具体内容能够实现彼此呼应、全程贯通和互相印证。以最严为要求，就意味着排除了宽缓和谦抑的法律属性，意味着食品安全的国家标准是不能逾越的强制标准。食品安全的规范建设必须以上位规范与核心规范为根本依托和最终检验标准。

## 二、率先在食品安全治理领域实现国家治理体系现代化

习近平总书记主持召开经济社会领域专家座谈会时指出：推进国家治理体系和治理能力现代化。要守正创新、开拓创新，大胆探索自己未来发展之路。要更好发挥政府作用，营造长期稳定可预期的制度环境。①

首先，国家治理能力、治理体系现代化在食品安全治理领域具有高度指导意义。一方面，这意味着食品安全现有的治理手段和治理能力离满足人民群众对于美好生活的要求还存在着一定距离，需要借助食品安全治理能力和治理体系现代化的过程进行缩小。另一方面，这也意味着食品安全领域因其复合性、科技性、规范性的治理特点而具有率先实现治理能力和体系整体变革的优越条件。在食品安全责任体系、食品安全监管治理能力体系、食品安全检验检测体系、食品安全风险预警体系、食品安全社会共治体系、食品产业发展支撑体系等方面加强建设，意味着食品安全体系能以精细化的方式分为若干相互影响而又彼此独立的子领域，推动以行政为主导模式的多元治理体系的深度变革，形成以食品安全产业结构为根基、以食品安全风险预警制度为抓手的社会共治体系；行政权将以自身的方式参与市场化和以内循环为基础的治理变革，导致需要重新定义行政权与社会治理对象的现代关系。

其次，全面推进食品安全监管法治化，加强从农田到餐桌全链条监管，建立健全覆盖全程的监管制度。治理能力和治理体系的优化意味着借助社会共治扩展治理场域，但不意味着放弃政府监管。在发挥市场力量的同时，必须同时严格落实地方政府属地管理责任、食品安全议事协调机构的组织协调责任、食品安全行政主管部门的监管责任和食品安全相关部门的协助责任。在市场监管部门内部加强食品安全监管工作的同时，建立起市场监督管理、卫生、农业等职能部门间执法协调机制和信息沟通机制，尤其需要注意执法协助机制的规范化、程序化和可追溯化，防治行政职权机关借助协助机制逃避责任，以行政不作为形态造成行政相对人的损失。

最后，加强食品安全责任体系建设，统筹划分市场、政府、社会三大主体在食品安全治理上的边界，压实责任，建立严格的责任追究制度，严格评议考核；加强食品安全监管治理能力体系建设，合理分配监管资源，解决因监管资源与产业状况不匹配、区域间基本监管服务能力不均等带来的食品安全风险“洼地”问题；加快发展食品安全检验检测体系，解决检验检测机构区域分布不平衡，城乡基层检验检测机构能力不强、专业人才短缺等问题。推动第三方检验检测机构发展；持续完善食品安全风险预警体系，深

---

① http://www.xinhuanet.com/politics/leaders/2020-08/24/c_1126407763.htm.

入构建覆盖农业生产、食品加工、流通、餐饮消费、“网购”食品等的风险监测网络，建立统一的食品安全预警信息共享平台，实现食品风险的无缝传递和有效防控；构建食品安全社会共治网络，以社会治理精细化为指导，建立企业自律、政府监管、社会协同、公众参与和法治保障的包容性共治体系。

## 三、政府监管关口前移，突出食品安全预防性监管

坚持预防为主的治理理念，监管应由以往的注重事后处置转变为注重事前预防性监管，及时发现处置苗头性、倾向性问题，严把食品安全的源头关、生产关、流通关、入口关，坚决守住不发生系统性区域性食品安全风险的底线。

食品安全问题在一定程度上具有隐秘性、不可知性，对监管造成一定难度的同时意味着一旦发生食品安全问题受害者往往是不特定的多数群体，这并不符合单一侵权导致损害的归责逻辑。就风险的固有性和危害的实现可能性之间的关系而言，降低风险向危害的转化可能性是最佳的治理策略。如果仅仅保持风险的末端监管和结果溯源，那么对于已经发生的危害而言，所能产生的救济效果实属微不足道，何况食品安全问题所造成的人身伤损大多存在不可逆的危害表征，因而以源头监管、多流程监管为特征的预防性监管是不能回避的重要课题。

为了提高相应的预防监管可能性，一方面，需要积极强化政府和商事主体间的合作，尤其强化食品安全预警信息的建设制度，政府和食品安全产业协会应定期发布食品风险信息以指导公民对特定食品的批次、品类提高注意，尽可能规避食品健康风险向危害的转化。另一方面，预防性监管的前提是食品安全检验检疫技术达到了可以发现、推断、预测特定致害物质产生、变化的相应发达程度。而目前我国仅在中央设立了相应机构，在地方各级往往与疫控中心混合编制，检验能力往往成为发挥特定监管作用的短板。治理能力是由多方面因素决定的，当然也包括科学的检验技术作用的发挥。如果行政机关怠于寻求最先进的技术以提升检验能力、实现更高的执法水平，这无疑不符合行政相对人权益保障的目标。

## 四、严格落实食品安全违法违规行为处罚

厘清食品安全违法行为定性；细化食品安全违法行为处罚到人的法律措施；落实行政执法与刑事司法的衔接，建立证据互认、证据转换、法律适用、涉案食品检验认定与处置等协作配合机制。

食品安全法律责任贯通了民事法律责任、行政法律责任和刑事法律责任三大责任承担基本领域。同一法律行为可能同时具有民事、行政、刑事的可责性。以此为背景，需要充分明确国家在食品安全领域所起到的兜底作用和保障作用，防止食品安全法律责任向私法逃逸，使相关违法行为人以民事手段逃避对行政和刑事责任的承担。此外，在行政执法和刑事司法领域须充分强化行刑衔接工作，实现证据的有机转化和互认共认，使食品安全治理充分实现当罚则罚、应诉尽诉的法律可能。

## 五、 完善食品安全教育制度，推进校园食品安全监管立法

食品安全教育在公民健康的基本保障中起到的作用是极为关键的，然而也极其容易被忽略。我国公民对食品安全物质的危害性影响的认识基本停留在是否符合保质期，是否存在涨袋漏气等浅表层面。对于转基因物质、食源性致害物质以及具有疫病风险的不明来源物质和野生动物等缺乏相应的食品安全知识和研判能力，不仅在面对食品安全风险时无措，而且使食品安全监管面临着群众资源匮乏的境地。解决此问题的根本方法，是建立以校园食品教育为内涵，以大众食品安全教育传播为外延的食品安全教育体系，关键在于积极推动食品安全教育成为公民基本教育的有机组成部分，成为义务教育阶段所教授和掌握的根本内容，将食品安全的权利保障体系塑造为义务教育的重要内容。

严格校园食品质量安全与营养安全管理，落实学校食品安全风险评估和全程追溯制度，严控转基因食品进入校园，开展学校食品安全教育。根据 2019 年食品安全领域治理关键问题的部署情况，校园食品安全是我国食品安全治理工作的重中之重。食品安全的校长、园长负责制需要扎实推进，“明厨亮灶”在校园厨房中覆盖比例需要稳步提升，食品原料运营商、供应商需要公开招标，定点采购和集中补贴制度需要集中推进，市场监督管理部门需要充分建立与教育行政管理部门的协作，从而实现校园内餐饮食品的检查监督全覆盖。鉴于这一问题的重要性，教育部、国家市场监督管理总局、国家卫生健康委员会三部门共同制定了《学校食品安全与营养健康管理规定》，该规定已于 2019 年 4 月 1 日起施行。该规定要求学校集中用餐实行预防为主、全程监控、属地管理、学校落实的原则，建立教育、食品安全监督管理、卫生健康等部门分工负责的工作机制。作为食品安全监管工作的重中之重，学校食品安全问题的治理长期受到关注。

## 六、 构建食品安全国际合作新机制

习近平总书记在社会经济领域专家座谈会中指出，国际经济联通和交往仍是世界经

济发展的客观要求。[1] 食品安全是世界性难题，“十四五”规划中指出，在后疫情时代与更高的对外开放要求下，食品安全治理领域应当秉持人类共同体理念，秉承共建共商共享的全球治理观，坚持开放创新，加强国际交流合作，开门问策、集思广益，构建食品安全国际合作的新机制。

首先，食品安全是全球性的问题，食品安全问题需要全球共治。与其他领域对比，食品安全在世界上更能达成共识，是我国加强对外开放、国际合作的良好窗口。食品安全问题极易造成严重的公众心理恐慌以及对国家的信任危机，当今全球化趋势下食品安全问题造成的杀伤力更大，关系到一个国家的国际形象。因此，我国应当扩大食品安全国际合作与交流，在食品安全问题上树立起负责任大国的形象。

世界范围内，各国偶发的食品安全事件已成为规制方案变革的重要契机，比如疯牛病事件直接推动欧盟食品安全规制体系的革新；我国对厄瓜多尔冷冻虾外包装检测的核酸阳性事件，促使海关总署、国家卫生健康委员会等有关部门迅速对此作出反应，推出相应的规制与方案。随着经济贸易全球化，移动互联、跨境物流迅速发展，食品跨境流通成为常态，这意味着食品安全既是国际合作的窗口，同时也关系着各国的国际形象。由此也给我国食品安全全球治理带来一些挑战，比如，食品安全风险应对超越国界，我国本土食品安全标准与国际标准的差异使企业合规成本和监管成本增加等。面对这些挑战，加强国际合作是实现食品安全治理的重要手段和途径。

其次，构建国际合作新机制，参与食品安全国际规则制定，培养输送相关国际机构的人才。保障食品安全也是我国形成开放式经济体制的一个重要部分，通过食品安全建立我国良好的国际形象需要立足中国与世界的合作。改革开放 40 多年来，中国已经从一个解决温饱的国家发展成为世界级食品进口市场。随着更广泛深入的与国际市场的交流，我国更需要积极参与国际食品法典标准制定，积极参与国际新兴危害因素的评估分析与管理决策，与世界各国共享发展机遇和合作成果。

规则的制定需要人才。有关食品安全标准制定、风险监测和风险评估等工作，其法规的政策性和科学技术性强，对从业人员履职能力的要求高。参与食品安全国际规则的制定，意味着我国要大力加强食品安全人才队伍建设，形成不同层次专业人才梯次发展的合理结构。通过加强人才选拔与培训，优化岗位结构，提高我国食品安全领域人才队伍整体素养，培养输送至相关国际机构的人才，以代表我国获得食品安全领域的国际话语权。

最后，食品安全国家标准与世界对接，有些标准要严于国际标准，体现以人为本、以人民健康为本的理念。食品安全标准是保障食品成分、生产工艺等符合底线要求的重

---

① http://www. xinhuanet. com/politics/leaders/2020 - 08/24/c_1126407763. htm.

要监管工具。一方面，标准的设定要符合科学依据，体现防控食品安全危害的客观性和可操作性。在此基础上，不断基于科学等原则促进全球食品安全标准的协调性，以实现保障消费者和促进食品贸易等目标。另一方面，各国的食品安全问题与所在的社会经济和技术环境相关，因此，各国在结合国情促进食品安全标准发展的同时，也需要因地制宜地考虑标准的适宜性和前瞻性，在保障安全底线的同时不断追求高标准、严要求，并以此形成监管和行业的发展优势。与国际标准对接，结合我国食品安全的实际情况，优化我国食品安全国家标准制定、修改流程，加快制定、修改进度。

## 思考题

1. 21 世纪初，我国食品安全立法有哪些进展？
2. 请概述食品安全法律体系。
3. 请论述我国《食品安全法》的演变情况。
4. 针对校园食品安全立法有什么意义？

# 第六章
# 食品安全法的基本原则

**内容概述**

我国《食品安全法》借鉴国际食品安全立法经验，确立食品安全工作的基本原则，即预防为主、风险管理、全程控制、社会共治，建立科学严格的监督管理制度。本章论述的食品安全法基本原则是食品安全法基础理论中的核心，是食品安全法的精神和灵魂，体现着食品安全法的根本价值，反映着食品安全法的本质，并对食品安全法的立法和贯彻执行起着普遍的指导作用。客观、准确、科学地概括、分析、提炼我国食品安全法的基本原则对于我国食品安全法理论和实践都具有重要的意义。研究食品安全法的基本原则，使我们能够正确认识食品安全法的本质，有利于建立科学的食品安全监管体系，有利于健全社会主义市场经济的法制内容，有利于更好地指导食品安全活动，从而满足国家在调节社会食品安全活动中所产生的对食品安全关系调整的需要。由于食品安全法所调整的社会关系的性质、范畴、任务和目标与其他法律的不同，所以食品安全法具有独特的基本原则。

**重点知识**

1. 预防为主
2. 风险管理
3. 全程控制
4. 社会共治

## 引读案例

**案例1（2022年十大食品安全法治事件之一）**

2022年9月2日，十三届全国人大常委会第三十六次会议表决全票通过修订《农产品质量安全法》，该法自2023年1月1日起施行。新修订的《农产品质量安全法》，在全流程治理、全过程监管和全方位协同方面作了一系列制度安排，健全完善制度机制，内容更具有前瞻性、科学性和可操作性。例如，创新建立承诺达标合格证制度，突出全程贯通。对农产品生产者开具、收购者收取保存和再次开具、批发市场查验承诺达标合格证作出了具体规定，明确了法律责任，从产地到市场实现全程无缝衔接，确保农产品从生产、收购、储存、批发、运输、销售等各环节的质量安全。强化两部门间衔接协作，突出全程监管。以法律形式巩固机构改革成果，明确了农业农村、市场监督管理等监管主体之间的工作协调机制。尤其是明确规定要加强收购、储存、运输过程中农产品质量安全监管的协调配合和执法衔接，避免监管盲区，确保法律的系统性和实用性。

**案例2（2021年十大食品安全法治事件之一）**

2021年12月24日，新修订的《食品生产经营监督检查管理办法》正式公布，自2022年3月15日起施行。该办法亮点之一是对《食品安全法》第109条规定的“实施风险分级管理”的要求首次进行了进一步量化的规定。这是具体落实法律要求的重要体现。2015年《食品安全法》修订时增加的这一规定，是针对食品安全监管的特点提出的新的根本性举措。但是，并没有行政规章以上的规范性文件给出具体落实的措施。此次办法的修订，结合食品生产经营者的食品类别、业态规模、风险控制能力、信用状况、监督检查等情况，对食品生产经营者的风险等级进行分级，并提出相应的实施重点监督检查、增加日常监督检查频次、制定监督检查要点表、编制年度监督检查计划等监管行为措施。相信这是一个非常好的开端，是为实现精准监管，落实“四个最严”要求，同时为企业创造良好营商环境的双赢目标的有益尝试。

## 第一节　预防为主原则

食品安全工作实行预防为主，是指各项工作要关口前移，不要等到发生了问题再查处、追责，要通过加强日常的监管工作来消除隐患，防患于未然。食品安全预防为主原则意在将食品安全事后规制变为重点预防事故的发生。这是食品安全监管理念的重要转变。预防为主原则和风险管理原则是相对应的，它针对的是风险，而不是损害。风险是将来发生损害的可能性，一旦这种可能成为现实，那就是实际损害。预防的目的并不是将风险发生的概率降为零，因为从实际情况来讲，即便根据预防为主原则采取措施，也不可能将未来可能发生的风险的根源在当前消除。

预防为主原则的概念最早始于 20 世纪 80 年代德国的 Vorsorge 法则。2002 年欧盟《通用食品法》第 7 条第 2 款对施行预防为主原则的具体措施提出以下要求："根据第一款所采取的措施应恰如其分，对贸易的限制作用不超出实现共同体所选择的高水平健康保护所必须的、技术经济上可行的，以及考虑事情的其他合法因素。应在适当时期根据鉴定作出的风险对生命及健康危害的性质及所需科技信息种类，澄清科技不确定性并开展更全面的风险分析。"美国现代化法案要求采取预防性措施，规定食品生产经营企业应当评估可能影响食品制造、加工、包装、贮存的危害，确定并执行预防性控制措施，以有效减少和预防该危害的发生。

我国规定的预防为主原则的内涵和外延要比欧美的更加宽泛，预防为主原则在我国《食品安全法》中体现为以下具体内容。

第一，食品生产经营许可制度。从事食品生产、食品销售、餐饮服务，应当依法取得许可。但是，销售食用农产品和仅销售预包装食品的，不需要取得许可。仅销售预包装食品的，应当报所在地县级以上地方人民政府食品安全监督管理部门备案。国家对食品添加剂的生产实行许可制度，申请食品添加剂生产许可的条件、程序，按照国家有关工业产品生产许可证管理的规定执行，食品添加剂应当在技术上确有必要且经过风险评估证明安全可靠，方可列入允许使用的范围。

第二，食品安全标准制度。制定并且实施严格的食品安全标准是真正实现食品安全源头治理、防患于未然的前提条件。食品安全标准为强制执行的标准，除食品安全标准外，不得制定其他的食品强制性标准。食品安全标准分为国家标准、地方标准和企业标准，食品安全风险评估结果应成为制定、修改食品安全标准的科学依据。国家鼓励食品生产企业制定严于食品安全国家标准或者地方标准的企业标准，在本企业适用，并报省、自治区、直辖市人民政府卫生行政部门备案。

第三，食品安全强制检验制度。未经检验或经检验不合格的食品不准出厂销售。对于不具备自检条件的生产企业强令实行委托检验。

第四，食品安全标签制度。食品标签是粘贴在产品外包装上的标识。食品标签提供了食品的内在质量信息、营养信息、时效信息及食用指导信息等，是消费者选择食品的重要依据。食品标签应当清楚、明显，容易辨识，食品与标签应当一致。

第五，食品安全责任约谈制度。食品生产经营过程中存在食品安全隐患，未及时采取措施消除的，县级以上人民政府食品安全监督管理部门可以对食品生产经营者的法定代表人或者主要负责人进行责任约谈。县级以上人民政府食品安全监督管理等部门未及时发现食品安全系统性风险，未及时消除监督管理区域内的食品安全隐患的，本级人民政府可以对其主要负责人进行责任约谈。地方人民政府未履行食品安全职责，未及时消除区域性重大食品安全隐患的，上级人民政府可以对其主要负责人进行责任约谈。被约谈的食品生产经营者、食品安全监督管理等部门、地方人民政府应当立即采取措施进行整改。

第六，食品生产经营者自查制度。食品生产经营者应当建立食品安全自查制度，定期对食品安全状况进行检查评价。生产经营条件发生变化，不符合食品安全要求的，食品生产经营者应当立即采取整改措施；有发生食品安全事故潜在风险的，应当立即停止食品生产经营活动，并向所在地食品安全监督管理部门报告；等等。

## 第二节　风险管理原则

在食品安全治理原则中，风险管理原则为核心原则、第一原则，其他原则大都由风险管理原则所派生或所延伸。风险管理解决的是治理的方式方法问题。

现代社会是一个日益复杂化的“风险社会”。风险是什么？在不同的领域有不同的解答。1999 年 12 月，国际标准化组织（ISO）和国际电工委员会（IEC）发布 ISO/IEC 指南 51《安全方面—纳入标准的指南》，将“风险”定义为“危害发生的可能性及其严重性的组合”。2018 年 2 月，国际标准化组织（ISO）发布的 ISO31000《风险管理指南》指出：“风险是指不确定性对目标的影响。”从国际文献看，食品安全风险包含以下几层含义。

第一，风险是指危害发生的可能性以及其严重性的组合。也就是说，风险是从“可能性”和“严重性”两个维度对危害的发生进行考量的。“可能性”是指风险发生的概率或者几率；“严重性”是指风险对预期目标的实现造成的损害程度。长期以来，人们往往习惯于从“可能性”或者“不确定性”的维度对风险进行分析，而从“严重性”的维度认知风险存在明显的不足。

第二，风险与安全对立统一、此消彼长。风险与安全对立统一、相生相克，共同构成事物存在和运动的状态。从绝对意义上看，风险无处不在，无时不有；从相对意义上看，风险有轻有重，有缓有急。只有将风险与安全进行整体性、统一性思考，才能对风险有系统、深刻的认知。

第三，风险需要从多维度进行综合考量。食品安全事关民生福祉、经济发展、社会和谐、国家形象。研究食品风险问题，尤其是风险的“可能性”和“严重性”问题，需要树立大风险观，善于从政治、经济、社会、民生、国际等多维度进行综合研判。树立大时代下的综合性风险观，有助于全方位、多维度、宽领域、深层次审视食品安全风险，更好地把握风险的运动规律。仅从某个维度审视食品风险，是难识庐山真面目的。

第四，风险存在一个可接受、可容忍的“阈值”。“万物皆有毒，只要分量足”，充分说明食品本身存在一定的固有风险。对食品安全而言，风险既是一个科学概念，也是一个法学概念。无论从科学的角度看，还是从法学的角度看，风险和安全都是一个相对而非绝对的概念。两害相权取其轻，两利相权取其重。安全是风险与获益之间的数量关系、比例关系或者衡平关系，是对于潜在的使用者具有合适的风险获益平衡。“可容忍的风险”意味着存在一个为特定对象可接受或者可承受的“阈值”，超出这个阈值，则被认为“不安全”。

自20世纪90年代以来，一些危害人类生命健康的重大食品安全事件不断发生，如1996年英国的疯牛病，1999年比利时的二噁英风波，2001年法国的李斯特杆菌污染事件，2004年美国万络事件，2006年巴拿马二甘醇事件，2008年美国肝素钠事件。通过应对这些重大事件，国际社会逐步探索出了以科学为依据的食品安全管理方式，食品安全风险分析模式应运而生。

风险分析模式主要包括风险评估、风险管理与风险交流。食品安全风险评估主要是从技术的角度来认识食品安全风险，食品安全风险管理主要是从行政的角度来控制食品安全风险，而食品安全风险交流主要是从社会的角度来应对食品安全风险。我国《食品安全法》确立了食品安全风险监测和食品安全风险评估制度。这标志着我国食品安全治理正逐步从结果治理向过程治理、从经验治理向科学治理、从传统治理向现代治理转变。

风险是众多管理科学面临的主题。食品安全领域是充满风险的领域。多年的监管实践表明，只有从安全与风险的对立统一中把握食品安全，才能准确地把握食品安全的真谛。对立统一规律揭示，安全与风险相互依存、相互转换。今天的平安无事，绝不意味着明天的万事大吉。今天的平安无事，恰恰预示着风险正在悄悄地逼近。食品安全治理必须居安思危、警钟长鸣。当前，应当进一步强化食品安全风险管理，将风险管理原则贯彻到底，以其统领食品安全工作的全局。

首先，将风险管理原则确定为食品安全治理的基本原则。《食品安全法》确立了“食品安全工作实行预防为主、风险管理、全程控制、社会共治，建立科学、严格的监督管理制度”的总要求。所谓基本原则，是指贯穿食品安全治理全过程和各方面的原则。风险遍布于食品生产经营的全过程，有必要强化从农田到餐桌的食品生产经营全程治理，尤其要强化源头治理和过程控制；风险来源于社会的许多方面，有必要强化食品安全的社会治理；破解食品安全难题需要专业机构、队伍和人员，有必要强化食品安全专业治理；食品安全风险具有复杂性和隐蔽性，只有积极主动才能及时有效发现问题，有必要强化食品安全的能动治理。

其次，应当将分类治理制度确定为食品安全治理的基本制度。长期以来，在食品安全领域，往往基于业态、规模、产权等要素对食品企业进行分类。严格说来，这一分类并没有抓住食品安全治理的本质和精髓。食品安全与食品风险是相对应的概念。从绝对的意义上看，风险无处不在、无时不有；而从相对的意义上看，风险有轻有重、有缓有急。治理的基本策略是分类治理、分步实施。有必要从风险的角度对食品企业进行科学的分类分级，政府可以根据风险程度确定食品安全监管的重点、方式和频次。这样不仅可以节约监管资源，也可以提高监管效能。

最后，应当进一步完善食品安全风险治理的具体制度。为实现全程治理，在新体制下有必要明确农业行政部门负责的食用农产品质量安全监管、食品安全监管部门负责的食品生产经营监管的关系；为实现社会治理，有必要建立食品安全风险交流制度，鼓励和支持监管部门、评估机构、食品企业、行业协会、新闻媒体、消费者等，按照科学、客观、及时、公开的原则，开展食品安全风险交流；为实现能动治理，有必要建立食品企业生产经营状况自查制度，以便及时发现、解决风险；为实现专业治理，有必要建立食品企业管理人员职业资格制度，不断提升食品安全管理人员的职业素养。

## 第三节　全程控制原则

食品生产经营过程中的每一个因素如果失去控制都可能引发食品安全风险，实现从农田到餐桌的全过程预防控制成为《食品安全法》的一个基本原则。

所谓全程控制，是指将食品生命周期的全过程纳入范畴的控制。传统管理体系基本上将保障的重点锁定在食品生产环节。其信奉的是：只要抓好生产这一关键环节，消费或者使用就能得到有效的安全保障。然而，近年来，在国际社会，各种食源性疾病的相继暴发，彻底粉碎了人们这种天真而善良的愿望。

在迎接食源性疾病挑战的过程中，人们逐步认识到：食品全生命周期的任何环节存在缺陷，都可能导致整个安全体系的最终崩溃。仅在最后阶段对食品采用检验、下架、召回、退市等手段，既无法对消费者提供及时、充分、有效的保障，而且违背了市场经济所奉行的经济原则。因此，国际社会逐步探索出保障食品安全的新方法，即食物链控制法或者供应链控制法，要求食品安全控制从生产环节竭尽所能地向“两端”延伸，食品安全治理前端延伸至种植、养殖环节，后端延伸到食品消费环节。随着产品生命周期理论的丰富和发展，人们对食品研制、生产、流通和消费全过程的重视日益提升，各种质量管理规范应运而生。为了最大限度地保护消费者，必须将全程控制原则深深地嵌入食品生产经营的全过程。

食品的生命周期可以分为自然生命周期和商业生命周期。自然生命周期，是指食品在自然规律下所表现的生命周期。各种食品在自然条件或者正常条件下都有可供使用或者消费的保质期。这种生命周期为食品生命的自然属性。对食品的自然生命周期的尊重，就是对公众生命健康的关怀。商业生命周期，是指食品在市场上进行商业流通的生命周期。在食品成为商品后，由于科技发展或者商业利润的驱动，食品的自然生命周期与商业生命周期之间往往形成一定的鸿沟。从积极意义上看，新材料、新技术、新方法的广泛应用，延长了食品的生命周期，使食品可以在更长的时间、更广的领域进行流通，极大地满足了广大消费者的需求。从消极意义上看，疯狂的商业利益往往驱使不法商人唯利是图、不择手段，在食品生产经营中违法添加各类非食用物质，食品安全的防护网时刻都面临着撕裂的可能。关注食品安全，就必须关注产业链、供应链、价值链、利益链、风险链、责任链、监管链、治理链等，着力使各链之间相关联、相匹配、相衔接，形成良好的闭环治理体系。

产品生命周期理论启示我们，现代科学技术的发展可以适当延长食品的生命周期，满足人类不断增长的健康需求。但这种延长必须是有条件的，即符合科学规律和相关标准，保证食品安全。任何科学技术的发展都不是其自然价值的简单释放，都必须受到法律和伦理的约束。违背法律法规和伦理的延长，只能给消费者的生命健康带来风险和危害。对此，食品安全监管部门应当强化对超越自然生命周期的食品的风险监控，防止食品安全事故的发生。

随着社会的快速发展，食品安全全程控制的内涵不断丰富：一是全程覆盖。食品安全控制应当涵盖食品生命周期的全部环节，避免因生产经营中的某一环节存在缺陷而导致整个体系的崩溃。二是全面预防。在生产经营的全过程都要采取积极有效的风险防控措施防止问题的发生，最大限度地保障公众的切身利益。三是注重源头。尽管食品生产经营可以分为若干环节，但每一个环节都有其源头，只有从源头开始把关，才能确保食品安全。四是注重联系。食品生产经营各环节间要保持密切的联系，防止因出现断档而产生监管盲点和盲区。五是强化统一。凡是对跨越环节的控制要素，都应当实行统一管理。六是强化尽责。无论是企业，还是政府监管部门，在全生命周期的每一环节都必须尽职尽责，有效识别、控制安全风险。

实现食品安全全程控制，需要妥善处理以下两个重要关系。

### （一）专业分工与多元协作的关系

食品安全监管，无论是单一部门负责，还是多部门负责，都需要进行适当的分工。

无论是内部分工，还是外部分工，都需要加强彼此间的协作与配合，否则监管就会出现空白和断层。分工是为了提高专业化效能，协作是为了提高全局化水平。

《食品安全法》在总则中明确规定，食品安全工作实行“全程控制”。目前，调整食用农产品和食品的基本法律为《农产品质量安全法》和《食品安全法》，两者共同承担着实现食品安全全程控制的重任。《食品安全法》规定：食用农产品的质量安全管理，遵守《农产品质量安全法》的规定。但是，食用农产品的市场销售、有关质量安全标准的制定、有关安全信息的公布和本法对农业投入品作出规定的，应当遵守《食品安全法》的规定。这也是新法在食品安全全程控制机制建设方面作出的贡献。

在食品安全领域，除了综合协调机制，还有部门协作机制、区域协作机制等。食品安全工作具有广泛的社会性，这决定了食品安全社会协作机制的多元性。一是风险监测协作机制。《食品安全法》规定：国务院食品安全监督管理部门和其他有关部门获知有关食品安全风险信息后，应当立即核实并向国务院卫生行政部门通报。对有关部门通报的食品安全风险信息以及医疗机构报告的食源性疾病等有关疾病信息，国务院卫生行政部门应当会同国务院有关部门分析研究，认为必要的，及时调整国家食品安全风险监测计划。食品安全风险监测结果表明可能存在食品安全隐患的，县级以上人民政府卫生行政部门应当及时将相关信息通报同级食品安全监督管理等部门，并报告本级人民政府和上级人民政府卫生行政部门。食品安全监督管理等部门应当组织开展进一步调查。省级以上人民政府卫生行政、农业行政部门应当及时相互通报食品、食用农产品安全风险监测信息。二是信息通报机制。《食品安全法》规定：国务院卫生行政、农业行政部门应当及时相互通报食品、食用农产品安全风险评估结果等信息。县级以上人民政府食品安全监督管理、卫生行政、农业行政部门应当相互通报获知的食品安全信息。三是标准执行协作机制。《食品安全法》规定，省级以上人民政府食品安全监督管理、农业行政等部门应当对食品安全标准执行中存在的问题进行收集、汇总，并及时向同级卫生行政部门通报。四是境外食品安全风险通报机制。《食品安全法》规定：境外发生的食品安全事件可能对我国境内造成影响，或者在进口食品、食品添加剂、食品相关产品中发现严重食品安全问题的，国家出入境检验检疫部门应当及时采取风险预警或者控制措施，并向国务院食品安全监督管理、卫生行政、农业行政部门通报。接到通报的部门应当及时采取相应措施。五是进口食品风险通报机制。县级以上人民政府食品安全监督管理部门对国内市场上销售的进口食品、食品添加剂实施监督管理。发现存在严重食品安全问题的，国务院食品安全监督管理部门应当及时向国家出入境检验检疫部门通报。国家出入境检验检疫部门应当及时采取相应措施。六是食源性疾病通报机制。《食品安全法》规定：医疗机构发现其接收的病人属于食源性疾病病人或者疑似病人的，应当按照规定及时将相关信息向所在地县级人民政府卫生行政部门报告。县级人民政府卫生行政部门认为与食品安全有关的，应当及时通报同级食品安全监督管理部门。县级以上人民政府卫生行政部门在调查处理传染病或者其他突发公共卫生事件中发现与食品安全相关的信息，应当及时通报同级食品安全监督管理部门。七是行刑衔接机制。严厉打击违法犯罪行为，既是行政机关的义务，也是司法机关的责任。2015 年 12 月 22 日国家食品药品监管总局、公安部、最高人民法院、最高人民检察院、国务院食品安全办联合印发了《食品药品行政执法与刑事司法衔接工作办法》(食药监稽〔2015〕271 号)，决定建立健全线索通报、案件移送、信息共享、信息发布等工作机制，有效打击违法犯罪行为。

除了食品安全部门协作机制，一些地方积极推进食品安全区域协作机制，如长三角食品安全区域合作机制、京津冀食品安全信息互通机制等。

### (二) 全程控制与源头把关的关系

食品生产经营可以分为若干环节，上一环节的末端往往就是下一环节的源头。只有从源头开始把关，才能最大限度地减少风险的传递，才能最大限度地保证食品安全。全生命周期理论要求，企业应当对源于该环节的风险承担全程控制的责任。也就是说，如果是上游企业产生的风险，该风险即便出现在下游企业，上游企业也需承担相应的责任。此外，首负责任制度的建立，进一步强化了企业对产品全生命周期的责任。如果企业不能证明责任为他人所担，且无法取得代位求偿，则企业应当承担全部责任。如果下游企业没有履行源头把关的义务，无法对相关产品进行溯源，基于对消费者利益的保护，则其应对食品安全事故承担全部责任。对食品安全，要进一步强化源头管控、层层把关，切实保障广大人民群众“舌尖上的安全”。

## 第四节 社会共治原则

食品是人类社会生存和发展所依赖的最重要物质资料。与其他产品相比，食品作为人类生存的必需品，拥有最广泛的利益相关者。食品安全关系着每个人的每一天。联合国粮农组织和世界卫生组织在《保障食品的安全和质量：强化国家食品控制体系指南》中强调指出，一国建立、更新、强化或者改革食品安全治理体系时，必须充分考虑加强食品治理活动基础的若干原则及意义，要充分认识食品治理人人有责，需要所有的利益相关者积极合作。

食品安全问题是个重大的社会问题。食品安全风险来源的广泛性、食品安全风险影响的社会性、食品安全治理措施的综合性等多种因素，决定了食品安全应当实行社会共治。破解食品安全这一重大社会问题，必须依靠社会多方的智慧和力量。

《食品安全法》确立了食品安全社会共治原则，并贯穿食品安全治理的全过程和各方面。社会共治原则，能够实现从传统的自上而下型监管管理转向上下结合的多方参与型共同治理，调动不同社会主体的积极性，使各方有序参与形成合力，达到更好的食品安全治理效果。

社会共治已成为食品安全治理中最响亮的口号和最耀眼的旗帜，它启示我们：食品安全拥有最广泛的利益相关者，应当建立最紧密的命运共同体。如食品行业协会应当加强行业自律，引导食品生产经营者依法生产经营，推动行业诚信自律，宣传、普及食品安全知识。国家应当鼓励社会团体、基层群众性自治组织开展食品安全法律、法规以及食品安全标准和知识的普及工作，倡导健康的饮食方式，增强消费者食品安全意识和自我保护能力。新闻媒体应当开展食品安全法律、法规以及食品安全标准和知识的公益宣传，并对违法行为进行舆论监督。任何组织或者个人有权举报食品生产经营中的违法行为，有权向有关部门了解食品安全信息，对食品安全监督管理工作提出意见和建议。这些制度有着丰富的发展内涵和广阔的拓展空间。

必须深刻地认识到，将食品安全社会治理仅仅停留在治理原则的层次上既不充分也不深刻。艰巨的任务是如何建立行之有效的制度机制以使食品安全社会共治得到真正落实。必须坚持大社会安全观，通过科学的制度机制安排协调好政府、部门、企业、行业、公众、媒体等多方面的关系，充分调动社会各方面的积极性、主动性和创造性，形成纵横交错、密切协作、职责清晰的食品安全治理网络，共同保障食品安全。

首先，应当把社会共治作为食品安全治理的重要原则。作为治理原则和治理策略，社会共治在一定程度上反映着治理的视野和胸怀。当前，食品安全问题敏感、复杂，公众对于食品安全问题可谓关注度高、满意度低、容忍度低。在此特殊历史时期，加强食品安全社会治理，形成食品安全社会共治，有利于形成食品安全治理的命运共同体，群策群力，破解食品安全难题。

其次，应当加快建立食品安全社会共治的基本格局。食品安全社会共治涉及众多主体。在这些主体中，有的是权力持有者，有的是义务承担者；有的是私利益追逐者，有的是公益维护者。应当精心组织、科学安排、积极引导、有序推进，加快构建企业负责、政府监管、行业自律、社会监督的食品安全社会治理大格局。

最后，应当加快建立食品安全社会共治的有效机制。如建立食品安全有奖举报制度，鼓励社会各界积极举报食品安全违法犯罪行为；建立食品安全责任强制保险制度，食品生产经营企业应当按照国家有关规定投保食品安全责任强制险，以保障消费者的切身利益；建立企业管理体系社会专业评价制度，鼓励社会专业机构开展食品安全管理体系评价。

## 思考题

1. 食品安全工作的基本原则是什么？
2. 哪些制度体现了食品安全预防为主的原则？
3. 简述食品安全风险管理原则的基本要求。
4. 简述食品安全社会共治原则的基本要求。

第七章

# 食品安全法的主要制度

**内容概述**

为实现《食品安全法》的立法目标和落实基本原则的要求，依托于面向食品安全政府规制与多元共治的制度安排的规则细化既使这些主要制度有其独特性和先进性，又同时作用于食品安全的综合治理与特定领域的强化监管。而且，这些制度在自成体系的同时彼此关联、相互作用，形成保障食品安全的制度链条。本章聚焦的主要制度：一是奠定食品安全规制与治理的科学性与民主性的风险管理制度，二是为食品安全工作提供科学依据的食品标准制度，三是基于“条块结构”的行政监管体制，四是督促生产经营者落实保障食品安全主体责任的监督管理制度，五是从行政、刑事、民事等不同维度追究相关人员责任的法律责任制度。

**重点知识**

1. 风险管理：风险监测、风险评估、风险交流、风险自查
2. 食品标准：强制性标准、食品安全标准、企业标准
3. 监管体制：分段监管、机构改革、地方政府负总责
4. 监督管理：许可、注册、自我规制、全程控制
5. 法律责任：行政处罚

## 引读案例

**案例 1**

2019 年 6 月，被告人张某在未取得食品经营许可证、食品生产加工小作坊登记证等相关证件的情况下，租赁内蒙古自治区杭锦后旗陕坝镇某小区车库加工鹌鹑蛋，并通过流动摊点对外销售。张某在生产、贮存、销售鹌鹑蛋的各个环节均不符合食品安全标准，

导致食用该鹌鹑蛋的123人发生不同程度的食源性疾病，其中被害人周某某被鉴定为轻伤二级。张某生产、销售的熏鹌鹑蛋、无壳鹌鹑蛋、带壳鹌鹑蛋中大肠菌群、沙门氏菌检验结果均不符合食品安全国家标准。①

**案例2**

近几年，国内外频发的食源性疾病给公众身体健康与生命安全、社会、经济带来严重危害，食源性疾病已成为不断扩大的公共卫生问题之一，引起各国政府的高度关注。而食品中致病菌污染是导致食源性疾病的重要原因，预防和控制食品中致病菌污染是食品安全风险管理的重点内容。我国于2013年制定和发布了GB 29921—2013《食品中致病菌限量》，该标准的发布对保障食品安全、控制食源性疾病的发生发挥了积极作用。按照《食品安全法》和《食品安全标准与监测评估“十三五”规划（2016—2020年）》的要求，为了进一步完善我国食品安全国家标准体系，适应行业的发展以及监管部门的使用需求，根据最新的风险监测和风险评估结果，结合国际上近年来食源性致病菌标准的修订动态及GB 29921—2013执行过程中遇到的问题，启动了该标准的修订工作。标准修订起草过程中充分听取了相关部门、行业以及专家的意见，按程序向社会公开征求意见，并进行了WTO/SPS通报。经第二届食品安全国家标准审评委员会审议通过，修订后的标准于2021年9月7日发布，已自2021年11月22日起实施。②

**案例3**

2021年8月，根据媒体报道的线索，济南市市场监督管理局对某商业有限公司进行立案调查。当事人在销售猪肉及其制品过程中，将发黏、发臭等腐败变质、感官性状异常的猪肉混入正常肉品中以“特价肉”进行销售或制作成肉馅、香肠进行销售，涉案货值共计1.85万元，违法所得共计1.79万元。③

## 第一节　风险管理制度

风险管理的引入是从《食品卫生法》向《食品安全法》发生演变的重要内容，同时风险管理制度也是现行《食品安全法》中一种亮点性的制度。食品安全风险管理包含了

① 2021年最高法、最高检联合发布的危害食品安全刑事典型案例之一.

② 上海卫生计生监督.《预包装食品中致病菌限量》修订啦. 2022-08-03. https://m.thepaper.cn/baijiahao_19306010.

③ 济南经十路大润发商业有限公司经营腐败变质、感官性状异常的猪肉以及进行虚假或引人误解的商业宣传案. 2021-09-07. http://amr.jinan.gov.cn/art/2021/9/7/art_80732_4764362.html.

风险监测制度、风险评估制度、风险交流制度、风险自查制度等。

## 一、风险监测制度

从风险监测对象来看，国家建立食品安全风险监测制度，旨在对食源性疾病、食品污染以及食品中的有害因素进行监测。在风险预防方面，尤其突出了食品受生物、化学、物理性因素的污染，不限于《食品卫生法》阶段的食源性疾病，并对食品深加工、速冻产业等提出了更高的要求。

从风险监测的体制来看，《食品安全法》有相关规定：由国务院卫生行政部门主导，由国务院卫生行政部门会同国务院食品安全监督管理部门等制定、实施国家食品安全风险监测计划，由其他部门协助。国务院食品安全监督管理部门和其他有关部门获知有关食品安全风险信息后，应当立即核实并向国务院卫生行政部门通报。对有关部门通报的食品安全风险信息以及医疗机构报告的食源性疾病等有关的疾病信息，国务院卫生行政部门应当会同国务院有关部门分析研究，认为必要的，及时调整国家食品安全风险监测计划。另外，要加强地方监督，省、自治区、直辖市人民政府卫生行政部门会同同级食品安全监督管理等部门，根据国家食品安全风险监测计划，结合本行政区域的具体情况，制定、调整本行政区域的食品安全风险监测方案，报国务院卫生行政部门备案并实施。

从监测权力来看，食品安全风险监测工作人员有权进入相关食用农产品种植养殖、食品生产经营场所采集样品、收集相关数据。采集样品应当按照市场价格支付费用。

## 二、风险评估制度

食品安全风险评估结果是制定、修改食品安全标准和实施食品安全科学监督管理的依据。通过法律的制定、修改，《食品安全法》规定的风险评估制度体现在以下几个方面：国家建立食品安全风险评估制度，运用科学方法，根据食品安全风险监测信息、科学数据以及有关信息，对食品、食品添加剂、食品相关产品中的生物性、化学性和物理性危害因素进行风险评估。国务院卫生行政部门负责组织食品安全风险评估工作，成立由医学、农业、食品、营养、生物、环境等方面专家组成的食品安全风险评估专家委员会，进行食品安全风险评估。食品安全风险评估结果由国务院卫生行政部门公布。我国专门设有国家食品安全风险评估中心，这也是相关制度的设定。对农药、肥料、兽药、饲料和饲料添加剂等的安全性评估，应当有食品安全风险评估专家委员会的专家参加。同样也规定了食品安全风险评估不得向生产经营者收取费用，采集样品应当按照市场价格支付费用。

《食品安全法》明确了应当进行风险评估的情况，对以下六种情况应当进行食品安全风险评估：一是通过食品安全风险监测或者接到举报发现食品、食品添加剂、食品相关产品可能存在安全隐患的，二是为制定或者修订食品安全国家标准提供科学依据需要进行风险评估的，三是为确定监督管理的重点领域、重点品种需要进行风险评估的，四是发现新的可能危害食品安全因素的，五是需要判断某一因素是否构成食品性隐患的，六是国务院卫生行政部门认为需要进行风险评估的其他情形。

## 三、风险交流制度

风险交流是《食品安全法》在 2015 年修订后新增的一个制度。之前的法律并没有规定风险交流制度，导致国家与社会之间、国家机关之间形成严重的信息壁垒，无法有效规制食品安全的风险。2015 年修订后的《食品安全法》确立了比较全面的风险交流制度，且这种风险交流制度是多层面的：第一个层面是国家机关之间的信息交流，第二个层面是中央与地方政府之间以及政府与社会之间的交流，第三个层面是政府对食品生产经营者、行业协会、技术机构、消费者协会以及新闻媒体的信息公开与通报义务。

国家机关之间的监测信息交流主要是指：省级以上人民政府卫生行政、农业行政部门应当及时相互通报食品、食用农产品安全的风险监测信息，国务院卫生行政、农业行政部门应当及时通报食品、食用农产品安全风险评估结果等信息。

国家向社会的风险交流是指经食品安全风险评估，得出食品、食品添加剂、食品相关产品不安全结论的，国务院食品安全监督管理等部门应当依据各自职责立即向社会公告，告知消费者停止食用或者使用，并采取相应措施，确保该食品、食品添加剂、食品相关产品停止生产经营；需要制定、修改相关食品安全国家标准的，国务院卫生行政部门应当会同国务院食品安全监督管理部门立即制定、修改。

另外，国务院食品安全监督管理、农业行政等部门在监督管理工作中发现需要进行食品安全风险评估的，应当向国务院卫生行政部门提出食品安全风险评估的建议，并提供风险来源、相关检验数据和结论等信息、资料。属于《食品安全法》第 18 条规定情形的，国务院卫生行政部门应当及时进行食品安全风险评估，并向国务院有关部门通报评估结果。

此外，一个关联的制度是风险预警制度。国务院食品安全监督管理部门应当会同国务院有关部门，根据食品安全风险评估结果、食品安全监督管理信息，对食品安全状况进行综合分析。对经综合分析表明可能具有较高程度安全风险的食品，国务院食品安全监督管理部门应当及时提出食品安全风险警示，并向社会公布。

至于社会主体之间的风险交流，县级以上人民政府食品安全监督管理部门和其他有关部门、食品安全风险评估专家委员会及其技术机构，应当按照科学、客观、及时、公开的原则，组织食品生产经营者，食品检验机构、认证机构，食品行业协会，消费者协会以及新闻媒体等，就食品安全风险评估信息和食品安全监督管理信息进行交流沟通。

### 四、风险自查制度

《食品安全法》要求食品生产经营者必须定期对食品安全状况进行检查评价。这里尤为重要的是强调了“潜在风险的报告”制度，强化了风险评估与风险交流制度的对接。《食品安全法》规定，食品生产经营者应当建立食品安全自查制度，定期对食品安全状况进行检查评价，特别是有发生食品安全事故潜在风险的，应当立即停止食品生产经营活动，并向所在地县级人民政府食品安全监督管理部门报告。

## 第二节　食品标准制度

根据我国《标准化法》，标准是指农业、工业、服务业以及社会事业等领域需要统一的技术要求。为保证标准科学性，标准制定应以科学技术研究成果为基础。在通过法律授权赋予标准以法律性（强制性）后，强制性标准制度便内嵌于食品等科学型规制，成为规制决策科学化的支撑。从食品标准制度发展来看，《食品安全法》从根本上重塑了我国食品安全标准的法律体系和法律制度，并结合风险评估、信息公开等制度促进了我国食品安全规制的行政现代化与全球协调性。其中，食品安全的标准体系对于食品安全的监管工作具有非常重要的基础性意义，是重要的依据和标准。

食品安全标准在以往的实践工作中存在着一些问题，比如：科学性存在争议、制定标准的民主程序保障乏力、标准体系不够完善，这其中包括国家及不同部门、地方、行业、企业的标准不一，导致出现了毒豆芽事件等；国内标准与国际标准存在冲突，导致出现了依云矿泉水事件等；还有过于重视细菌卫生，忽视化学因素、物理因素在食品分解后对人体产生的危害等，导致出现了镉大米重金属超标问题等。针对这些问题，《食品安全法》通过法律修订不断完善食品标准制度。

## 一、食品安全标准的建制与范围

2009年出台的《食品安全法》正式提出了“食品安全标准”的概念。食品安全标准是指为了保证食品无毒、无害、符合应当有的营养要求、对人体健康不造成任何急性、亚急性或者慢性危害而对食品及相关产品中与安全有关的要求作出的规定。食品安全标准以保障公众身体健康为宗旨，是世界各国的政府部门、食品生产者为保证食品安全、防止食源性疾病发生、管理食品生产经营过程的重要的技术要求参考，是保证食品安全与质量的基本手段。《食品安全法》规定了食品安全标准是强制执行的标准，除食品安全标准外，不得制定其他强制性标准。有关产品标准涉及食品安全标准规定内容的，应当与食品安全标准相一致。

根据标准发挥作用的范围，食品安全标准分为国家标准、地方标准。食品安全国家标准是对需要在全国范围内统一的食品安全技术内容提出的要求，主要由国务院卫生行政部门会同国务院食品药品监督管理部门制定、公布，国务院标准化行政部门提供国家标准编号。其中食品中农药残留、兽药残留的限量规定及检验方法与规程由国务院卫生行政部门、国务院农业行政部门会同国务院食品药品监督管理部门制定。屠宰畜、禽的检验规程由国务院农业行政部门会同国务院卫生行政部门制定。对地方特色食品，没有食品安全国家标准的，省、自治区、直辖市人民政府卫生行政部门可以制定并公布食品安全地方标准，报国务院卫生行政部门备案。

此外，国家鼓励食品生产企业制定严于食品安全国家标准或者地方标准的企业标准，在本企业适用，并报省、自治区、直辖市人民政府卫生行政部门备案。实践中存在企业生产的食品符合国家标准和地方标准，但不符合企业标准的法律责任该如何认定的问题，《食品安全法实施条例》根据以下观点合理确定符合食品安全标准但不符合企业标准的法律责任：企业标准放在食品安全标准这一章来阐述，主要是从关联性的角度考虑，并不是说企业标准就是食品安全标准。从实践看，企业标准中还包括一些非安全指标和企业自我管理要求，这些都不是食品安全标准的要求。从立法目的上讲，国家鼓励企业制定严于国家标准和地方标准的企业标准，如果对企业生产符合食品安全国家标准和地方标准但不符合企业标准食品的行为予以处罚，在逻辑上讲不通。从风险分析的角度讲，国家没有将相关内容纳入国家标准，也就是说，政府还没有将相关风险控制要求作为强制性义务，对不具有食品安全危害性的行为，就不应当予以严厉行政处罚，但不免除企业履行主体责任的义务，企业应当召回相关产品，也应当按照消费者权益保护法的要求，履行相关退货、赔偿等消费者权益保护义务。

目前，我国食品安全国家标准体系主要包括通用标准、产品标准、生产经营标准、检验方法标准等若干个子体系。

通用标准子体系又可进一步分解为以下部分：(1) 食品中的污染物、农兽药残留、真菌毒素、致病菌以及其他污染物等影响人体健康的物质的允许限量标准，例如GB 2761—2017《食品安全国家标准 食品真菌毒素限量标准》、GB 2762—2022《食品安全国家标准 食品中污染物限量标准》、GB 2763—2021《食品安全国家标准 食品中农药最大残留限量标准》、GB 29921—2013《食品安全国家标准 食品中致病菌限量》等；(2) 食品添加剂、营养强化剂的使用标准，例如GB 2760—2014《食品安全国家标准 食品添加剂使用标准》、GB 14880—2012《食品安全国家标准 营养强化剂使用标准》；(3) 预包装食品标签及营养标签通则等，例如 GB 7718—2011《食品安全国家标准 预包装食品标签通则》、GB 28050—2011《食品安全国家标准 预包装食品营养标签通则》、GB 13432—2013《食品安全国家标准 预包装特殊膳食用食品标签》等。

产品标准子体系包括：(1) 针对食品及原料中可能出现的污染因素而制定的安全标准，目前已整合完毕的标准包括乳与乳制品系列标准以及饮料，蜂蜜，速冻面米制品，鲜、冻动物性水产品等具体食品标准，例如GB 19301—2010《食品安全国家标准 生乳》、GB 19645—2010《食品安全国家标准 巴氏杀菌乳》、GB 19295—2021《食品安全国家标准 速冻面米与调制食品》、GB 7098—2015《食品安全国家标准 罐头食品》等；(2) 特殊膳食类食品的营养与安全标准，主要包括婴幼儿配方食品、特殊医学用途配方食品标准等，例如GB 10765—2010《食品安全国家标准 婴儿配方食品》、GB 25596—2010《食品安全国家标准 特殊医学用途婴儿配方食品通则》、GB 29922—2013《食品安全国家标准 特殊医学用途配方食品通则》等；(3) 食品添加剂及营养强化剂质量及安全标准，例如GB 1886.1—2021《食品安全国家标准 食品添加剂 碳酸钠》、GB 30616—2020《食品安全国家标准 食品用香精》、GB 30604—2015《食品安全国家标准 食品营养强化剂 1,3-二油酸-2-棕榈酸甘油三酯》等；(4) 食品相关产品的质量及安全标准，包括食品接触材料及制品、食品容器等的安全标准，例如GB 11677—2012《食品安全国家标准 易拉罐内壁水基改性环氧树脂涂料》、GB 9684—2011《食品安全国家标准 不锈钢制品》等。

生产经营标准子体系是对食品生产经营企业在生产、经营过程中与安全有关方面进行的规定，主要包括：(1) 食品生产卫生规范，例如GB 14881—2013《食品安全国家标准 食品生产通用卫生规范》、GB 12693—2023《食品安全国家标准 乳制品良好生产规范》、GB 23790—2023《食品安全国家标准 粉状婴幼儿配方食品良好生产规范》、GB 29923—2023《食品安全国家标准 特殊医学用途配方食品企业良好生产规范》等；(2) 食品添加剂生产卫生规范；(3) 食品相关产品生产卫生规范，例如GB 31603—2015《食品安全国家标准食品接触材料及制品生产通用卫生规范》等；（4）食品经营卫生规范，例如 GB 31621—2014《食品安全国家标准 食品经营过程卫生规范》等；（5）餐饮操作卫生规范；（6）危害因素控制指南等。

检验方法标准子体系指的是上述标准的配套检验、测定标准，包括：（1）理化方法，包括食品的成分测定方法标准、食品中有害成分测定方法标准等，例如 GB 5009.88—2014《食品安全国家标准 食品中膳食纤维的测定》、GB 5009.215—2016《食品安全国家标准 食品中有机锡的测定》、GB 5413.33—2010《食品安全国家标准 生乳相对密度的测定》、GB 5413.3—2010《食品安全国家标准 婴幼儿食品和乳品中脂肪的测定》、GB 5009.33—2016《食品安全国家标准 食品中亚硝酸盐与硝酸盐的测定》、GB 29695—2013《食品安全国家标准 水产品中阿维菌素和伊维菌素多残留的测定 高效液相色谱法》、GB 5009.17—2021《食品安全国家标准 食品中总汞及有机汞的测定》等；（2）食品微生物学检验方法标准，例如 GB 4789.2—2022《食品安全国家标准 食品微生物学检验 菌落总数测定》、GB 4789.10—2016《食品安全国家标准 食品微生物学检验 金黄色葡萄球菌检验》等；（3）毒理学检验方法和评价程序，例如 GB 15193.13—2015《食品安全国家标准 90 天经口毒性试验》、GB 15193.1—2014《食品安全国家标准 食品安全性毒理学评价程序》等；（4）寄生虫检验方法等。

## 二、食品安全标准的制定、修改

《食品安全法》规定，食品安全标准是强制执行的标准。这个规定非常明确，除了食品安全标准，不得制定其他食品强制性标准。为保障食品安全标准的科学性和实用性，一方面，《食品安全法》的制定、修改，完善了食品安全标准的覆盖范围和类型要求。例如，对地方特色食品，没有食品安全国家标准的，省、自治区、直辖市人民政府卫生行政部门可以制定并公布食品安全地方标准，报国务院卫生行政部门备案。一旦食品安全国家标准制定，地方标准即废止。与此同时，国家鼓励食品生产企业制定严于食品安全国家标准或者地方标准的企业标准，在本企业适用，并报省、自治区、直辖市人民政府卫生行政部门备案。

另一方面，《食品安全法》对食品安全标准的制定、修改也作出了要求。

第一，《食品安全法》规定标准制定过程中要落实民主与科学的程序要求。比如，民主保障方面，《食品安全法》规定，制定食品安全国家标准，应当依据食品安全风险评估结果，并充分考虑食用农产品安全风险评估结果，参照相关的国际标准和国际食品安全风险评估结果，并将食品安全国家标准草案向社会公布，广泛听取食品生产经营者、消费者、有关部门等方面的意见。

第二，食品安全国家标准应当经国务院卫生行政部门组织的食品安全国家标准审评委员会审查通过。食品安全国家标准审评委员会由医学、农业、食品、营养、生物、环境等方面的专家以及国务院有关部门、食品行业协会、消费者协会的代表组成，对食品安全国家标准草案的科学性和实用性等进行审查。已经成立的第二届中国标准化专家委员会的成员包括法学等领域的专家。

第三，标准的信息公开与回答。省级以上人民政府卫生行政部门应当在其网站上公布制定和备案的食品安全国家标准、地方标准和企业标准，供公众免费查阅、下载。对食品安全标准执行过程中的问题，县级以上人民政府卫生行政部门应当会同有关部门及时给予指导、解答。

第四，标准的跟踪评估制度。《食品安全法》要求：省级以上人民政府卫生行政部门应当会同同级食品安全监督管理、农业行政等部门，分别对食品安全国家标准和地方标准的执行情况进行跟踪评价，并根据评价结果及时修订食品安全标准。省级以上人民政府食品安全监督管理、农业行政等部门应当对食品安全标准执行中存在的问题进行收集、汇总，并及时向同级卫生行政部门通报。食品生产经营者、食品行业协会发现食品安全标准在执行中存在问题的，应当立即向卫生行政部门报告。

第五，临时限量值和临时检验制度。这项规定主要针对一些国家尚没有明确标准或者标准处在修改中的食品。为了防止潜在的风险，同时鼓励新的食品产业的发展，借鉴了国外的相关制度，规定了临时限量值和临时检验方法。

## 第三节　行政监管体制

食品安全监管体制指的是依据食品安全法律法规确立的监管部门在分工与协调过程中的关系。2004 年我国发布施行《国务院关于进一步加强食品安全工作的决定》，确定了我国分段管理为主、品种管理为辅的食品安全监管体制。在之后的十余年间，食品安全监管机构及其职能多次调整，包括中央和地方之间有关食品安全工作的分工与合作。

### 一、权威、统一的监管体制

《食品安全法》着力解决食品安全“九龙治水”的问题，解决原来由不同部门分段监管的问题，由食品安全的监督管理部门总领食品生产、销售、餐饮服务的监督管理，改变原来分散执法的状态。目前，除了初级农产品生产、养殖环节由农业部门负责监管，进入市场销售环节的农产品和其他食品在生产、销售、服务等环节都由食品安全监督管理部门负责监管，基本实现了从多段执法向两段执法的调整，并且《食品安全法》与其他相关的法律进行了衔接。针对协调，《食品安全法》中规定国务院设立食品安全委员会，其职责由国务院来规定。国务院食品安全监督管理部门依照《食品安全法》和国务院规定的职责，对食品生产经营活动实施监督管理。国务院卫生行政部门依照《食品安全法》和国务院规定的职责，组织开展食品安全风险监测和风险评估，会同国务院食品安全监督管理部门制定并公布食品安全国家标准。国务院其他有关部门依照《食品安全法》和国务院规定的职责，承担有关食品安全工作。

在 2018 年国务院机构改革后，食品安全监管机构进行了重大调整，组建了国家市场监督管理总局，它承担了原国家工商行政管理总局、原国家质量监督检验检疫总局和原国家食品药品监督管理总局的全部职责，也承担了食品安全监管的主要职能。根据 2018 年修订的《食品安全法》的规定，国家市场监督管理总局对食品生产经营活动实施监督管理，包括对食用农产品进入批发、零售市场或者生产加工企业后的安全监督管理。农业农村部负责食用农产品从种植养殖环节到进入批发、零售市场或者生产加工企业前的质量安全监督管理，同时负责动植物疫病防控、畜禽屠宰环节、生鲜乳收购环节质量安全的监督管理。国家卫生健康委员会负责开展食品安全风险监测和风险评估，会同国家市场监督管理总局制定并公布食品安全国家标准。海关总署负责进口食品安全监督管理。

## 二、地方人民政府负总责、分工协作

《食品安全法》规定，县级以上地方人民政府对本行政区域的食品安全监督管理工作负责，统一领导、组织、协调本行政区域的食品安全监督管理工作以及食品安全突发事件应对工作。食品安全的监管工作非常复杂，需要地方政府针对本地的实际需要来明确相关部门的职责。根据《食品安全法》，地方政府的属地责任共计十大项。

一是总体上地方政府负总责。县级以上人民政府对本行政区域的食品安全监督管理工作负责，统一领导、组织、协调本行政区域的食品安全监督管理工作。

二是建立健全全程监管工作机制。县级以上地方人民政府应当建立健全食品安全全程监管工作机制和信息的共享机制。

三是确定部门的职责。县级以上地方人民政府按照《食品安全法》和国务院的规定，确定本级食品安全监督管理、卫生行政部门和其他有关部门的职责。一方面，食品安全监督管理部门、卫生行政部门和其他有关部门在各自负责的重点范围内全方位覆盖监管工作。另一方面，要建立相关监管部门之间信息的交流与共享平台。

四是实行监督管理责任制。县级以上地方人民政府实行食品安全监督管理责任制。上级人民政府负责对下一级人民政府的食品安全监督管理工作进行评议、考核。县级以上地方人民政府负责对本级食品安全监督管理部门和其他有关部门的食品安全监督管理工作进行评议、考核。与监督管理责任制相对应，规定了责任约谈：上级人民政府可以对未履行食品安全职责、未及时消除区域性重大食品安全隐患的下级人民政府主要负责人进行责任约谈；县级以上人民政府可以对未及时发现食品安全系统性风险、未及时消除区域内食品安全隐患的本级人民政府食品安全监督管理等部门的主要负责人进行约谈。

五是组织制定食品安全年度监督管理计划。《食品安全法》规定，县级以上地方人民政府组织本级食品安全监督管理、农业行政等部门制定本行政区域的食品安全年度监督管理计划，并向社会公布组织实施。食品安全年度监督管理计划应当将下列事项作为监督管理的重点：专供婴幼儿和其他特定人群的主辅食品；保健食品生产过程中的添加行为和按照注册或者备案的技术要求组织生产的情况，保健食品标签、说明书以及宣传材料中有关功能宣传的情况；发生食品安全事故风险较高的食品生产经营者；食品安全风险监测结果表明可能存在食品安全隐患的事项。

六是组织突发事件应对工作。要统一领导、组织、协调本行政区域的食品安全突发事件应对工作，县级以上地方人民政府应当根据有关法律、法规的规定和上级人民政府的食品安全事故应急预案，以及本行政区域的实际情况，制定本行政区域的食品安全事故应急预案，并报上一级人民政府备案。

七是组织协调食品安全事故的处置、上报。《食品安全法》里明确了食品安全事故问责机制，旨在克服此前“发生食品安全事故重处置、轻问责”“发生事故先降职、换个地方又履职”“食品安全监管相关部门多，出了事故互相推诿责任”等弊端，明确责任权限，问责到人，切实提升地方政府对食品安全的重视。

八是提供食品安全保障。县级以上人民政府应当将食品安全工作纳入本级国民经济和社会发展规划，将食品安全工作经费列入本级政府财政预算，加强食品安全监督管理能力建设，为食品安全工作提供保障。这里面非常重要的一点就是将食品安全的工作经费列入本级政府的财政预算，这在立法中是不多见的。县级以上的人民政府应当整合食品监管检验资源，实现资源的共享，这些都是对食品安全提供技术保障的措施。

九是加强宣传教育。各级人民政府应当加强食品安全的宣传教育，普及食品安全知识，鼓励社会组织、基层群众性自治组织、食品生产经营者开展食品安全法律、法规以及食品安全标准和知识的普及工作，倡导健康的饮食方式，增强消费者食品安全意识和自我保护能力。

十是对食品生产小作坊、食品摊贩等综合地治理，也就是常说的“三小”地方立法。根据《食品安全法》的规定，对食品生产加工小作坊和食品摊贩等的具体管理办法由省、自治区、直辖市人大或者政府制定地方性法规或者政府规章。按照立法法的要求，省、自治区、直辖市人大或者政府应当在《食品安全法》实施 1 年之内出台相关管理办法。目前，各省、自治区、直辖市已经基本出台相关的管理办法。同时《食品安全法》也规定，对食品生产加工小作坊、食品摊贩等实施综合治理，鼓励引导食品行业的发展。应当对这些行业加强服务和统一规划，改善它们的生产经营环境，鼓励和支持其改进生产经营条件，进入集中的交易市场、店铺等固定场所经营，或者在指定的临时经营区域、时段经营。

## 三、提升监管部门的应急处置能力

之前的食品安全相关法律对政府部门针对食品安全事故的应急处置能力的规定是比较简单、模糊的。修订后的《食品安全法》对此进行了更细致、更有针对性的完善。同时，《食品安全法》规定，食品安全事故应急预案应当对食品安全事故分级、事故处置组织指挥体系与职责、预防预警机制、处置程序、应急保障措施等作出规定。

根据《食品安全法》第 105 条的规定，县级以上人民政府食品安全监督管理部门接到食品安全事故的报告后，应当采取相关的措施，比如立即会同同级的卫生行政、农业行政等部门进行调查处理，采取相关措施。《食品安全法》对这些措施规定得相当详细：开展应急救援工作，封存可能导致食品安全事故的食品及原料并进行检验，封存被污染的相关食品并进行消毒，做好信息发布工作，启动应急预案，进行现场卫生处理，等等。也就是说食品安全监督管理部门如果在实际工作中能够照章运行，将起到非常好的示范作用。

## 四、政府监管工具的多元化

第一，县级以上人民政府食品安全监督管理部门履行各自食品安全监督管理职责，有权采取下列措施，对于食品生产经营者的情况进行监督检查：一是可以进入生产经营场所实施现场检查。二是对食品生产经营者的食品、食品添加剂、食品相关产品进行抽样检查。三是查阅、复制有关合同、票据、账簿以及其他相关的资料。四是查封、扣押有证据证明不符合食品安全标准或者有证据证明存在安全隐患以及用于违法生产经营的食品、食品添加剂、食品相关产品。五是可以查封违法从事生产经营活动的场所。

同时，进一步明确了相对方配合调查的义务。食品安全事故调查部门有权向有关单位和个人了解与事故有关的情况，并要求提供相关资料和样品，有关单位和个人应当予以配合，按照要求提供相关资料和样品，不得拒绝。任何单位和个人不得阻挠、干涉食品安全事故的调查处理。生产企业不但自身要配合接受调查，还对下游单位出现的问题，有配合检查的义务。这是新《食品安全法》的一个重要精神。同时在《食品安全法》的配套法规体系中，也配置了更多的行政强制权和要求公安机关协同执法、先期介入的相关规定。

第二，检验制度的更新。《食品安全法》要求建立国家与社会合作的检验体制。根据《食品安全法》第84条的规定，食品检验机构按照国家有关认证认可的规定取得资质认定后，方可从事食品检验活动。同时规定：符合本法规定的食品检验机构出具的检验报告具有同等效力。县级以上人民政府应当整合食品检验资源，实现资源共享。这是针对我国食品安全监管实际问题作出的回应，目前很多地方，特别是中西部地区的监管机构在检验检疫能力和设备方面还是比较欠缺的，需要及时整合食品检验的资源，实现资源的共享。

此外，从抽检来看，县级以上人民政府食品安全监督管理部门应当对食品进行定期或不定期的抽样检验，并依据有关规定公布检验结果，不得免检。进行抽样检验时，应当购买抽取的样品，委托符合《食品安全法》规定的食品检验机构进行检验，并支付相关的费用；不得向食品生产经营者收取检验费和其他费用。

《食品安全法》对于检验人的义务有非常明确的法律规定：检验人应当依照相关法律、法规的规定，并按照食品安全标准和检验规范对于食品进行检验，尊重科学，恪守职业道德，保证出具的检验数据和结论客观、公正，不得出具虚假检验报告；对于因食品安全违法行为受到刑罚的，终身禁止从事食品检验业务。

《食品安全法》对于企业的相应权利也作了详细的规定：对依照本法规定实施的检验结论有异议的，食品生产经营者可以自收到检验结论之日起7个工作日内，向实施抽样检验的食品安全监督管理部门或者上一级食品安全监督管理部门提出复检申请，由受理复检申请的食品安全监督管理部门在公布的复检机构名录中随机确定复检机构进行复检。复检机构出具的复检结论就是最终的检验结论，复检机构与初检机构不得为同一个机构。复检机构的名录由国务院认证认可监督管理、食品安全监督管理、卫生行政、农业行政部门共同来确定。对于采用国家规定的快速检测方法对食用农产品进行初次抽检，被抽查人对检测结果有异议的，可以自收到检测结果4个小时内申请复检，复检不得采用快速检测方法。

《食品安全法》对企业进行自行检验也作了相关的规定：食品生产企业可以自行对所

生产的食品进行检验，也可以委托符合本法规定的食品检验机构进行检验。委托第三方进行检验，是很多食品生产企业化解舆论危机、提升企业公信力的很重要的措施。

第三，信用监管制度。《食品安全法》规定，县级以上人民政府食品安全监督管理部门应当建立食品生产经营者食品安全信用档案，记录许可颁发、日常监督检查结果、违法行为查处等情况，依法向社会公布并实时更新；对有不良信用记录的食品生产经营者增加监督检查频次，对违法行为情节严重的食品生产经营者，可以通报投资主管部门、证券监督管理机构和有关的金融机构。

从这个制度的本质来看，这实际上是一种声誉处罚，而不仅仅是简单的监督。这样的监督对于企业相关的市场准入和资质许可具有捆绑效应，特别是对于突破实体产业、谋求资本运作的企业，更应让它们重视食品安全相关问题，确保食品安全。这里要特别注意一个问题，即规范负面信息的披露制度，要做到实时调整，以确保企业的商誉；同时进一步打造负面信息披露与正面信息激励的统一信息披露平台，这对企业具有双重意义和效果。

第四，对食品安全实行信息统一公布和舆论核实制度。《食品安全法》规定：国家建立统一的食品安全信息平台，实行食品安全信息统一公布制度。国家食品安全总体情况、食品安全风险警示信息、重大食品安全事故及其调查处置信息和国务院确定需要统一公布的其他信息由国务院食品安全监督管理部门统一公布。食品安全风险警示信息和重大食品安全事故及其调查处理的信息影响限于特定区域的，也可以由有关省、自治区、直辖市人民政府食品安全监督管理部门公布。特别注意的是，未经授权不得发布上述信息。《食品安全法》同时规定：县级以上人民政府食品安全监督管理、农业行政部门依据各自职责，公布食品安全日常监督管理信息。公布食品安全信息应当做到准确、及时，并进行必要的解释说明，避免误导消费者和社会舆论。县级以上人民政府食品安全监督管理部门发现可能误导消费者和社会舆论的食品安全信息，应当立即组织有关部门、专业机构、相关食品生产经营者等进行核实、分析，并及时公布结果。这就要求加强对舆情的监控，如果出现了有可能误导消费者和社会舆论的食品信息，要及时作出反应，及时澄清。

第五，食品安全监管人员的培训考核制度。县级以上人民政府食品安全监督管理等部门应当加强对执法人员食品安全法律、法规、标准和专业知识与执法能力等的培训，并组织考核，不具备相应知识和能力的，不得从事食品安全执法工作。食品安全监管具有一定的专业性，所以说没有相应的知识和能力的，不能从事食品安全执法工作，这也是对监管人员监管能力的保证基础。

## 第四节 监督管理制度

为了切实加强食品安全的监督管理工作，我国围绕食品安全生产经营的全过程，跟踪食品安全链条的关键环节和风险因素，建立了严格的事前、事中、事后监管制度。事前监管制度主要涵盖食品生产经营许可、特殊食品审批等。事中监管制度主要涵盖食品生产经营企业风险分级管理、食品生产经营监督检查。事后监管制度主要涵盖食品安全监督抽检与风险监测、约谈、违法行为查处等。基于此，关于最严格的监管制度可从以下几个方面来理解。

### 一、主体准入制度

2018 年《食品安全法》规定：国家对食品生产经营实行许可制度，从事食品生产、食品销售、餐饮服务，应当依法取得许可，但是销售食用农产品不需要取得许可。县级以上地方人民政府食品安全监督管理部门应当依照《行政许可法》的规定，审核申请人提交的《食品安全法》第 33 条第 1 款第 1 项至第 4 项规定要求的相关资料，必要时对申请人的生产经营场所进行现场核查：对符合规定条件的，准予许可；对不符合规定条件的，不予许可并书面说明理由。需要指出的是，在“放管服”的行政改革下，2021 年 4 月 29 日第十三届全国人大常委会第二十八次会议通过了《全国人民代表大会常务委员会关于修改〈中华人民共和国道路交通安全法〉等八部法律的决定》。根据修订后的《食品安全法》，“国家对食品生产经营实行许可制度。从事食品生产、食品销售、餐饮服务，应当依法取得许可。但是，销售食用农产品和仅销售预包装食品的，不需要取得许可。仅销售预包装食品的，应当报所在地县级以上地方人民政府食品安全监督管理部门备案”。据此，仅销售预包装食品为无须取得许可的经营事项。

另外，国家对食品添加剂生产实行许可制度。从事食品添加剂生产，应当具有与所生产食品添加剂品种相适应的场所、生产设备或者设施、专业技术人员和管理制度，并依照《食品安全法》第 35 条第 2 款规定的程序，取得食品添加剂生产许可。生产食品添加剂应当符合法律、法规和食品安全国家标准。

### 二、产品准入制度

从产品准入来看，《食品安全法》对特殊食品注册管理制度作了详细的规定。《食品安全法》要求：使用保健食品原料目录以外原料的保健食品和首次进口的保健食品，应当经国务院食品安全监督管理部门注册。但是首次进口的保健食品中属于补充维生素、矿物质等营养物质的，应当报国务院食品安全监督管理部门备案，其他保健食品应当报省、自治区、直辖市人民政府食品安全监督管理部门备案。同时，《食品安全法》规定进口的保健食品应当是出口国（地区）主管部门准许上市销售的产品。

《食品安全法》规定：对于依法应当注册的保健食品，注册时应当提交保健食品的研发报告、产品配方、生产工艺、安全性和保健功能评价、标签、说明书等材料及样品，并提供相关证明文件。国务院食品安全监督管理部门经组织技术审评，对符合安全和功能声称要求的，准予注册；对不符合要求的，不予注册并书面说明理由；对使用保健食品原料目录以外原料的保健食品作出准予注册决定的，应当及时将该原料纳入保健食品原料目录。

《食品安全法》规定：对于特殊医学用途配方食品，应当经国务院食品安全监督管理部门注册。注册时，应当提交产品配方、生产工艺、标签、说明书以及表明产品安全性、营养充足性和特殊医学用途临床效果的材料。特殊医学用途配方食品广告适用《广告法》和其他法律、行政法规关于药品广告管理的规定。

《食品安全法》规定：对于婴幼儿的配方食品，相关生产企业应当实施从原料进厂到成品出厂的全过程质量控制，对出厂的婴幼儿配方食品实施逐批检验，保证食品安全。生产婴幼儿配方食品使用的生鲜乳、辅料等食品原料、食品添加剂等，应当符合法律、行政法规的规定和食品安全国家标准，保证婴幼儿生长发育所需的营养成分。婴幼儿配方食品生产企业应当将食品原料、食品添加剂、产品配方及标签等事项向省、自治区、直辖市人民政府食品安全监督管理部门备案。婴幼儿配方乳粉的产品配方应当经国务院食品安全监督管理部门注册。注册时，应当提交配方研发报告和其他表明配方科学性、安全性的材料。同时，《食品安全法》规定，不得以分装方式生产婴幼儿配方乳粉，同一企业不得用同一配方生产不同品牌的婴幼儿配方乳粉。

## 三、原料准入制度

关于原料的准入，实行食品原料管理制度。《食品安全法》对以下几方面的原料准入制度作了规定：一是既是食品又是中药材的原材料的管理制度。生产经营的食品中不得添加药品，但是可以添加按照传统既是食品又是中药材的物质。这些物质的目录由国务院卫生行政部门会同国务院食品安全监督管理部门来制定和公布。二是新食品原料、食品添加剂和食品相关产品新品种的审查制度。利用新的食品原料生产食品，或者生产食品添加剂新品种、食品相关产品新品种，应当向国务院卫生行政部门提交相关产品的安全性评估材料。国务院卫生行政部门应当自收到申请之日起60日内组织评审，对符合食品安全要求的，准予许可并公布；对不符合食品安全要求的，不准予许可并书面说明理由。三是保健食品原料目录和功能目录管理制度。保健食品声称的保健功能，应当具有科学依据，保健食品不得对人体产生急性、亚急性或者慢性危害。保健食品原料目录和允许保健食品声称的保健功能目录，由国务院食品安全监督管理部门会同国务院卫生行政部门、国家中医药管理部门制定、调整并公布。保健食品原料目录应当包括原料名称、用量及其对应的功效。列入保健食品原料目录的原料只能用于保健食品生产，不得用于其他食品生产。

## 四、 食品生产经营者的主体责任与自我规制

《食品安全法》规定，食品生产经营者对其生产经营食品的安全负责。据此，食品生产经营者应当依照法律、法规和食品安全标准从事生产经营活动，保证食品安全，诚信自律，对社会和公众负责，接受社会监督，承担社会责任。这一修订和制度安排体现了我国《食品安全法》在理念上已从政府单方面监管转向了“企业作为第一责任人”和“社会共治”，并设计了大量有中国特色的自我规制手段，包括：一是直接针对最为重要的食品企业要求，建立标准、加强环境建设，实施危害分析与关键控制点体系，开展自我追溯、发现可能危害人体健康的问题时召回食品等。二是针对行业协会与企业的合作规制，如食品行业协会应当加强行业自律，依照章程建立健全行业规范和内部奖惩机制，提供食品安全信息、技术等服务。三是通过合同的自我规制，也就是通过合同的手段，要求平等主体之间强制性地约定确保食品安全的特殊义务和责任条款，通过执行合同、惩罚违约者来实现企业的自我规制。例如，集中交易市场的开办者、柜台出租者和展销会举办者，应当依法审查入场食品经营者的许可证，明确其食品安全管理责任，定期对其经营环境和条件进行检查，发现其有违反《食品安全法》规定行为的，应当及时制止并立即报告所在地县级人民政府食品安全监督管理部门。

此外，对于直接负责的主管人员和直接责任人的责任，《食品安全法》也作了明确界定：食品生产经营企业应当建立健全食品安全管理制度，对职工进行食品安全知识培训，加强食品检验工作，依法从事食品生产经营活动。食品生产经营企业的主要负责人应当落实企业食品安全管理制度，对本企业的食品安全工作全面负责。食品生产经营企业应当配备食品安全管理人员，加强对其培训和考核，经考核不具备食品安全管理能力的，不得上岗。食品安全监督管理部门应当对企业食品安全管理人员随机进行监督抽查考核

并公布考核情况，监督抽查考核不得收取费用。另外，《食品安全法》对于食品经营者提出了建立并执行从业人员健康管理制度的要求，特别是患有国务院卫生行政部门规定的有碍食品安全疾病的人员，不得从事接触直接入口食品的工作，从事接触直接入口食品工作的食品生产经营人员应当每年进行健康检查，取得健康证明后方可上岗工作。

### 五、食品安全的全程控制制度

这一制度安排明确了食品生产、销售、储存、运输以及餐饮服务、食用农产品销售等环节食品安全过程控制的管理制度和要求，增设网络食品交易管理、食品安全全程追溯等制度，进一步强化食品安全生产经营者主体责任、地方政府和监管部门的责任。《食品安全法》第 46 条规定，食品生产企业对下列事项制定并实施控制要求，确保生产的食品符合食品安全标准：（1）原料采购、原料验收、投料等原料控制；（2）生产工序、设备、贮存、包装等生产关键环节控制；（3）原料检验、半成品检验、成品出厂检验等检验控制；（4）运输和交付控制。

另外，在环境监控方面，环境建设是落实企业第一责任的基础和前提。《食品安全法》具体设计了关于生产经营、生产食品、生产场所、卫生环境、设备设施、食品安全专业技术人员、管理人员和规章制度、合理的设备布局和工艺流程、培训考核和健康管理等制度。《食品安全法》第 33 条对于食品生产经营者应当符合的食品安全标准作出了非常详细的规定，这是执法过程中一个重要的依据，它明确了全过程的查验制度，规定生产、加工、储运、销售、餐饮各个企业对于上一阶段食品安全的查验制度。第 51 条规定了食品生产企业应当建立食品出厂检验记录制度，查验出厂食品的检验合格证和安全状况，检验合格后方可出厂或销售。食品经营者采购食品应当查验供货者的许可证和食品出厂检验合格证或者其他合格证明；实行统一配送经营方式的食品经营企业，可以由企业总部统一查验供货者的许可证和食品合格证明文件，进行食品进货查验记录。

国家鼓励食品生产经营者采用信息化的手段采集、留存生产经营信息，建立食品的追溯体系。当前整个追溯体系有不同的层面，国家、企业层面都有，很多企业正在采取一些现代化信息化手段建立可追溯体系。可追溯体系的建立，本质上并非政府的义务，而是企业控制风险点、明确责任的要求，是企业的一个加分项。

## 第五节 法律责任制度

《食品安全法》的制定、修改和规范配套不断强化食品安全责任追究的多元模式。食品安全的责任有多种，包括法律责任、政治责任、组织责任、社会道德责任，在《食品安全法》实施过程中，主要强调对行政责任、刑事责任、民事责任等法律责任的追究。《食品安全法》中法律责任的体系性和严格化体现为行政责任、刑事责任和民事责任的多管齐下。

## 一、行政处罚

从行政处罚种类来看，《食品安全法》对用非食用原料生产食品等严重违法行为，规定了行政拘留的手段，通过公安机关对责任人处以限制人身自由的行政处罚，增加违法成本，形成有效威慑。规定行政拘留，为查处食品违法案件、加大违法行为打击力度，提供了更明确、更有力的指引。从实施行政拘留的范围来看，《食品安全法》第123条所列的六种情形，都是我国目前食品安全领域存在的比较突出的问题，行为人主观恶意较大，一般处罚难以制止这样的行为，所以要采取更有效的措施。例如，对食品生产经营者在一年内累计三次因违反食品安全法规定受到责令停产停业、吊销许可证以外处罚的，规定由执法部门责令停产停业，直至吊销许可。这是比较严重的行政处罚。

作为处罚到人的制度，《食品安全法》第135条规定，被吊销许可证的食品生产经营者及其法定代表人、直接负责的主管人员和其他直接责任人员自处罚决定作出之日起5年内不得申请食品生产经营许可，或者从事食品生产经营管理工作、担任食品生产经营企业食品安全管理人员。因食品安全犯罪被判处有期徒刑以上刑罚的，终身不得从事食品生产经营管理工作，也不得担任食品生产经营企业食品安全管理人员。《食品安全法》的这一规定，属于行政处罚种类中的资格罚。这一规定中的"终身禁业"、较长禁业期限，对于严惩食品安全违法行为非常必要。但是，《食品安全法》中未能规定对企业负责人的罚款。相应地，《食品安全法实施条例》第75条规定，食品生产经营企业等单位有食品安全法规定的违法情形，除依据食品安全法的规定给予处罚外，存在"故意实施违法行为"、"违法行为性质恶劣"或者"违法行为造成严重后果"这三种情形之一的，还要对违法单位的法定代表人、主要负责人、直接负责的主管人员和其他有直接责任人员处以其上一年度从本单位取得收入的1倍以上10倍以下罚款。

设立"罚款到人"制度的目的在于，在企业负责人对企业所实施的食品安全违法行为负有责任的情况下，除对企业进行处罚外，对企业负责人处以一定力度的罚款，一方面，是使个人承担法律责任的表现，另一方面，达到惩戒的效果，使食品生产经营企业负有责任的个人能够真正履行自己的法律职责。

## 二、刑事责任

《食品安全法》分别规定食品生产经营者、监管人员、检验人员等主体违法行为构成犯罪的，依法追究刑事责任。对发现的食品安全违法行为，首先要判断是否构成刑事犯罪，构成犯罪的，直接移交公安机关进行侦查。所以这里还要建立行政责任与刑事责任的双向转化程序，即所谓的行刑衔接，食品安全监管部门对于涉嫌犯罪的人，必须经过初步证据判断后，交由公安机关追究刑事责任。对于不构成犯罪的，公安机关有义务将案件移交食品安全监管部门以追究行为人的行政责任。

从现有的司法判决来看，构成生产、销售有毒、有害食品罪，生产、销售不符合食品安全标准的食品罪，非法经营罪等的案件占据的数量相对较多，在日常食品安全监管工作中也较容易发现相关线索，所以说行刑衔接是非常有必要的。基于《食品安全法》的规定，行刑衔接机制方面的特点有：一是由原来的线索通报变为线索移送；二是既有行政和刑事的衔接，也有刑事和行政的衔接，也就是双向的行刑衔接；三是案件线索移送的范围和标准进一步明确；四是公安机关侦办进一步强化，刑法的打击作用更为突出；五是监管部门与司法部门的配合更加紧密。

## 三、民事责任

一是针对民事责任，《食品安全法》明确建立首负责任制。所谓的首负责任制是指消费者因不符合食品安全生产标准的食品导致损害的，可以向经营者要求赔偿损失，也可以向生产者要求赔偿损失。接到消费者赔偿要求的生产者或经营者，应当实行首负责任制，先行赔付，不得推诿；属于生产者责任的，经营者赔偿后有权向生产者追偿；属于经营者责任的，生产者赔偿后有权向经营者追偿。这明显加大了对消费者权利的保障，因为在生产、经营者面前，消费者相对弱势。

二是完善了消费者在法定情形下可以要求 10 倍价款或者 3 倍损失的惩罚性赔偿金制度。《食品安全法》第 148 条规定，生产不符合食品安全标准的食品或者经营明知是不符合食品安全标准的食品，消费者除要求赔偿损失外，还可以向生产者或者经营者要求支付价款 10 倍或者损失 3 倍的赔偿金；增加赔偿的金额不足 1 000 元的，为 1 000 元。这里有一个但书，即食品的标签、说明书存在不影响食品安全且不会对消费者造成误导的瑕疵的除外。

惩罚性赔偿从立法的原意上来讲，是为了避免出现所有人都不关注食品安全，导致

“公地悲剧”的情况，希望消费者都能参与到食品安全监管的工作中来。但在实施的过程中，它又可能催生了一个专门面向食品领域惩罚性赔偿的产业：职业索赔。这也是监管部门目前遇到的突出问题。首先，职业索赔投诉举报的数量已经引起复议、诉讼数量明显上升。其次，职业索赔主要集中在比如城区商场、超市这样一些区域。最后，职业索赔往往以食品、产品标识为主要投诉举报内容，目前还延伸到了网络购物等业态。

## 四、其他责任安排

《食品安全法》在责任设定上注重政府责任、企业责任和第三方机构责任相结合的责任体系，尤其注重加大地方政府负总责的力度。为此，《食品安全法》施加给地方政府很多责任，包括相应的问责，例如：在完善食品安全事故处理的基本程序中，详细规定了地方政府主要负责人应当引咎辞职的情形；设置了监管的“高压线”，对有隐瞒、谎报、缓报重大食品安全事故等三种行为的，直接给予开除处分；对认证机构、检验机构、鉴定机构及其人员的违法行为进行处罚和追责等。

此外，责任连带机制也是责任体系的一个重要内容，主要包括以下几个方面。

第一，未取得食品生产经营许可证从事食品生产经营活动，或未取得食品添加剂生产许可证从事食品添加剂生产活动的；明知从事前述违法行为，仍为其提供生产经营场所或其他条件，使消费者合法权益受到损害的，应当与食品、食品添加剂生产经营者承担连带责任。对这个规定，有很多限定。比如在执法、司法过程中，往往会强调一些要件，如这里出现的“明知”，“明知”在法律上很难表述，因此有各种认定：一是“明知”就是长期、专门从事食品加工销售，不依法履行食品安全主体责任；二是“明知”是以明显低于市场价格销售或者购进原料；三是“明知”是加工销售不合格食品被发现后转移、毁灭物证或者提供虚假证明；四是“明知”是曾因违反食品安全法受过刑事或者行政处罚，又实施同类违法犯罪行为。

第二，检验机构出具虚假报告的，与食品生产经营者承担连带责任。质言之，食品检验机构出具虚假检验报告，使消费者的合法权益受到损害的，应当与食品生产经营者承担连带责任。

第三，认证机构出具虚假结论的，与食品生产经营者承担连带责任。同上，食品认证机构出具虚假认证结论，使消费者的合法权益受到损害的，应当与食品生产经营者承担连带责任。

第四，网络食品交易第三方平台未对入网经营者实行实名登记，查验食品许可证或者未履行报告、停止提供网络交易平台服务等义务，使消费者合法权益受到损害的，应当与食品经营者承担连带责任。目前，网络食品交易、网络餐饮在市场中占据的额度越来越大，《食品安全法》在与时俱进的修订中也对网络食品交易第三方平台的义务作了相关规定：一是登记义务：应当对于网络食品经营者进行实名登记，明确食品安全管理责任，依法应当取得食品生产经营许可的，还应当审查其许可证。二是检查义务：网络食品交易第三方平台提供者发现入网食品经营者有违反《食品安全法》规定行为的，应当及时制止并立即向县级以上人民政府食品监管部门报告；发现严重违法行为的，应当立即停止交易服务。三是网络食品交易第三方平台的赔偿责任，包括连带责任和独立责任。根据《食品安全法》第131条的明确规定，消费者通过网络食品交易第三方平台购买食品，其合法权益受到损害的，可以向入网食品经营者或者食品生产者要求赔偿。网络食品交易第三方平台提供者不能提供入网食品经营者的真实名称、地址和有效联系方式的，由网络食品交易第三方平台提供者赔偿。网络食品交易第三方平台提供者赔偿后，有权向入网食品经营者或者食品生产者追偿。

第五，发布虚假广告的，要承担连带责任。食品广告的内容应当真实合法，不得含有虚假的内容，不得涉及疾病预防、治疗功能。食品生产经营者对食品广告内容的真实性、合法性负责。广告经营者、发布者设计、制作、发布虚假食品广告，使消费者的合法权益受到损害的，应当与食品生产经营者承担连带责任。

## 思考题

1. 我国食品安全风险管理的制度内容有哪些？
2. 我国食品安全国家标准体系有哪些子体系？
3. 我国食品安全行政监管体制是如何实现权威、统一的？
4. 我国食品安全监督管理制度如何体现事前、事中和事后的分工与合作？
5. 我国食品生产经营者不履行法定义务将面临哪些法律责任？

# 第八章
# 特定品类监管

**内容概述**

食品安全规制与治理的难点之一是食品种类复杂，且生产经营者的规模与能力差异大。因此，我国食品安全相关法律也基于监管经验、行业挑战等综合考虑，就特定食品的强化监管作出了制度安排：一是基于部门分工保留了食用农产品的产地与销地的分段监管并凸显农产品安全保障与质量提升的双重考虑。二是鉴于国际规则和我国国情，加强对进出口食品的监管。三是在问题导向下，不断加强对乳制品、保健食品的监管，并最终形成特殊食品这一特色制度。四是在数字经济和“互联网+监管”的互动发展中，对网络食品的监管重塑及时回应了领域挑战，也为其他领域内的包容审慎监管提供了共治经验。五是对小餐饮等小微业态的监管为长期存在的监管挑战，多元共治和技术创新都为对小餐饮等的治理提供了新的工具和路径。

**重点知识**

1. 食用农产品：农产品、农产品质量安全
2. 进出口食品：海关总署、源头治理、口岸监管、后续监管
3. 特殊食品：保健食品、特殊医学用途配方食品、婴幼儿配方食品
4. 网络食品：网络交易、平台责任
5. 小餐饮：餐饮服务、市场准入

## 引读案例

### 案例 1

生产者在制发豆芽过程中添加“无根水”（6-苄基腺嘌呤，以下简称“6-苄”）。作

为低毒性植物生长调节剂，“6-苄”的主要成分苄氨基嘌呤是农业部批准使用的农药品种。因缺少食品添加剂工艺必要性，“6-苄”被从《食品安全国家标准食品添加剂使用标准》(GB 2760—2011) 允许使用的食品添加剂名单中删除，不得再作为食品加工助剂生产经营和使用。实践中，有关部门认为对继续使用该物质制发豆芽的行为应依法惩处，但是，因为认识不同引发了争议。例如，豆芽属于食品还是食用农产品，豆芽制发属于食品加工还是农业种植，对豆芽及豆芽制发是适用《食品安全法》还是《农产品质量安全法》予以监管，“6-苄”是否属于“有毒有害的非食品原料”或者“禁用农药”、“其他有毒有害物质”，等等。[①]

**案例2**

2017年9月，广东省广州市食品药品监管局查实广州市恒元堂健康管理有限公司存在利用会议营销形式，未经许可非法从事保健食品销售行为，涉案产品货值金额为10万元。该局依据《食品安全法》第122条第1款等规定，对当事人给予行政处罚：(1) 没收违法经营的食品；(2) 没收违法所得1.3万元；(3) 罚款160.2万元。[②]

**案例3**

2021年1月27日，株洲市石峰区市场监督管理局接到株洲市石峰区人民检察院“检察建议书”，反映某订餐网络平台上入网餐饮服务提供者某小吃店未将其食品经营许可证与量化分级信息在平台进行公示。后株洲市石峰区市场监督管理局查明该店在某平台上公示的信息与实际情况不相符。平台未对入网餐饮服务提供者的食品经营许可证进行实地审查，致使入网餐饮服务提供者食品经营许可证载明的经营场所虚假的行为，违反了《网络餐饮服务食品安全监督管理办法》的相关规定，株洲市石峰区市场监督管理局依法责令当事人如实登记入网餐饮服务提供者的许可信息，并没收违法所得349元，处罚款50 000元。[③]

---

## 第一节 食用农产品监管

改革开放四十多年以来，农业产业生产总值在国民经济生产总值中的份额逐步下降，但是，农业在整个国民经济和社会发展中仍然具有十分重要的基础性地位。中国是世界

① 本案例根据网络报道整理而成。

② 2017年食品药品监管总局公布的10起食品保健食品和虚假宣传典型案例之一。

③ 株洲市市场监管局2021年度食品安全十大典型案例之一。

上人口最多的国家，解决食品供给有特别重要的意义。因此，新中国成立以来，我国农业发展的首要任务就是促进农产品数量增长，解决广大人民的温饱问题。我国农产品实现了从供不应求到总量基本平衡、丰年有余的历史性跨越，这些都在客观上为农产品质量安全问题的解决创造了物质前提。至此，我国对农产品安全的关注逐步转移到产品质量上，即食品安全的重点由数量安全转移到质量安全。农产品质量安全是人类生存的重要基础，是提高农产品市场竞争力、农业增效、农民增收的迫切需要。农产品质量安全水平是一国农业产业发展水平的重要指标，是反映人民生活质量水平和国家文明程度的重要标志。

进入新时代，我国农业和农村经济发生了深刻变化，我国农业和农产品质量安全事业进入了新的发展阶段，农产品质量安全水平总体向好，但仍然存在个别农产品药物残留超标、违禁物质非法添加等问题，严重威胁到人民群众的生命健康和财产安全，与人民对美好生活的向往还存在一定差距。此外，我国是农产品出口大国，农产品出口对农村经济、农民增收起到了重要推动作用。农产品质量安全水平是影响出口农产品国际竞争力的重要因素之一。

## 一、 农产品、农产品质量安全与农产品质量安全法的概念

根据《中国大百科全书》（农业）的解释，农产品具有广义与狭义两重概念。广义的农产品包括农作物、畜产品、水产品和林产品，狭义的农产品仅指农作物和畜产品。《农产品质量安全法》第 2 条第 1 款规定，本法所称农产品是指源于种植业、林业、畜牧业和渔业等的初级产品，即在农业活动中获得的植物、动物、微生物及其产品。在认定一些处于初级加工农产品和食品临界的产品时，该立法定义容易引起理解上的差异，因此在执法实践中，农产品质量安全监管部门与食品安全监管部门通过部门协商和目录制作方式对农产品或食品进行认定。

农产品质量安全是指农产品质量符合保障人的健康、安全的要求。农产品质量既包括涉及人体健康、安全的质量要求，也包括涉及产品的营养成分、口感、色香味等非安全性的一般指标。需要由法律规范、实行强制监管保障的，主要是农产品质量中的安全性要求，因此保障农产品的食用安全是农产品质量安全法的核心目的。农产品的非安全性的质量指标，主要通过政策的引导、扶持和政府部门的指导、帮助，以及优质优价、优胜劣汰的市场机制实现，从而引导生产者提高农产品质量，满足消费者的更高或特殊需求。

农产品质量安全法即规范农产品质量安全保障和农产品质量责任的法律规范的总称。

狭义的农产品质量安全法即《农产品质量安全法》。广义的农产品质量安全法，除包括《农产品质量安全法》以外，还包括一系列与农产品质量安全相关的专门性法律规范和综合性法律规范中涉及农产品质量安全的制度，例如《动物防疫法》（1997 年通过，2021 年修订）、《生猪屠宰管理条例》（1997 年发布，2021 年修订）、《兽药管理条例》（2004 年发布，2020 年修订）、《饲料和饲料添加剂管理条例》（1999 年发布，2017 年修订）、《农药管理条例》（1997 年发布，2022 年修订），以及《食品安全法》中对食用农产品的监管制度、《刑法》有关食品安全犯罪的规定等。此外，地方立法也是农产品质量安全法律体系的重要组成部分。

## 二、《农产品质量安全法》的立法背景和发展历程

在《农产品质量安全法》之前，针对农产品质量问题的法律规范较为零散，如《农药管理条例》《兽药管理条例》《饲料和饲料添加剂管理条例》《无公害农产品管理办法》《肥料登记管理办法》等。这些法律规范初步构建了农产品质量安全法律制度，但此类规范至少有两个方面的缺陷：（1）立法层次低。除少量的行政法规外，大部分为行政规章及其他规范性文件。（2）系统性差。缺少一个统领各法规的农产品质量基本法律，容易导致执法冲突、稳定性差等弊病。规制农产品质量安全的法律规范与农产品质量本身的重要性极不相称。

2006 年 4 月 29 日，第十届全国人大常委会第二十一次会议通过了《农产品质量安全法》，该法自 2006 年 11 月 1 日起施行。该法的颁布实施，有利于保障农产品质量安全，保护公众健康，增强农产品竞争力，促进农产品出口贸易，实现农民增收和农业可持续发展。与我国农产品质量安全相关的立法还有《食品安全法》《农业法》《环境保护法》《动物防疫法》《进出境动植物检疫法》《畜牧法》《渔业法》《生猪屠宰管理条例》《农药管理条例》《兽药管理条例》等。

《农产品质量安全法》的制定和实施，对于推动农产品质量安全领域体制、机制创新，促进农业领域依法行政，保障农产品质量安全水平起到了重要作用。随着我国社会经济的快速发展，我国农产品质量安全工作仍面临不少困难和挑战，风险隐患依然存在，农产品质量安全事件时有发生；法律处罚力度偏小，违法成本低，违法犯罪行为难以得到应有的惩戒；与《食品安全法》等法律法规还存在衔接上等诸多问题，亟须修订《农产品质量安全法》。

2014 年农业部办公厅发布关于征集《农产品质量安全法》修改意见的函，随后组织开展了广泛调研和专题研究，形成了修订草案初稿。2018 年，全国人大常委会对《农产

品质量安全法》进行了执法检查，提出加快修订农产品质量安全法律法规的监督意见。同年 11 月，专门成立了以分管部领导为组长的修法领导小组，加快对修订草案进行修改、完善。2019 年 6 月 18 日，农业农村部向社会公开《农产品质量安全法修订草案（征求意见稿）》，并先后向中央机构编制委员会办公室、国家发展和改革委员会等 16 个部门征求意见，对反馈意见进行采纳、吸收。同年 10 月，经农业农村部常务会议审议通过并由部领导审签，正式向国务院报送了修订草案送审稿。

2021 年 9 月 1 日，国务院总理李克强主持召开国务院常务会议，通过《中华人民共和国农产品质量安全法（修订草案）》。草案全面落实食品药品安全“四个最严”要求，进一步加强农产品生产经营全过程管控；明确生产经营者主体责任、地方政府属地责任和相关部门监管责任；建立食用农产品质量安全追溯制度；完善监督措施，强化问责执法，大幅提高对违法违规行为的惩处力度。会议决定将草案提请全国人大常委会审议。2022 年 9 月 2 日，第十三届全国人大常委会第三十六次会议通过了新修订的《中华人民共和国农产品质量安全法》，该法自 2023 年 1 月 1 日起施行。

## 三、 农产品质量安全保障制度

### （一）农产品质量安全标准制度

农产品质量安全标准是指依照有关法律、行政法规的规定制定和发布的农产品质量安全强制性技术规范，一般是指规定农产品质量要求和卫生要求，以保障人的健康、安全的技术规范和要求，如农产品中农药、兽药等化学物质的残留限量，农产品中重金属等有毒有害物质的允许量，致病性寄生虫、微生物或者生物毒素的规定，对农药、兽药、添加剂、保鲜剂、防腐剂等化学物质的使用规定等。农产品质量安全标准包括两个方面：一是农产品质量和卫生方面的限量要求，二是保障人的健康、安全的生产技术规范和检验检测方法。农产品质量安全标准，是农产品质量安全监管的重要执法依据，也是支撑和规范农产品生产经营的重要技术保障。

《农产品质量安全法》第 16 条规定，国家建立健全农产品质量安全标准体系。农产品质量安全标准，特别是安全限量标准，具有很强的约束性。标准制定的程序、方法必须符合科学性、适应性、可靠性的要求。农产品质量安全标准应当体现安全与发展的价值平衡，农产品质量安全标准首先应当满足保障人体健康和安全的基本要求，同时也要有利于产业发展和环境安全。为保证农产品质量安全标准制定的科学性和适应性，我国《农产品质量安全法》明确规定，制定农产品质量安全标准，应当充分考虑农产品质量安全风险评估结果，并广泛听取农产品生产者、销售者和消费者的意见。农业农村部为规范和推进标准的制定、修改，相继出台了《农业标准化管理办法》《食品中农药残留风险评估指南》等制度规范，对标准的规划、计划、立项、起草、征求意见、审查、批准、发布、出版、复审等环节工作作出了明确的规定和要求。

目前我国已经形成由国家标准、行业标准、地方标准、企业标准构成的农产品质量安全标准体系，内容包括农产品产地环境、农业投入品、生产规范、产品质量、安全限量、检测方法、包装标识、储存运输等方面，贯通了从农产品生产经营到农产品质量安全监管的全过程。农产品质量安全标准体系在保障农产品质量安全中发挥了重要的基础性作用。

### （二）农产品质量安全风险评估制度

相较于《食品安全法》，《农产品质量安全法》对风险管理的规定较为粗陋，尚未形成内容全面的风险管理制度。《农产品质量安全法》第 14、15 条规定，国务院农业农村主管部门应当设立农产品质量安全风险评估专家委员会，对可能影响农产品质量安全的潜在危害进行风险分析和评估；应当根据评估结果采取相应措施，将结果及时通报国务院有关部门和有关省、自治区、直辖市人民政府农业农村主管部门。农产品质量安全风险评估结果是制定农产品质量安全标准应充分考虑的重要依据。修订后的《农产品质量安全法》丰富和强化了农产品质量安全风险管理制度，建立包括风险监测、风险评估、风险交流的完整的风险分析制度框架。

### （三）农产品产地安全管理制度

农产品生产是自然生命有机体的生长发育过程，受到生产环境的水、土、气和光、温、热等影响，农产品质量受产地环境的影响十分明显。农产品产地是指植物、动物、微生物及其产品生产的相关区域。农产品产地安全，是指农产品产地的土壤、水体和大气环境质量等符合生产质量安全农产品的要求。加强农产品产地管理，可从源头上控制农产品生产，保障农产品质量安全。农产品产地管理制度即规范农产品产地基本要求、农产品基地建设和农产品产地环境保护的法律制度，其目的在于改善产地条件，保障产地安全，进而保障农产品质量安全。

根据《农产品质量安全法》和《农产品产地安全管理办法》，农产品产地管理制度旨在加强产地管理，改善产地环境，保障产地安全，具体包含农产品产地监测制度、划定禁止生产区制度、产地环境保护制度等。农产品产地监测制度通过设定国家和省级监测点，对农产品产地安全实施动态监测，健全农产品产地安全监测档案。划定禁止生产区制度通过划定农产品禁止生产区，禁止在有毒有害物质超过标准的区域生产、捕捞、采集食用农产品和建立农产品生产基地。在产地环境保护方面，应当推广清洁生产技术和方法，发展生态农业。农产品生产者应当合理使用化肥、农药、兽药、农用薄膜等化工产品，防止对农产品产地造成污染。禁止违反法律、行政法规的规定向农产品产地排放或者倾倒废水、废气、固体废物或者其他有毒有害物质；禁止在农产品产地堆放、贮存、处置工业固体废物等。

《农产品质量安全法》调整了划定禁止生产区制度，提出特定农产品严格管控区概念。特定农产品严格管控区是根据农产品品种特性和产地安全调查、监测和评价结果，由县级以上农业农村主管部门会同同级生态环境、自然资源等部门按照保障农产品质量安全的要求，提出建议方案并由同级人民政府批准的特定区域。在特定农产品严格管控区内，禁止生产、捕捞、采集特定农产品和建立特定农产品生产基地。

### （四）农产品生产管理制度

安全的农产品是“产出来”的，也是“管出来”的。农产品质量安全应当坚持“产管并重”，明确农产品生产中的生产者与政府监管部门的职责。农产品质量安全主管部门应当制定保障农产品质量安全的生产技术要求和操作流程。严格的要求有利于农产品生产的标准化和规范化，从而实现农产品质量安全。国务院农业行政主管部门和省、自治区、直辖市人民政府农业行政主管部门应当制定保障农产品质量安全的生产技术要求和操作流程，并加强对农业生产的指导，强化技术推广和服务。

农业投入品监管是农产品质量安全管理的“牛鼻子”。农业投入品是指在农产品生产过程中使用或添加的物质，包括农药、兽药、种子种苗、化肥、农膜等农用生产资料。农业投入品的使用是影响农产品质量安全的重要因素，应加强农业投入品生产许可和监督检查。同时，县级以上人民政府农业行政主管部门应当加强对农业投入品使用的管理和指导，建立健全农业投入品的安全使用制度。而作为使用农业投入品的主体即农产品生产者，包括农产品生产企业、农业专业合作经济组织、其他农产品生产组织和个人，应当履行合理使用的义务，不在农产品生产过程中使用国家明令禁止使用的农业投入品，严格执行农业投入品使用安全间隔期或者休药期的规定，防止危及农产品质量安全。违反农业投入品使用要求造成食品安全、环境污染等事故或其他损失的，责任主体应承担赔偿责任；构成犯罪的，应当依法承担刑事责任。

《农产品质量安全法》第 27 条规定，农产品生产企业、农民专业合作社、农业社会化服务组织应当建立农产品生产记录，如实记录使用农业投入品的名称、来源、用法、用量和使用、停用的日期，动物疫病、农作物病虫草害的发生和防治情况，收获、屠宰或者捕捞的日期。同时国家鼓励其他农产品生产者建立农产品生产记录。农产品生产记录是农产品生产过程监管的重要组成部分，亦是实现食品、农产品全程可追溯的重要措施。

农产品生产者应当对其生产的农产品质量安全负责，通过自行检测、委托检测等方式对农产品质量安全状况进行检测，经检测不符合农产品质量安全标准的农产品，不得销售。考虑到我国农产品生产主体的检测能力和农民的负担状况，《农产品质量安全法》仅对农产品生产企业和农民专业合作经济组织提出了明确的检测要求，对于广大散户没有设定相关义务。但是这不意味着对一般农户生产的农产品质量安全就没有管理措施。《农产品质量安全法》第 12 条规定，农民专业合作社和农产品行业协会对其成员应当及时提供生产技术服务，建立农产品质量安全管理制度，健全农产品质量安全控制体系，加强自律管理。

### （五）农产品包装和标识管理制度

农产品的包装和标识管理是保障农产品质量安全的重要环节。农产品包装，是指为在产品运输、储存、销售等流通过程中保护农产品，按照一定技术要求采用的容器、材料和附着物。农产品包装是确保农产品质量合格和品质稳定的重要措施，不当的农产品包装可能成为导致农产品质量问题的原因。《农产品包装和标识管理办法》要求，农产品包装应当符合农产品储藏、运输、销售及保障安全的要求，便于拆卸和搬运。包装农产品的材料和使用的保鲜剂、防腐剂、添加剂等物质必须符合国家强制性技术规范要求；包装农产品应当防止机械损伤和二次污染。

农产品标识，是用来表达农产品生产信息、质量安全信息和消费信息的所有标示行为和结果的总称，可以用文字、符号、数字、图及相关说明物进行表达和标示。农产品标识有助于保护消费者的知情权和选择权，增强消费者对农产品的信任度，同时也便于农产品销售环节的监管、追溯等措施的实施。目前农产品标识主要包括农产品基本信息和产品质量标识。农产品基本信息包括品名、产地、生产者、生产日期、保质期、产品质量等级等内容。产品质量标识主要包括无公害食品标志、绿色食品标志、有机农产品标志和地理标志构成的“三品一标”。2016 年 7 月 22 日，农业部印发《关于开展食用农产品合格证管理试点工作的通知》，要求河北、黑龙江、浙江、山东、湖南、陕西六省先行开展主要食用农产品合格证管理试点工作。根据《食用农产品合格证管理办法（试行）》，食用农产品生产经营者应当开具合格证，食用农产品生产经营者销售食用农产品时应当附合格证。食用农产品的生产经营者应当对合格证的真实性负责，合格证开具的依据包括自检合格、委托检测合格、内部质量控制合格、自我承诺合格。预包装食用农产品应当将合格证放置在包装内或加贴在包装上，散装食用农产品合格证应当以运输车辆为单位，实行一车一证或一品一证。食用农产品合格证至少包括以下内容：产品的名称和重量、生产经营者信息、确保合格的方式、生产经营者盖章或签名、开具日期。由于食用农产品合格证制度在强化生产者主体责任方面发挥了重要作用，自2019年以来，农业农村部在全国试行食用农产品合格证制度。《农产品质量安全法》充分吸收了食用农产品合格证制度试点经验，规定了农产品承诺达标合格证。

《农产品质量安全法》和《农产品包装和标识管理办法》要求，农产品质量安全标识标注的内容应当准确、明了、显著，属于农业转基因生物的农产品应当按照有关规定进行标识，禁止冒用农产品质量安全标志。

### （六）农产品监督检查制度

农产品上市实施严格的市场准入和监督抽查制度。这是为了保障农产品消费者的消费安全，通过所设置的农产品质量安全标准和技术规范，将不符合质量安全要求的农产品阻挡于市场之外。《农产品质量安全法》第36条规定，有下列情形之一的农产品不得销售：含有国家禁止使用的农药、兽药或者其他化学物质，农药、兽药等化学物质残留或者含有的重金属等有毒物质不符合农产品质量安全标准，含有的致病性寄生虫、微生物或者生物毒素不符合农产品质量安全标准，未按照国家有关强制性标准以及其他农产品质量安全规定使用保鲜剂、防腐剂、添加剂、包装材料等，或者使用的保鲜剂、防腐剂、添加剂、包装材料等不符合国家有关强制性标准以及其他质量安全规定，其他不符合农产品质量安全强制标准的。

为了实施农产品质量安全监督检查，确保农产品质量安全，《农产品质量安全法》规定了农产品质量安全监测制度。农产品质量安全监测是指由县级以上人民政府农业行政主管部门组织有关农产品质量安全管理机构和农产品质量安全检测机构，对生产中或者在批发市场、农贸市场、配送中心、超市等销售的农产品进行监督管理时所开展的抽样检测，并按规定对检测结果进行处理和信息公布的活动。《农产品质量安全法》第46条规定，县级以上人民政府农业农村主管部门应当根据农产品质量安全风险监测、风险评估结果和农产品质量安全状况等，制定监督抽查计划，确定农产品质量安全监督抽查的重点、方式和频次，并实施农产品质量安全风险分级管理。第47条规定：县级以上人民政府农业农村主管部门应当建立健全随机抽查机制，按照监督抽查计划，组织开展农产品质量安全监督抽查。农产品质量安全监督抽查检测应当委托符合本法规定条件的农产品质量安全检测机构进行。监督抽查不得向被抽查人收取费用，抽取的样品应当按照市场价格支付费用，并不得超过国务院农业农村主管部门规定的数量。上级农业农村主管部门监督抽查的同批次农产品，下级农业农村主管部门不得另行重复抽查。

为进一步厘清农业行政主管部门与市场监督管理部门在食用农产品质量安全监管中

的职责，2014 年 10 月 31 日，原农业部、原国家食品药品监督管理总局印发《关于加强食用农产品质量安全监督管理工作的意见》。该意见明确，农业部门和食品药品监督管理部门共同建立以食用农产品质量合格为核心内容的产地准出管理与市场准入管理衔接机制。农业部门建立食用农产品产地准出制度，因地制宜地按照产品类别和生产经营主体类型，将“三品一标”质量标志、动植物病虫害检疫合格证明及规模化生产经营主体出具的食用农产品产地质量检测报告等质量合格证明作为食用农产品产地准出的基础条件；食品药品监督管理部门要建立与食用农产品产地准出制度相对接的市场准入制度，将查验农业行政主管部门认可的作为食用农产品产地准出基础条件的质量合格证明作为食用农产品进入批发、零售市场或生产加工企业的基本条件。

2023 年 6 月 30 日，国家市场监督管理总局发布《食用农产品市场销售质量安全监督管理办法》（简称《食用农产品市场销售管理办法》），明确国家市场监督管理总局负责监督指导全国食用农产品市场销售质量安全的监督管理工作。《食用农产品市场销售管理办法》规定了集中交易市场开办者、食用农产品销售者在食用农产品质量安全方面的具体义务，以便满足食用农产品从产地准出到市场准入的制度衔接，并回应食用农产品市场销售涌现的新模式及挑战。

集中交易市场是指销售食用农产品的批发市场和零售市场（含农贸市场）。集中交易市场开办者应当建立健全食品安全管理制度，督促销售者履行义务，加强食用农产品质量安全风险防控。集中交易市场开办者主要负责人应当落实食品安全管理制度，对本市场的食用农产品质量安全工作全面负责。集中交易市场开办者应当建立入场销售者档案，如实记录销售者名称或者姓名、社会信用代码或者身份证号码、联系方式、住所、食用农产品主要品种、进货渠道、产地等信息；应当查验并留存入场销售者的社会信用代码或者身份证复印件，食用农产品产地证明或者购货凭证、合格证明文件；应当建立食用农产品检查制度，对销售者的销售环境和条件以及食用农产品质量安全状况进行检查。销售者采购食用农产品，应当按照规定查验相关证明材料，不符合要求的，不得采购和销售。销售者应当建立食用农产品质量安全自查制度，定期对食用农产品质量安全情况进行检查，发现不符合食用农产品质量安全要求的，应当立即停止销售并采取整改措施；发现有发生食品安全事故潜在风险的，应当立即停止销售并向所在地县级食品药品监督管理部门报告。

修订后的《农产品质量安全法》吸纳了农产品质量安全承诺达标合格证制度。修订后的《食用农产品市场销售质量安全监督管理办法》第 9 条规定：从事连锁经营和批发业务的食用农产品销售企业应当主动加强对采购渠道的审核管理，优先采购附具承诺达标合格证或者其他产品质量合格凭证的食用农产品，不得采购不符合食品安全标准的食用农产品。对无法提供承诺达标合格证或者其他产品质量合格凭证的，鼓励销售企业进行抽样检验或者快速检测。除生产者或者供货者出具的承诺达标合格证外，自检合格证明、有关部门出具的检验检疫合格证明等也可以作为食用农产品的产品质量合格凭证。为了规范农产品质量安全承诺达标合格证管理工作，落实农产品生产经营主体责任，促进农产品产地准出与市场准入相衔接，保障农产品质量安全，农业农村部正在起草《农产品质量安全承诺达标合格证管理办法》。2023 年 10 月，该办法的征求意见稿已经向社会公开。

### (七) 农产品质量安全责任追究制度

严格的法律责任追究制度是法律实施效果的重要保障。为了确保农产品质量安全监管机构切实履行监管职责，农产品生产经营者积极履行农产品质量安全保障义务，农产品质量安全法确立了农产品质量安全责任追究制度。从责任主体角度划分，农产品质量安全责任分为农产品质量安全监管责任、农产品质量安全检测责任、农产品质量安全生产经营责任。从责任类型划分，农产品质量安全责任可以分为行政责任、民事责任和刑事责任。

**1. 农产品质量安全监管责任**

《农产品质量安全法》第 63 条规定，违反本法规定，县级以上人民政府农业农村等部门有下列行为之一的，对直接负责的主管人员和其他直接责任人员给予记大过处分；情节较重的，给予降级或者撤职处分；情节严重的，给予开除处分；造成严重后果的，其主要负责人还应当引咎辞职：（1）隐瞒、谎报、缓报农产品质量安全事故或者隐匿、伪造、毁灭有关证据；（2）未按照规定查处农产品质量安全事故，或者接到农产品质量安全事故报告未及时处理，造成事故扩大或者蔓延；（3）发现农产品质量安全重大风险隐患后，未及时采取相应措施，造成农产品质量安全事故或者不良社会影响；（4）不履行农产品质量安全监督管理职责，导致发生农产品质量安全事故。此种法律责任的主体具有特殊性，是具有农产品质量安全监督管理职责的人员。该类法律责任的承担方式主要是行政处分，责任主体违反农产品质量安全法律规定情节严重的，还可能被追究刑事责任，主要指向《刑法》规定的食品监管渎职罪等。

**2. 农产品质量安全生产经营责任**

按照生产流通的环节和生产经营活动划分，农产品生产经营者的农产品质量安全生产责任主要包括：违法使用农业投入品的法律责任，未按照规定保存农产品生产记录的法律责任，未按照规定进行包装、标识的法律责任，使用的保鲜剂、防腐剂、添加剂等材料不符合国家有关强制性的技术规范的法律责任，冒用农产品质量标志的法律责任，等等。应当注意的是，《农产品质量安全法》对不同类型的农产品生产经营者的责任采取了区别对待的原则。例如，《农产品质量安全法》第 27 条第 1 款规定，农产品生产企业、农民专业合作社、农民专业化服务组织应当建立农产品生产记录。但是该法对于其他农产品生产者建立“农产品生产记录”并未作强制性要求，而仅仅是“鼓励”。

农产品生产经营者的农产品质量安全生产责任也分为行政责任、民事责任和刑事责任三种责任形态。农产品质量安全生产经营行政责任主要包括责令停止销售、责令限期改正、没收违法所得、罚款等。农产品质量安全生产经营民事责任主要是对消费者的赔偿责任。生产、销售非法添加禁用物质、残留超标等不合格农产品，给消费者造成损害的，依法承担赔偿责任。此处所称对消费者的赔偿责任是指《消费者权益保护法》第 55 条规定的“赔偿损失，并有权要求所受损失二倍以下的惩罚性赔偿”还是指《食品安全法》第 148 条规定的“价款十倍或者损失三倍的赔偿金”，目前仍存在一定争议。农产品质量安全生产经营刑事责任主要指向《刑法》规定的“生产、销售伪劣产品罪”“生产、销售不符合安全标准的食品罪”“生产、销售有毒、有害食品罪”“非法经营罪”等。

**3. 农产品质量安全检测责任**

农产品质量安全检测机构的责任追究的条件主要是“伪造检测结果”和“出具检测结果不实”。该类责任包括行政责任、民事责任等。行政责任主要为撤销其检测资格、责令改正、没收违法所得、罚款等。民事责任主要为赔偿损失。根据《农产品质量安全法》第 65 条，农产品质量安全检测机构、检测人员出具虚假检测报告的，由县级以上人民政府农业农村主管部门没收所收取的检测费用，检测费用不足 1 万元的，并处 5 万元以上 10 万元以下罚款，检测费用 1 万元以上的，并处检测费用 5 倍以上 10 倍以下罚款；对直接负责的主管人员和其他直接责任人员处 1 万元以上 5 万元以下罚款；使消费者的合法权益受到损害的，农产品质量安全检测机构应当与农产品生产经营者承担连带责任。因农产品质量安全违法行为受到刑事处罚或者因出具虚假检测报告导致发生重大农产品质量安全事故的检测人员，终身不得从事农产品质量安全检测工作。农产品质量安全检测机构不得聘用上述人员。农产品质量安全检测机构有前述违法行为的，由授予其资质的主管部门或者机构吊销该农产品质量安全检测机构的资质证书。

**4. 其他主体的法律责任**

农产品质量安全法中还规定了农产品产地环境保护的法律责任。《农产品质量安全法》第 66 条规定，违反法律、法规规定，向农产品产地排放或者倾倒废水、废气、固体废物或者其他有毒有害物质的，依照有关环境保护法律、法规的规定处罚；造成损害的，依法承担赔偿责任。该类法律责任主体为一般主体，其法律责任主要依据环境保护相关法律确定。

# 第二节　进出口食品监管

食品的全球流通意味着国家保障食品安全既需要出口国（地区）建立覆盖从农场到餐桌的全程监管，也涉及进口国通过对进口食品监管来确保从口岸到餐桌的食品安全。可见，“产地安全准出”和“销地安全准入”的双管齐下日益成为进出口食品监管的关键点。于我国而言，作为法律基础，《食品安全法》第六章“食品进出口”包括 11 个条文，规定了国家出入境检验检疫部门对进出口食品安全实施监督管理。当前，由海关总署具体承担进出口食品安全监督管理职责。

## 一、进出口食品监管的时代背景

### (一) 进出口食品安全监管历史沿革

1949 年，中华人民共和国成立，食品进出口业务逐步得到恢复。起初，我国实行食品卫生监督制度，对于进口食品的监管主要是由各级进口食品卫生监督机构，代表国家对进口的食品、食品添加剂和食品相关产品，以及进口食品的经营活动进行卫生监督并行使卫生质量裁决，保证食品安全。

1998 年 3 月，国家商品检验局、国家动植物检疫局和国家卫生检疫局合并组建国家出入境检验检疫局。2001 年 4 月，国务院决定将国家出入境检验检疫局和国家质量技术监督局合并，成立国家质量监督检验检疫总局，内设进出口食品安全局。

2018 年 3 月 21 日，中共中央印发《深化党和国家机构改革方案》，将原国家质量监督检验检疫总局的出入境检验检疫管理职责和队伍划入海关总署。我国开始实现关检融合，由此进入了我国对于进出口食品监管的新时代。

### (二)《食品安全法》对进出口食品安全影响深远

党的十八大以来，我国不断完善保障进出口食品安全的法律法规体系，初步构建了具有中国特色的进出口食品安全法律法规体系。当前，我国进出口食品安全法律法规体系呈现以《食品安全法》等进出口食品安全相关法律为引领、以进出口食品安全行政法规为支撑、以进出口食品安全部门规章为基础、以进出口食品安全部门公告为补充的特征，结构体系较为合理，为保障进出口食品安全、保障人民群众身体健康、维护我国负责任大国形象发挥了重要作用。《食品安全法》及其实施条例是我国进出口食品安全监管的基础法律法规，针对进出口食品的内容主要包括监管部门及其职能、食品进出口的流程及监管制度、进出口商和生产企业的责任、进出口食品安全信息管理和风险预警等。

### （三）2018 年机构改革后的进出口食品安全监管

2018 年国家机构改革以来，海关总署进一步完善进出口食品安全管理体制机制，强化监管，着力防范和化解进出口食品安全风险，围绕外交外贸和经济社会发展大局，优化服务，加强食品安全国际合作，推动国际共治，全力提升进出口食品安全现代化治理能力和水平，为促进高质量发展，确保人民群众“舌尖上的安全”作出新的更大贡献。

与此同时，进出口食品安全工作不断面临新形势新要求新挑战，相关管理制度需要进一步调整完善，以适应新时期要求。一是中国进出口食品贸易持续保持高速增长，食品供应链全球化趋势日益显著，非传统食品安全问题逐步凸显，进出口食品安全客观形势对监管制度提出新的需求。二是作为进出口食品安全监管的重要上位法依据，《食品安全法》及其实施条例分别于 2015 年和 2019 年进行了大幅修订，上位法有关进出口食品安全的规定出现了调整。三是党中央对进出口食品安全提出更高要求。2019 年《中共中央、国务院关于深化改革加强食品安全工作的意见》中提出，实施进口食品“国门守护”行动，严防输入型食品安全风险。四是 2018 年机构改革后，进出口食品安全管理机构和体制也发生了根本变化。

## 二、进出口食品监管的具体建制

《食品安全法》第 91 条规定，国家出入境检验检疫部门对进出口食品安全实施监督管理。2018 年 3 月 21 日，中共中央印发《深化党和国家机构改革方案》，将国家质量监督检验检疫总局的出入境检验检疫管理职责和队伍划入海关总署，明确了海关总署主管全国进出口食品安全监督管理工作，各级海关负责所辖区域进出口食品安全监督管理工作。

### （一）国家层面

根据《海关总署职能配置、内设机构和人员编制规定》，海关总署负责进口食品检验检疫和监督管理，依据多、双边协议实施出口食品相关工作。

此外，海关总署与国家市场监督管理总局要建立机制，避免对各类进出口商品和进出口食品进行重复检验、重复收费、重复处罚，减轻企业负担。进口的食品以及食品相关产品应当符合我国食品安全国家标准。境外发生的食品安全事件可能对我国境内造成影响，或者在进口食品中发现严重食品安全问题的，海关总署应当及时采取风险预警或者控制措施，并向国家市场监督管理总局通报，国家市场监督管理总局应当及时采取相应措施。海关总署内设进出口食品安全局，负责拟订进出口食品安全和检验检疫的工作制度，依法承担进口食品企业备案注册和进口食品的检验检疫、监督管理工作，按分工组织实施风险分析和紧急预防措施工作。此外，海关总署口岸监管司负责拟订进出境食品的海关检查、检验、检疫工作制度并组织实施；企业管理和稽查司负责出口食品种养殖场、生产企业备案及对外推荐注册工作；商品检验司负责食品添加剂的法定检验和监督管理，以及产品安全风险评估、风险预警和快速反应工作。

### （二）地方层面

海关总署设在各地的海关机构依据进出口商品检验相关法律、行政法规的规定，负责所辖区域的进出口食品合格评定活动。

进口食品合格评定活动具体包括进出口商备案和合格保证、进境动植物检疫审批、随附合格证明检查、单证审核、现场查验、监督抽检、进口和销售记录检查以及各项的组合。进口食品合格评定活动中的向中国境内出口食品的境外国家（地区）食品安全管理体系评估和审查、境外生产企业注册由海关总署归口统一负责。出口食品合格评定活动具体包括出口食品原料种植养殖场备案、出口食品生产企业备案、企业核查、单证审核、现场查验、监督抽检、口岸抽查、境外通报核查以及各项的组合。

### （三）治理体系

进出口食品安全工作坚持“安全第一、预防为主、风险管理、全程控制、国际共治”的工作原则，以建立更为科学、严格的进出口食品安全监管制度为目标，旨在突出国内外政府监管部门、行业组织、国际组织等国际贸易食品安全相关主体共同参与食品安全责任落实，形成各方良性互动、有序参与、共同监督的良好氛围，加快推动形成科学严密、高效便利、协调统一、公开透明的进出口食品安全现代化治理体系。

“安全第一”是指进出口食品安全工作必须始终将确保安全放在首位，坚持底线思维，坚决防范区域性、系统性、行业性进出口食品安全问题；“预防为主”是指进出口食品安全工作通过各项预防措施和机制，防控风险；“风险管理”是指进出口食品安全工作通过对进出口食品风险进行分级分类等科学的风险管理手段，实现对进出口食品安全风险的有效管控；“全程控制”是指基于食品安全监管工作的特点，强化全程监管，建立覆盖全过程的监管制度体系；“国际共治”需要食品安全国际组织、境外政府机构等各方共同参与，以营造食品安全国际共治格局。进出口食品安全监管者以及进出口食品供应链上的各个主体都承担着相应的食品安全责任，需要各相关方各履其责、密切协作。我国应当以上述五项原则为基础建立既符合当前国际监管趋势和通行做法，又符合中国海关要求的进出口食品安全治理体系。

## 三、进出口食品监管的实务进展

根据《“十四五”海关发展规划》，在未来的五年，海关将着力构建进出口食品安全现代化治理制度体系，并针对进口前（源头治理）、进口时（口岸监管）和进口后（后续监管）展开制度设计。

### （一）进出口食品相关法律法规

进出口食品安全监管的宗旨是“保障进出口食品安全，保护人类、动植物生命和健康”，这符合《食品安全法》等法律的要求。此外，“保护人类、动植物生命和健康”也与世界贸易组织（WTO）相关协定等国际规则相一致，这体现出进出口食品安全监管法律法规的国际性。

进出口食品安全有关法律法规主要包括《食品安全法》及其实施条例、《海关法》、《进出口商品检验法》及其实施条例、《进出境动植物检疫法》及其实施条例、《国境卫生检疫法》及其实施细则、《农产品质量安全法》和《国务院关于加强食品等产品安全监督管理的特别规定》等。这也是海关制定进出口食品安全相关内部规章的重要依据。

2022 年 1 月 1 日，与进出口食品安全息息相关的海关部门规章《进出口食品安全管理办法》和《进口食品境外生产企业注册管理规定》正式施行，该部门规章突出强调海关从守护国门安全职能出发，不仅保障传统食品安全，还关注非传统食品安全和生态安全，全面体现总体国家安全观的要求。

其中，《进出口食品安全管理办法》共六章七十九条，主要规定了食品进出口的流程，对食品进口的国家准入、企业注册、产品查验、标签标识等方面的监管制度，食品出口的企业备案、出口查验等方面的监管制度以及食品进出口相应的法律责任等内容。该办法对我国进出口食品安全监管的一般要求、食品进口和食品出口管理以及相应的监督管理措施和法律责任作出规定。对于食品进口而言，该办法进一步加强和明确了境外食品生产企业以及国内食品进口商对于进口食品安全合规的责任。对于食品出口而言，该办法进一步加强和明确了出口食品企业的主体责任。而对于海关而言，该办法进一步明确了其作为进口食品安全监管部门的监管责任。这种变化是为了进一步落实“简政放权”的要求，有利于国家行政资源的合理配置，最大化提升监管效能；同时，能进一步提高境外食品生产企业以及国内食品进口商的食品安全与合规意识，进一步确保进口食品的安全性。

### （二）强化进出口食品安全监管

作为进出口食品安全监管主管部门，海关将落实食品安全“四个最严”要求，优化进出口食品源头治理、口岸监管和后续监管等制度设计，构建进出口食品安全现代化治理制度体系。

**1. 强化监管具体要求**

健全输华食品准入管理体系，优化境外生产企业注册管理，完善进境动植物源性食品检疫审批管理，从源头上保障进口食品安全。优化进出口食品监督抽检和风险监测机制，提升口岸快速反应能力，更加有效处置进出口食品安全风险事件。完善输华食品国家或地区食品安全管理体系回顾性审查机制，建立健全不合格食品信息通报制度，强化与国内相关监管部门的合作。推动出口食品安全监管制度与国内监管制度有效衔接，完善风险分级分类管理制度，全面推行出口食品直通放行。

**2. 监管能力提升工程**

一是健全进出口食品安全制度规范。修订进出口食品安全管理办法、进口食品境外生产企业注册管理规定。优化和规范进出口食品安全多双边协议，完善签订机制。二是优化进出口食品安全监管机制。全面实施输华食品国家食品安全监管体系评估和产品准入管理制度、进口食品境外生产企业注册制度。对大宗、重点输华食品主要来源国家或地区管理体系回顾性检查实现全覆盖。建立与共建“一带一路”国家食品安全合作机制。完善出口食品境外通报问题处置协调机制。三是加强进出口食品安全风险监测与预警。构建进出口食品安全数据库，开展进出口食品安全年度监督抽检和风险监测计划，优化风险预警机制，提升应急指挥和决策处置能力。四是构建进出口食品安全国际共治格局。有效参与联合国粮农组织、世界贸易组织、国际食品法典委员会、世界动物卫生组织、亚太经合组织等国际组织活动并发挥积极作用，深化进出口食品安全跨境检查执法协作和官方监管结果互认。

## 四、进出口食品安全监管模式

进出口食品安全监管即为针对行政相对人的活动的监管，具体包括进出口食品生产、贮存、运输和进出口等进出口食品生产经营活动的监管。对进出口食品生产经营者实施的监督管理，主要包括主体资格监管、信用管理、稽核查监管、对外注册推荐管理、处罚等内容。

《食品安全法》中涵盖的食品添加剂、食品相关产品的生产经营活动不在海关进出口食品安全监管范围，对其在进出口环节按照进出口商品的货物类别实施监管。

### （一）进口食品安全监管模式

《食品安全法》第 92 条中规定，“进口的食品、食品添加剂、食品相关产品应当符合我国食品安全国家标准。进口的食品、食品添加剂应当经出入境检验检疫机构依照进出口商品检验相关法律、行政法规的规定检验合格”。保证进口食品符合中国食品安全国家标准是进口食品境外生产企业、出口商和国内进口商应落实的主体责任，也是国际通行要求。

中国作为世界贸易组织、世界动物卫生组织、联合国粮农组织等多个国际组织的成员国，应遵守相关国际条约、协定，参照相关国际标准、指南和建议，包括《技术性贸易壁垒协定》（TBT 协定）、《实施卫生与植物卫生措施协定》（SPS 协定）、《食品法典》、《陆生动物卫生法典》、《水生动物卫生法典》、《植物检疫措施国际标准》等。此外，海关总署与出口国家（地区）主管部门通过议定书等双、多边协议的形式确定的检验检疫要求也是进口食品监管的重要依据。进口食品应符合这些双、多边协议和公告中规定的检验检疫要求。

海关依据进出口商品检验相关法律、行政法规的规定对进口食品实施合格评定。进口食品合格评定活动包括向中国境内出口食品的境外国家（地区）食品安全管理体系评估和审查、境外生产企业注册、进出口商备案和合格保证、进境动植物检疫审批、随附合格证明检查、单证审核、现场查验、监督抽检、进口和销售记录检查以及各项的组合。

第一，境外国家（地区）食品安全管理体系评估和审查。海关总署按照风险管理原则对拟向中国境内出口食品的境外国家（地区）食品安全管理体系的完整性和有效性开展评估，以此判定该国家（地区）的食品安全管理体系和食品安全状况能否达到中国所要求的水平，以及在该体系下生产的输华食品能否符合中国法律法规要求和食品安全国家标准要求。

第二，境外生产企业注册。海关总署对向中国境内出口食品的境外生产、加工、贮存企业实施注册管理，对输华食品国家（地区）主管部门推荐申请注册和企业申请注册的食品生产企业进行审查，符合注册条件的，准予注册。海关总署出台了《中华人民共和国进口食品境外生产企业注册管理规定》，明确了具体要求和工作程序。

第三，进出口商备案和合格保证。进出口商备案是指进口食品的进口商、向中国境内出口食品的境外出口商或者代理商应当向海关备案。合格保证是输华食品进口商或其代理商履行食品安全主体责任的重要内容，是指输华食品进口商或其代理商向海关提交表明其进口的食品符合中国法律法规和食品安全国家标准等相关规定的证明材料或者书面承诺。

第四，进境动植物检疫审批。为防止动物传染病、寄生虫病和植物危险性病虫杂草以及其他有害生物的传入，海关对《进出境动植物检疫法》及其实施条例以及国家有关规定明确需要审批的进口动植物源性食品实施检疫审批。检疫审批制度是依据《进出境动植物检疫法》及其实施条例设立的一项行政许可。进口商须事先向海关申请“进境动植物检疫许可证”，进口时海关实施许可核销管理。

第五，随附合格证明检查。针对风险较高或有特殊要求的进口食品，进口商在进口食品申报时，按要求提交该批产品随附的合格证明材料，海关对相关证明材料进行验核检查。合格证明材料是境外生产企业、出口商或国内进口商根据中国法律法规、国际条约、协定和海关总署相关规定提供的证明材料，如出口国家（地区）主管机关出具的官方证书、产品检测报告或者自我合格声明等。

第六，单证审核。进口商根据海关规定，在进口食品申报时应提交必要的凭证、相关批准文件等材料，海关依法对以上资料的完整性、真实性及有效性进行审核。对于单证审核不符合要求的进口食品，不予受理申报。2018 年 8 月 1 日起实施的《关于检验检疫单证电子化的公告》（海关总署公告 2018 年第 90 号）明确了在向海关申报办理检验检疫手续时无须提交纸质单证的类别，并规定了不同单证类别的不同电子化提交方式。

第七，现场查验。海关对进口食品是否符合食品安全法律法规和食品安全国家标准等要求实施现场检查。《进出口食品安全管理办法》第 28 条对现场查验作了明确规定。

第八，监督抽检。海关按照进口食品安全监督抽检计划和专项进口食品安全监督抽检计划，对进口食品实施抽样、检验、处置等管理行为。

第九，进口和销售记录检查。进口商按照《食品安全法》第 98 条的规定应建立食品、食品添加剂进口和销售记录制度，如实记录相关信息，并保存相关凭证。海关部门根据需要对进口商记录和保存的进口和销售记录情况实施检查，是进口食品事后监管的重要手段。

在充分评估食品安全风险的基础上，针对不同进口食品采取上述九种合格评定活动的不同组合，符合《进出口商品检验法》和《技术性贸易壁垒协定》的规定。

### （二）出口食品安全监管模式

《食品安全法》第 99 条规定，出口食品生产企业应当保证其出口食品符合进口国（地区）的标准或者合同要求。《食品安全法实施条例》第 53 条规定，出口食品的生产企业应当保证其出口食品符合进口国家（地区）的标准或者合同要求；中国缔结或者参加的国际条约、协定有要求的，还应当符合国际条约、协定的要求。

《食品安全法》第 33 条规定，食品生产经营应当符合食品安全标准。对于进口国家（地区）暂无标准，合同也未作要求，且中国缔结或者参加的国际条约、协定无相关要求的出口食品，出口食品生产企业应当保证其出口食品符合中国食品安全国家标准。

海关依法对出口食品实施监督管理。《食品安全法》第 99 条规定，出口食品生产企业和出口食品原料种植、养殖场应当向国家出入境检验检疫部门备案；第 100 条规定，国家出入境检验检疫部门应当对进出口食品的进口商、出口商和出口食品生产企业实施信用管理，建立信用记录，并依法向社会公布。对有不良记录的进口商、出口商和出口食品生产企业，应当加强对其进出口食品的检验检疫。对出口食品实施严格的监督管理，针对出口不同国家（地区）不同产品种（类）实施风险管理。

出口食品监督管理措施包括出口食品原料种植养殖场备案、出口食品生产企业备案、企业核查、单证审核、现场查验、监督抽检、口岸抽查、境外通报核查以及各项的组合。

海关通过上述各项措施的组合实现全过程监管。

## 第三节　特殊食品监管

《食品安全法》规定对保健食品、特殊医学用途配方食品和婴幼儿配方食品等特殊食品实行严格监督管理，典型的制度设计为针对特殊食品的生产经营许可。在此基础上，我国保健食品监管逐步形成了原料目录管理、功能声称目录管理、注册备案管理、标签广告管理、日常监督检查等较为完备的监管制度体系；对特殊医学用途配方食品和婴幼儿配方乳粉监管实行上市前注册制度，与日常监督检查、体系检查、监督抽检、专项检查、产品召回等，形成了比较严格的监管制度体系。

### 一、特殊食品生产许可和经营许可

#### （一）特殊食品生产许可

实施特殊食品生产许可，与普通食品相同，均应按照《食品生产许可管理办法》的规定执行。特殊食品生产许可的食品类别分为保健食品、特殊医学用途配方食品、婴幼儿配方食品三类。

保健食品生产许可申请人应当是取得营业执照的合法主体，符合《食品生产许可管理办法》《食品生产许可审查通则》《保健食品生产许可审查细则》的相关要求。

申请特殊医学用途配方食品生产许可，申请人应先行取得特殊医学用途配方食品注册证书。申请人除应当符合《食品生产许可管理办法》《食品生产许可审查通则》规定和要求的条件外，还应符合《特殊医学用途配方食品生产许可审查细则》的相关要求。例如：当不同品种的产品在同一条生产线上生产时，应当充分评估食品安全风险，制定有效的清洁措施且经有效验证，防止交叉污染；生产特殊医学用途婴儿配方食品的，成品出厂前应当自行逐批全项目检验；特殊医学用途配方食品产品注册时已抽样检验合格的，生产许可现场核查时不再重复核查试制产品检验合格报告等。另外，生产特殊医学用途配方食品，仅有包装场地、工序、设备，没有完整生产工艺条件的，不予生产许可。

申请婴幼儿配方乳粉生产许可，申请人应先行取得婴幼儿配方乳粉产品配方注册证书。申请人除应当符合《食品生产许可管理办法》《食品生产许可审查通则》规定和要求的条件外，还应符合《婴幼儿配方乳粉生产许可审查细则》的相关要求。例如婴幼儿配方乳粉生产企业应严格执行危害分析与关键控制点体系、粉状婴幼儿配方食品良好生产管理规范等国家标准；对生乳、全脂（脱脂）乳粉、乳清粉、乳清蛋白粉、基粉、植物油（脂肪粉）、维生素及微量元素等主要原辅料供应商或者生产商的质量体系进行现场质量审核；成品出厂应当全项目逐批自行检验等。另外，生产婴幼儿配方乳粉，仅有包装场地、工序、设备，没有完整生产工艺条件的，不得准予生产许可；仅生产婴幼儿配方乳粉基粉，不生产婴幼儿配方乳粉最终产品的，不予婴幼儿配方乳粉生产许可；采用干湿复合工艺生产，其采用湿法工艺生产的基粉和添加部分配料的干混，应在同一厂区完成。

### （二）特殊食品经营监管

《食品经营许可和备案管理办法》明确：在中华人民共和国境内从事食品销售和餐饮服务活动，应当依法取得食品经营许可。仅销售预包装食品（含保健食品、特殊医学用途配方食品、婴幼儿配方乳粉以及其他婴幼儿配方食品等特殊食品）的，应当备案。仅销售预包装食品的食品经营者在办理备案后，增加其他应当取得食品经营许可的食品经营项目的，应当依法取得食品经营许可；取得食品经营许可之日起备案自行失效。

特殊食品经营许可审查的特殊要求包括：特殊食品不得与普通食品混放销售。申请特殊食品经营许可，应当在经营场所划定专门的区域或柜台、货架摆放、销售；应当分别设立提示牌，注明“×××销售专区（或专柜）”字样，提示牌为绿底白字，字体为黑体，字体大小可根据设立的专柜或专区的空间大小而定。

按照《食品安全法实施条例》的规定，特殊医学用途配方食品中的特定全营养配方食品应当通过医疗机构或者药品零售企业向消费者销售。医疗机构、药品零售企业销售特定全营养配方食品的，不需要取得食品经营许可，但是应当遵守《食品安全法》和《食品安全法实施条例》关于食品销售的规定。《网络食品安全查处管理办法》还作出规定，特定全营养配方食品不得进行网络交易。《食品经营许可和备案管理办法》明确，医疗机构、药品零售企业销售特殊医学用途配方食品中的特定全营养配方食品不需要备案，但是向医疗机构、药品零售企业销售特定全营养配方食品的经营企业，应当取得食品经营许可或者进行备案。

## 二、保健食品监管

保健食品是指声称并具有特定保健功能或者以补充维生素、矿物质为目的的食品，即适用于特定人群食用，具有调节机能，不以治疗疾病为目的，并且对人体不产生任何急性、亚急性或慢性危害的食品。

### （一）监管制度历史沿革

20 世纪 80 年代中期我国保健食品产业兴起，该阶段产品主要以蜂王浆、维生素及各种口服液为主。1987 年卫生部颁布了《中药保健药品的管理规定》和《食品新资源卫生管理办法》（已失效），保健食品以中药保健药品和新资源食品形式注册审批。[①]

1993 年国务院发布的《九十年代中国食物结构改革与发展纲要》明确提出要重点发展“营养、保健、益智、延衰”的妇幼食品、学生食品、老人食品以及保健食品。为了规范保健食品的市场、提升产品质量、满足消费者需求，国家出台了一系列的管理办法。[②]

1995 年 10 月，《食品卫生法》（已失效）的颁布对保健食品赋予了最基本的定义，即“表明具有特定保健功能的食品”；该法明确产品及说明书必须报国务院卫生行政部门审查批准。[③]

1996 年为贯彻执行《食品卫生法》的相关规定，原国家卫生部发布了《保健食品管理办法》，其中明确了保健食品的定义，即表明具有特定保健功能的食品（适宜于特定人群食用，具有调节机体功能，不以治疗疾病为目的的食品）。通过“保健功能”和“调节

---

① 中国保健协会，中国社会科学院食品药品产业发展与监管研究中心．中国保健食品产业发展报告．北京：社会科学文献出版社，2012.

② 张李伟，赵洪静，白鸿，等．中国保健食品法律法规体系发展与现状研究．中国食品卫生杂志，2008（3）：232－235.

③ 赵洪静，宛超，张李伟，等．对我国保健食品管理若干问题的思考．中国现代中药，2017（5）：604－609.

机体功能”将保健食品与普通食品区分开来，并强调不以治疗为目的。[①]

2003年和2008年保健食品注册和卫生监督职能先后移交国家食品药品监督管理局，它在卫生部搭建的保健食品监管框架下，完善了《保健食品注册管理办法（试行）》（已失效）、《保健食品样品试制和试验现场核查规定（试行）》（已失效）、《保健食品生产和经营企业日常监督现场检查工作指南》等法律法规。

2009年《食品安全法》中着重强调“声称具有特定保健功能的食品不得对人体产生急性、亚急性或者慢性危害”，相比于2005年颁布实施的《保健食品注册管理办法（试行）》不仅上升到法律的高度，同时用“不得”等强制性的字眼表明对保健食品安全性的坚决态度。

2015年修订的《食品安全法》除延续了对保健食品的安全性坚决维护外，着重强调了“应当具有科学依据”[②]。

### （二）保健食品注册备案

2015年《食品安全法》修订时将保健食品纳入特殊食品实行严格监督管理，改变了单一的产品注册管理制度。使用保健食品原料目录以外原料的保健食品和首次进口的保健食品继续实行注册管理，其他保健食品（包括首次进口属于补充维生素、矿物质等营养物质的保健食品）实行备案管理。

保健食品注册，是指根据注册申请人申请，依照法定程序、条件和要求，对申请注册的保健食品的安全性、保健功能和质量可控性等相关申请材料进行系统评价，并决定是否准予其注册的审批过程。

保健食品备案，是指保健食品生产企业依照法定程序、条件和要求，将表明产品安全性、保健功能和质量可控性的材料提交市场监管部门进行存档、公开、备查的过程。首次进口的保健食品中属于补充维生素、矿物质等营养物质的，应当报国家市场监管总局备案。其他保健食品应当报省级市场监管部门备案。国产保健食品备案人应当是保健食品生产企业，进口保健食品备案人应当是上市保健食品境外生产厂商。境外生产厂商是指符合产品生产国（地区）上市要求的法人或其他组织。产品生产国（地区）是指进口保健食品上市销售的国家（地区）。保健食品原注册人可以作为备案人。

### （三）保健食品原料和功能声称管理

在原料管理方面，2002年，卫生部发布《关于进一步规范保健食品原料管理的通

① 刘霁，白鸿．我国保健食品注册管理制度的演变与安全监管．癌变·畸变·突变，2012（4）：321－324.

② 赵洪静，宛超，张李伟，等．对我国保健食品管理若干问题的思考．中国现代中药，2017（5）：604－609.

知》，规定了药食同源的物品名单（87 个）、可用于保健食品的物品名单（114 个）和禁用于保健食品的物品名单（59 个），制定了原料使用的技术要求，并对新原料、食品添加剂、真菌/益生菌、国家保护动植物的使用以及不同名单原料使用的个数和总数提出了具体要求。监管部门针对具体原料及加工工艺要求，制定了与原料来源、品种、用量、配伍、工艺、生产、种植条件以及安全评价相关的具体规定，并沿用至今。2015 年修订的《食品安全法》规定建立保健食品原料目录，该目录应当包括原料名称、用量及其对应的功效，并将保健食品原料目录作为划分保健食品注册和备案的重要依据。截至目前，目录明确了保健食品备案的营养素补充剂超过 80 种，非营养素补充剂 7 种，保健食品原料目录范围经科学论证正在不断扩充。

在功能声称管理方面，《食品卫生法》（已失效）明确规定"表明具有特定保健功能的食品，不得有害于人体健康，其产品说明书内容必须真实，该产品的功能和成分必须与说明书相一致，不得有虚报"。原卫生部分别于 1996 年、1997 年、2000 年、2003 年，发布《保健食品功能学评价程序和检验方法》《保健食品检验与评价技术规范》等。为规范保健食品新功能及产品技术评价工作，满足消费者对健康产品的需要，促进行业高质量发展，2023 年市场监管总局发布《保健食品新功能及产品技术评价实施细则（试行）》。

## 三、特殊医学用途配方食品监管

特殊医学用途配方食品，是指为满足进食受限、消化吸收障碍、代谢紊乱或者特定疾病状态人群对营养素/膳食的特殊需要，专门加工配制而成的配方食品，包括适用于 0 月龄至 12 月龄的特殊医学用途婴儿配方食品和适用于 1 岁以上人群的特殊医学用途配方食品。常见的特殊医学用途婴儿配方食品包括无乳糖配方或低乳糖配方、乳蛋白部分水解配方、乳蛋白深度水解配方或氨基酸配方、早产或低出生体重婴儿配方、婴儿营养补充剂和氨基酸代谢障碍配方。特殊医学用途配方食品分为全营养配方食品、特定全营养配方食品、非全营养配方食品三类。

### (一) 监管制度历史沿革

由于特殊医学用途配方食品食用人群的特殊性和敏感性，在 20 世纪 80 年代末，基于临床需要，特殊医学用途配方食品以肠内营养制剂形式进入我国，按照药品进行监管，经国家药品监督管理部门药品注册后上市销售。2010 年和 2013 年，国家卫生行政部门先后公布了《食品安全国家标准特殊医学用途婴儿配方食品通则》（GB25596—2010）、《食品安全国家标准　特殊医学用途配方食品通则》（GB29922—2013）、《食品安全国家

标准 特殊医学用途配方食品良好生产规范》（GB29923—2013）等食品安全国家标准，对特殊医学用途配方食品的定义、类别、营养要求、技术要求、标签标示要求和生产规范等进行了规定。2015 年修订的《食品安全法》将特殊医学用途配方食品纳入特殊食品实行严格监督管理，特殊医学用途配方食品应当经国务院食品药品监督管理部门注册。注册时，应当提交产品配方、生产工艺、标签、说明书以及表明产品安全性、营养充足性和特殊医学用途临床效果的材料。

### （二）特殊医学用途配方食品注册

特殊医学用途配方食品注册，是指市场监管总局根据申请，依照《特殊医学用途配方食品注册管理办法》规定的程序和要求，对特殊医学用途配方食品的产品配方、生产工艺、标签、说明书以及产品安全性、营养充足性和特殊医学临床效果进行审查，并决定是否准予注册的过程。

**1. 特殊医学用途配方食品注册申请人资质条件**

特殊医学用途配方食品注册申请人应为拟在我国境内生产并销售特殊医学用途配方食品的生产企业和拟向我国境内出口特殊医学用途配方食品的境外生产企业。特殊医学用途配方食品注册申请人应具备与所生产特殊医学用途配方食品相适应的研发能力、生产能力，设立特殊医学用途配方食品研发机构，配备专职的有食品相关专业高级职称或者相应专业能力的产品研发人员、食品安全管理人员和食品专业技术人员，按照良好生产规范要求建立与所生产食品相适应的生产质量管理体系，具备按照特殊医学用途配方食品国家标准规定的全部项目逐批检验的能力。

**2. 特殊医学用途配方食品注册程序**

特殊医学用途配方食品注册程序包括申请与受理、技术审查、行政决定等环节。

申请与受理，即申请人向市场监管总局行政受理机构（以下简称受理机构）提交注册申请材料。受理机构对申请人提交的材料进行审查，在 5 个工作日内作出是否准予受理的决定。符合要求的予以受理，并出具特殊医学用途配方食品注册受理通知书。对于申请产品延续注册的，申请人应当在注册证书有效期届满 6 个月前提出延续注册申请。

技术审查包括对产品注册、产品变更注册、产品延续注册的技术审查。

行政决定，即市场监管总局自受理申请之日起 20 个工作日内（变更不影响产品安全性、营养充足性以及特殊医学用途临床效果的事项应在 10 个工作日内）按照规定程序作出准予注册决定的，受理机构自决定之日起 10 个工作日内颁发、送达特殊医学用途配方食品注册证书；作出不予注册决定的，说明理由，受理机构自决定之日起 10 个工作日内发出特殊医学用途配方食品不予注册决定，并告知申请人依法享有申请行政复议或者提起行政诉讼的权利。现场核查、抽样检验、复审所需要的时间不计算在审评和注册决定的期限内。

## 四、婴幼儿配方乳粉监管

婴幼儿配方乳粉，是指符合相关法律法规和食品安全国家标准要求，以乳类及乳蛋白制品为主要原料，加入适量的维生素、矿物质和/或其他成分，仅用物理方法生产加工制成的粉状产品，适用于正常婴幼儿食用。婴幼儿配方乳粉产品配方，是指生产婴幼儿配方乳粉使用的食品原料、食品添加剂及其使用量，以及产品中营养成分的含量。

### （一）监管制度历史沿革

《食品安全法》将婴幼儿配方乳粉纳入特殊食品实行严格监督管理，婴幼儿配方乳粉产品配方应当经国务院食品安全监督管理部门注册。注册时，应当提交配方研发报告和其他表明配方科学性、安全性的材料。

### （二）婴幼儿配方乳粉产品配方注册

婴幼儿配方乳粉产品配方注册，是指市场监管总局依据《婴幼儿配方乳粉产品配方注册管理办法》规定的程序和要求，对申请注册的婴幼儿配方乳粉产品配方进行审评，并决定是否准予注册的活动。

**1. 婴幼儿配方乳粉产品配方注册申请人资质条件**

申请人应当为拟在我国境内生产并销售婴幼儿配方乳粉的生产企业或者拟向我国出口婴幼儿配方乳粉的境外生产企业。申请人应当具备相应的研发能力、生产能力和检验能力，符合粉状婴幼儿配方食品良好生产规范要求，实施危害分析与关键控制点体系，具备对出厂产品按照有关法律法规和婴幼儿配方乳粉食品安全国家标准规定的项目实施逐批检验的能力。

**2. 婴幼儿配方乳粉产品配方系列及申请注册配方数量要求**

婴幼儿配方乳粉产品配方的每个系列包括婴儿配方乳粉（0～6 月龄，1 段）、较大婴儿配方乳粉（6～12 月龄，2 段）、幼儿配方乳粉（12～36 月龄，3 段）。婴幼儿配方乳粉的产品配方应当尽可能模拟母乳，配方数量不应过多。按照国内实际情况和产品配方研制原则，兼顾鼓励企业开展产品配方研制创新，同一企业申请注册两个以上同年龄段产品配方时，产品配方之间应当具有明显差异，并经科学证实。每个企业原则上不得超过 3 个配方系列、9 种产品配方。

### 3. 婴幼儿配方乳粉产品配方注册程序

婴幼儿配方乳粉产品配方注册程序包括申请与受理、技术审评、行政决定等环节。

## 第四节 网络食品监管

网络食品交易，是指食品交易双方通过线上化的方式，完成食品信息发布、浏览，交易指令下达、交易支付等一系列动作，并按照约定方式将食品运送到指定地点的交易方式。我国是世界范围内最早针对网络食品交易进行立法的国家。之所以率先开展立法，主要是因为以下三方面的考虑：第一，网络食品经济的迅猛发展，在拉动经济、促进就业、方便生活的同时，也出现了一些市场经济无法自我调节的负外部性问题，比如食品安全问题，亟须通过立法等方式给予回应。第二，从保护消费者知情权、公平教育权、人身安全权等角度考虑，也有立法的必要。第三，随着网络食品交易的日益繁荣，由谁负责监管、如何开展监管，需要充分考虑网络食品交易虚拟性和跨地域的特点，对行政管辖、案件调查、证据固定、行政处罚等问题进行明确，以实现权责清晰、职责明确、高效行政的要求。

### 一、网络食品安全立法概况

2015 年，新修订的《食品安全法》首次针对网络食品交易的食品安全管理问题，进行了专门的立法条款设计。《食品安全法》第 62 条和第 131 条是有关网络食品交易的基本法律规范。

2016 年，国家食品药品监管总局依据《食品安全法》等法律法规，制定《网络食品安全违法行为查处办法》，这是首个针对网络食品交易的部门规章。

2017 年，国家食品药品监管总局依据《食品安全法》等法律法规，制定《网络餐饮服务食品安全监督管理办法》，这是专门针对网络餐饮食品安全管理制定的部门规章。需要注意的是，根据原国家食品药品监管总局的解读，《网络餐饮服务食品安全监督管理办法》属于与《网络食品安全违法行为查处办法》并列的规章。按照后法优于先法、特别法优于一般法的原则，对网络餐饮服务食品安全的监管，优先适用《网络餐饮服务食品安全监督管理办法》。对网络餐饮服务食品安全违法行为的查处未作规定的，按照《网络食品安全违法行为查处办法》执行。

2019 年，新修订的《食品安全法实施条例》第 32 条、第 62 条、第 84 条，则分别对网络食品交易信息的提供，平台内经营者多次违法或违法行为造成严重后果的约谈制度，县级以上人民政府食品安全监管部门及其工作人员违法向他人提供第三方平台提供者提供的信息的法律后果等进行了规定。

最高人民法院分别于 2013 年、2020 年制定了《关于审理食品药品纠纷案件适用法律若干问题的规定》《关于审理食品安全民事纠纷案件适用法律若干问题的解释（一）》，针对食品安全民事纠纷诉讼案件的法律适用问题进行了规定，其中也涉及网络食品消费纠纷的司法裁判规则问题。

此外，各省、自治区、直辖市还通过制定地方食品安全条例等地方性法规、地方政府规章等形式，结合本地实际，对网络食品交易的食品安全管理进行明确。

整体来看，我国形成了以《食品安全法》为主轴，以行政法规、部门规章、司法解释、地方性法规和地方政府规章为支撑的网络食品安全法律规制体系，故迄今为止，我国是世界范围内网络食品安全法律法规体系最为完整、严密的国家。整个法律规制体系的构造，密切围绕网络食品交易的基本业务流程，针对平台、平台内经营者和其他辅助履约者进行权利、义务和责任的规制框架设计和方案制定。

## 二、 网络食品交易第三方平台的义务与责任

网络食品交易涉及主体众多。从交易活动的参与者来看，涉及网络食品交易第三方平台、自建网站的食品生产经营者、平台内经营者、消费者、运输和配送提供者等角色。从交易活动的监督者来看，涉及立法机关、司法机关、行政机关、大众媒体等角色。比较而言，平台是新兴的市场主体，平台责任的确立一度是食品安全相关立法中的重点和难点。平台作为链接线上线下的主要载体，其核心和基础功能就是居中撮合，促进不同群体间的交互与匹配，从而降低交易成本，促成交易达成。平台为平台内经营者和消费者的交易提供包括虚拟的网络经营场所、信息发布与展示、商品搜索、交易撮合、支付结算、辅助履约、商品和服务评价、售后支持等服务。

### （一）网络食品交易第三方平台应尽的义务

《食品安全法》第 62 条是针对网络食品交易的主要法律条款。该条规定："网络食品交易第三方平台提供者应当对入网食品经营者进行实名登记，明确其食品安全管理责任；依法应当取得许可证的，还应当审查其许可证。""网络食品交易第三方平台提供者发现入网食品经营者有违反本法规定行为的，应当及时制止并立即报告所在地县级人民政府食品安全监督管理部门；发现严重违法行为的，应当立即停止提供网络交易平台服务。"

据此，网络食品交易第三方平台的基本法律义务分为四项：对入网食品经营者实名登记，审查食品经营许可等经营资质，对违法行为及时制止与报告，对严重违法行为停止平台服务。

第一，实名登记主要是为了信息溯源的需要，即通过网络销售的食品或者提供的餐食出现质量安全等方面的纠纷时，能够确保第一时间“责任到人”，确定食品销售者或餐饮服务提供者的基本信息，以方便消费者维权、监管部门案件调查。网络食品交易第三方平台履行实名登记义务，主要是指应当如实记录入网食品经营者的真实名称（姓名）、地址和有效联系方式等信息。

第二，审查食品经营资质。网络食品交易第三方平台负有食品生产经营资质的审查义务，以确保入网食品经营者具备符合食品安全要求的经营资格。网络食品交易第三方平台履行审查义务，应当依法对入网食品经营者是否持有真实有效的食品生产经营许可证或者符合地方法规要求的登记备案证等进行审查，对于没有合法经营资格的食品生产经营者，应依法不予上线。

第三，违法行为及时制止与报告义务。给平台设置违法行为制止及报告义务，主要是考虑到平台对入网食品经营者具有一定的控制能力：一是知晓谁加入了平台，二是有制止的可能性。网络食品交易第三方平台履行食品安全违法行为的及时制止与报告义务有基本前提，即“发现入网食品经营者有违反本法规定行为的”，才负有及时制止及报告的义务。

第四，严重违法行为立即停止平台服务的义务。严重违法行为一般可以从违法性质、违法后果、违法持续时间、违法数额等不同维度进行衡量。《食品安全法》并未对何为严重违法行为作出明确界定，2016 年公布的《网络食品安全违法行为查处办法》进行了细化，其中，第 15 条规定：“网络食品交易第三方平台提供者发现入网食品生产经营者有下列严重违法行为之一的，应当停止向其提供网络交易平台服务：（一）入网食品生产经营者因涉嫌食品安全犯罪被立案侦查或者提起公诉的；（二）入网食品生产经营者因食品安全相关犯罪被人民法院判处刑罚的；（三）入网食品生产经营者因食品安全违法行为被公安机关拘留或者给予其他治安管理处罚的；（四）入网食品生产经营者被食品药品监督管理部门依法作出吊销许可证、责令停产停业等处罚的。”需要注意的是，此项义务，不同于一般违法行为的“及时制止”，而是应当“立即停止平台服务”。这里同样有发现严重违法行为的限定，结合《食品安全法》第 62 条，这里的发现既包括平台主动发现，也包括平台通过媒体曝光、消费者投诉、监管部门、司法机关通报的信息等获知。

基于《食品安全法》，其一，《食品安全法实施条例》第 32 条还规定了网络食品交易第三方平台的信息保存和提供义务，要求网络食品交易第三方平台妥善保存入网食品经营者的登记信息和交易信息。县级以上人民政府食品安全监管部门开展监督检查、案件调查处理、食品安全事故处置时，确需了解有关信息的，经监管部门负责人批准，可以要求网络食品交易第三方平台提供，而网络食品交易第三方平台应当按照要求提供。

其二，《网络食品安全违法行为查处办法》《网络餐饮服务食品安全监督管理办法》进一步细化了网络食品交易第三方平台和通过自建网站交易的食品生产经营者所应履行的义务。一是备案义务。比如，要求网络食品交易第三方平台应当在通信主管部门批准后 30 个工作日内，向所在地省级市场监督管理部门备案。二是建立食品安全相关制度。比如要求建立并公开入网审查登记规范、食品安全违法行为制止及报告、严重违法行为平台服务停止、食品安全事故处置等制度。三是设置机构和配备人员相关要求。要求网络食品交易第三方平台设置专门的食品安全管理机构，配备专职食品安全管理人员，每年对食品安全管理人员进行培训考核。培训考核记录保存期限不得少于 2 年。四是公示义务。要求网络食品交易第三方平台、自建网站提供者、入网食品生产经营者应当在网络经营活动主页面，公示食品经营许可证等信息。五是建档义务。网络食品交易第三方平台应当建立入网食品生产经营者档案，记录入网食品生产经营者的基本情况、食品安全管理人员等信息。六是记录保存食品交易信息。网络食品交易第三方平台和通过自建网站交易的食品生产经营者应当记录、保存食品交易信息，保存时间不得少于产品保质期满后 6 个月；没有明确保质期的，保存时间不得少于 2 年。七是抽查和监测的义务。比如，要求网络餐饮服务第三方平台应当对入网餐饮服务提供者的经营行为进行抽查和监测。

其三，部分食品安全地方性法规等地方立法中也对严重违法行为停止平台服务进行了规定。比如《上海市食品安全条例》第 53 条第 2 款就规定，网络食品交易第三方平台提供者发现入网食品经营者存在未经许可从事食品经营、经营禁止生产经营的食品、发生食品安全事故等严重违法行为的，应当立即停止为其提供网络交易平台服务。

### (二) 违反上述义务的法律责任

根据《食品安全法》等法律法规，网络食品交易第三方平台违反食品安全相关义务的法律责任，可以分为行政法律责任和民事法律责任。

针对行政法律责任，《食品安全法》第 131 条第 1 款规定："违反本法规定，网络食品交易第三方平台提供者未对入网食品经营者进行实名登记、审查许可证，或者未履行报告、停止提供网络交易平台服务等义务的，由县级以上人民政府食品安全监督管理部门责令改正，没收违法所得，并处五万元以上二十万元以下罚款；造成严重后果的，责令停业，直至由原发证部门吊销许可证……"由此可知，网络食品交易第三方平台未履行上述四项基本义务，一般情况下，由县级以上食品安全监督管理部门责令改正，没收违法所得，并处 5 万元以上 20 万元以下罚款。因此造成严重后果的，由县级以上食品安全监督管理部门责令停业，并可以由原发证部门吊销许可证。《网络食品安全违法行为查处办法》第 37 条明确了网络食品交易第三方平台责令停业的具体情况，网络食品交易第三方平台提供者未履行相关义务，导致发生下列严重后果之一的，由县级以上地方市场监督管理部门依照《食品安全法》第 131 条的规定责令停业，并将相关情况移送通信主管部门处理：(1) 致人死亡或者造成严重人身伤害的；(2) 发生较大级别以上食品安全事故的；(3) 发生较为严重的食源性疾病的；(4) 侵犯消费者合法权益，造成严重不良社会影响的；(5) 引发其他的严重后果的。此外，《网络食品安全违法行为查处办法》《网络餐饮服务食品安全监管办法》针对网络食品交易第三方平台违反食品安全管理义务也根据不同情形设置了责令改正、警告、5 000 到 3 万不等的小额罚款等处罚措施。

针对民事法律责任，《食品安全法》第 131 条第 1 款规定，"违反本法规定，网络食品交易第三方平台提供者未对入网食品经营者进行实名登记、审查许可证，或者未履行报告、停止提供网络交易平台服务等义务的……使消费者的合法权益受到损害的，应当与食品经营者承担连带责任"。第 2 款规定："消费者通过网络食品交易第三方平台购买食品，其合法权益受到损害的，可以向入网食品经营者或者食品生产者要求赔偿。网络食品交易第三方平台提供者不能提供入网食品经营者的真实名称、地址和有效联系方式的，由网络食品交易第三方平台提供者赔偿。网络食品交易第三方平台提供者赔偿后，有权向入网食品经营者或者食品生产者追偿。网络食品交易第三方平台提供者作出更有利于消费者承诺的，应当履行其承诺。"该条明确了网络食品交易模式下的民事法律责任赔偿原则。

## 三、网络食品的监督管理

网络食品交易是线下食品交易行为线上化的过程，同样应该遵循食品安全的基本要求，符合食品安全应有的特质。根据相关规定，国家食品安全监督管理部门负责监督指导全国网络食品安全违法行为查处工作。县级以上地方食品安全监督管理部门负责本行政区域内网络食品安全违法行为查处工作。

### (一) 管辖权

《行政处罚法》第 22 条规定：行政处罚由违法行为发生地的行政机关管辖。法律、行政法规、部门规章另有规定的，从其规定。该条明确了违法行为发生地作为管辖权判断和行使的基本原则，但同时给予了其他法律、行政法规和部门规章，作出管辖权特殊设定的权力。这个授权是比较开放的，下放到了部门规章。关于网络食品交易违法行为的管辖权的规定，主要体现在《网络食品安全违法行为查处办法》《市场监督管理行政处罚程序规定》两部部门规章里面。

《网络食品安全违法行为查处办法》明确规定了四种情况下的管辖权归属：第一，对网络食品交易第三方平台食品安全违法行为的查处，由平台所在地县级以上地方市场监督管理部门管辖。第二，对网络食品交易第三方平台分支机构的食品安全违法行为的查处，由平台所在地或者分支机构所在地县级以上地方市场监督管理部门管辖。第三，对入网食品生产经营者食品安全违法行为的查处，由入网食品生产经营者所在地或者生产经营场所所在地县级以上地方市场监督管理部门管辖；对应当取得食品生产经营许可而没有取得许可的违法行为的查处，由生产经营者所在地、实际生产经营地县级以上地方市场监督管理部门管辖。第四，因网络食品交易引发食品安全事故或者其他严重危害后果的，也可以由网络食品安全违法行为发生地或者违法行为结果地的县级以上地方市场监督管理部门管辖。

《市场监督管理行政处罚程序规定》第 10 条也规定两个方面的管辖权设定：第一，网络交易平台经营者和通过自建网站、其他网络服务销售商品或者提供服务的网络交易经营者的违法行为由其住所地县级以上市场监督管理部门管辖。第二，平台内经营者的违法行为由其实际经营地县级以上市场监督管理部门管辖。网络交易平台经营者住所地县级以上市场监督管理部门先行发现违法线索或者收到投诉、举报的，也可以进行管辖。

### （二）监督检查和违法行为查处的职权

2021 年《食品生产经营监督检查管理办法》明确了市场监管部门实施监督检查可以履行的职权和采取的措施，其中第 25 条规定，市场监管部门实施监督检查，有权采取下列措施，被检查单位不得拒绝、阻挠、干涉：（1）进入食品生产经营等场所实施现场检查；（2）对被检查单位生产经营的食品进行抽样检验；（3）查阅、复制有关合同、票据、账簿以及其他有关资料；（4）查封、扣押有证据证明不符合食品安全标准或者有证据证明存在安全隐患以及用于违法生产经营的食品、工具和设备；（5）查封违法从事食品生产经营活动的场所；（6）法律法规规定的其他措施。

《网络食品安全违法行为查处办法》则规定了县级以上地方市场监管部门，对网络食品安全违法行为进行调查处理时，可以行使下列职责：（1）进入当事人网络食品交易场所实施现场检查；（2）对网络交易的食品进行抽样检验；（3）询问有关当事人，调查其从事网络食品交易行为的相关情况；（4）查阅、复制当事人的交易数据、合同、票据、账簿以及其他相关资料；（5）调取网络交易的技术监测、记录资料；（6）法律、法规规定可以采取的其他措施。

### （三）网络食品抽样检验

网络食品抽样检验也是市场监管部门进行日常监管和风险识别的重要技术手段。县级以上市场监管部门通过网络购买样品进行检验的，应当按照相关规定填写抽样单，记录抽检样品的名称、类别以及数量，购买样品的人员以及付款账户、注册账号、收货地址、联系方式，并留存相关票据。买样人员应当对网络购买样品包装等进行查验，对样品和备份样品分别封样，并采取拍照或者录像等手段记录拆封过程。检验结果不符合食品安全标准的，市场监管部门应当按照有关规定及时将检验结果通知被抽样的入网食品生产经营者。入网食品生产经营者应当采取停止生产经营、封存不合格食品等措施，控制食品安全风险。通过网络食品交易第三方平台购买样品的，应当同时将检验结果通知网络食品交易第三方平台。网络食品交易第三方平台应当依法制止不合格食品的销售。入网食品生产经营者联系方式不详的，网络食品交易第三方平台应当协助通知。入网食品生产经营者无法联系的，网络食品交易第三方平台应当停止向其提供平台服务。

### （四）约谈

行政约谈作为一项行政管理措施，也是市场监管部门通常采用的手段，主要用于加强对行政相对人的经营风险告知、合规经营指导、尽职履责劝诫、违法行为督促改正等行政指导场景。相比监督检查、行政处罚而言，约谈具有一定的灵活性和柔性，对程序要求也不那么严格，更像是一种监管部门与行政相对人的风险交流的场景。约谈不影响、不替代市场监管部门依法对行政相对人采取其他行政处理、处罚措施。2019 年新修订的《食品安全法实施条例》第 62 条规定了网络食品交易第三方平台多次出现入网食品经营者违法经营或者入网食品经营者的违法经营行为造成严重后果的，县级以上人民政府食品安全监管部门可以对平台的法定代表人或者主要负责人进行责任约谈。

《网络食品安全违法行为查处办法》规定：网络食品交易第三方平台和入网食品生产经营者有下列情形之一的，县级以上市场监管部门可以对其法定代表人或者主要负责人进行责任约谈：（1）发生食品安全问题，可能引发食品安全风险蔓延的；（2）未及时妥善处理投诉举报的食品安全问题，可能存在食品安全隐患的；（3）未及时采取有效措施排查、消除食品安全隐患，落实食品安全责任的；（4）县级以上市场监管部门认为需要进行责任约谈的其他情形。

# 第五节　小餐饮监管

餐饮服务行业是食品行业的重要组成部分。其中，小餐饮单位在国民经济中扮演着重要的角色，在吸纳群众就业、稳定经济增长、促进经济发展方面发挥着积极的作用。其经营往往带有地方特色或承载着饮食文化传承的功能，在维持食品业态多样性、便利消费者日常生活等方面不可或缺。同时，以往由于没有规范的指引，小餐饮单位的经营呈现出“小、散、乱”的特点，尤其是已经经营多年的小餐饮单位，存在着经营面积小、设施设备简陋、经营管理粗放、人员素质参差不齐、食品安全意识淡薄、流动性大等问题。考虑到小餐饮行业的特点，2015 年《食品安全法》修订时将食品生产加工的小作坊、小餐饮等业态的立法权和管理权划归地方后，各省陆续出台相关立法和监管政策，加强小餐饮的食品安全治理。

## 一、小餐饮治理的地方立法

《食品安全法》第 36 条规定，“食品生产加工小作坊和食品摊贩等从事食品生产经营活动，应当符合本法规定的与其生产经营规模、条件相适应的食品安全要求”，“食品生产加工小作坊和食品摊贩等的具体管理办法由省、自治区、直辖市制定”。这一规定，一方面明确了法律对小餐饮、小作坊和食品摊贩等并没有作出与食品生产经营企业同等的安全要求，另一方面也明确了对于小餐饮、小作坊和食品摊贩等小微食品业态的立法和管理事权归属地方政府。如此规定的原因在于：小餐饮、小作坊等小微食品业态因自身条件所限，无法达到食品生产经营企业的安全条件，但确实在方便群众生活、生产地方特色食品、扩大就业等方面发挥了积极作用；考虑到这些小微食品业态各地差异很大，由国家统一规范难度较大，需要地方根据本地情况，制定具有地方特色、操作性强、能够解决实际问题的管理办法。

从法规类型来看，地方对小餐饮等小微食品业态的立法以出台管理条例或办法为主，包括：一是修订食品安全条例。例如，黑龙江省通过修订食品安全条例的方式推行小餐饮核准证和登记卡，对小作坊、小经营店进行核准管理，对小摊贩进行登记管理。小作坊和小经营店的有效期为 3 年，小摊贩的有效期为 2 年，为小餐饮依法依规开展线下线上经营活动，提供了法治保障，充分体现科学立法的精准管理思路，也使小餐饮借助外卖平台，更好发挥服务社区群众的作用。

二是出台管理条例或办法。例如，上海市出台《上海市小型餐饮服务提供者临时备案监督管理办法》，对小餐饮实施备案管理，备案有效期为 1 年，延续次数一般不超过 2 次。浙江省出台《浙江省食品小作坊小餐饮店小食杂店和食品摊贩管理规定》，对食品小作坊、小餐饮店、小食杂店和食品摊贩进行登记管理。此外，苏浙沪皖四地还联合印发《2019 年长三角食品安全区域合作工作计划》，推动区域食品安全监管一体化建设和食品产业高质量发展，提升长三角地区食品安全治理水平，积极探索小餐饮登记备案、轻微违法行为免罚清单等制度，共同为小餐饮商户经营降低门槛，体现了标准协同、监管协同的区域协调发展理念。

三是皆而有之。例如，北京市在 2016 年修订《北京市食品安全条例》后，2019 年正式实施《北京市小规模食品生产经营管理规定》和《北京市小规模食品生产经营许可备案管理办法（试行）》两项新政。根据规定和办法，对小规模食品生产经营活动依据有无固定经营场所和经营范围进行划分，包括小作坊、小餐饮、小食杂店和食品摊贩。对小作坊、小餐饮店实施许可制度，对小食杂店、食品摊贩实行备案制度。同时，规定了经营项目正面清单和负面清单。又例如，广西壮族自治区出台《广西壮族自治区食品安全条例》《广西壮族自治区食品小作坊小餐饮和食品摊贩管理条例》，对小作坊、小餐饮、食品摊贩实行登记备案管理，其中对小作坊、小餐饮进行登记管理，对食品摊贩进行备案管理。小作坊、小餐饮的有效期为 3 年，食品摊贩的有效期未作规定。

各地“三小”条例出台后，小餐饮单位被纳入了规范化管理，有了“合法身份”，各地结合当地情况和行业发展水平，“因地制宜”，对小餐饮单位提出了不同的要求，使符合规范的小餐饮单位继续守法经营，不符合规范且整改不合格的被清理出市场。对处罚金额和幅度也根据各地经济状况和行业发展情况作出了不同的规定。行业总体稳中向好，也存在继续提升的空间。

## 二、市场准入的制度选择

虽然我国法律尚未对小餐饮的概念进行明确和统一的界定，但小餐饮通常指有固定经营场所、经营面积及规模较小、从业人员少、经营条件简单的从事餐饮服务的生产经营活动。相应的，地方立法对小餐饮等小微业态以登记备案监管为核心。而且，一些地方出台了一系列的配套制度以确保小餐饮登记备案制度的顺利实施。以河北为例，河北省出台《河北省食品小作坊小餐饮小摊点管理条例》，对小作坊、小餐饮、小摊点实施备案登记，其中对小作坊、小餐饮实行登记管理，对小摊点实行备案管理。小作坊、小餐饮登记证有效期 3 年，小摊点备案有效期 1 年。随后，河北省又制定了一整套配套制度，包括食品小作坊、小餐饮、小摊点备案登记管理办法，设计了登记备案文书，明确了食品“三小”登记备案机构，确定了登记备案岗位职责，进一步摸清了食品“三小”底数，明确了监管对象，使“三小”监管制度体系日趋健全，实现了依法有效监管，群众身边的食品消费环境得到进一步净化。

全国多地小餐饮登记备案改革既是落实《食品安全法》的法定规定，也是推动小餐饮业态治理创新的具体体现。2018 年 10 月印发的《国务院关于在全国推开“证照分离”改革的通知》进一步明确，小餐饮、小食杂、食品小作坊的经营许可改革，是县级人民政府食品药品监管部门（市场监管部门）推进“证照分离”改革的具体事项，由地方从尽量方便群众、有利于群众就业的角度出发，坚持保障安全、卫生的原则，自主决定改革方式。因此，允许依法取得备案证的小餐饮同时开始线下、线上经营，属于地方自主改革的范畴。尽管如此，地方立法也有选择许可方式。例如，有少数省市依据有无固定经营场所进行划分，综合适用许可和备案。相比许可，小餐饮登记备案准入政策对自身资源有限的小餐饮经营者更友好，且给予经营者缓冲期，不断提升自身经营标准，以达到食品经营许可条件，办理食品经营许可证。

## 三、事中、事后的监管强化

对于入市后的小餐饮监管，备案、登记等事前告知依旧发挥着信息收集功能，进而为强化事中、事后监管提供依据。也就是说，小餐饮监管降低准入门槛并不意味着放任不管。各地在采用“宽进”便民政策的同时，也加强了事中、事后“严管”措施。例如，上海市在实施临时备案的同时，建立了违规小餐饮的退出机制和惩戒机制，引导小餐饮规范发展。《上海市小型餐饮服务提供者临时备案监督管理办法》明确规定，经临时备案的小型餐饮提供者违法违规从事经营活动、情节严重，违反生态环境、房屋管理、消防安全、市容环境卫生管理等法律、法规、规章规定、应当依法注销临时备案，造成食品安全事故或重大社会影响等情形，由市场监管部门将有关信息告知镇（乡）政府或街道办事处，由其注销临时备案。

又如，浙江省则明确规定监管部门要在小餐饮备案登记之后的一个月内，对小餐饮食品安全保障工作进行全面检查，而浙江省每年通过行政执法平台下发“双随机”的检查任务，小餐饮行业的抽查比例将不少于 5%；对检查发现“三小”行业存在违法违规行为的，严格按照《浙江省食品小作坊小餐饮店小食杂店和食品摊贩管理规定》的有关规定进行处理，并通过抽样检验、行政处罚、信息公开、红黑榜信用惩戒、智慧餐饮监管、“阳光厨房”建设等多种监管手段，防控“三小”的食品安全风险。

地方立法中的“严管”措施，使小餐饮经营行为逐渐走向规范化。为了更好地实现风险管理，江苏、浙江、上海、安徽还明确规定了小餐饮经营的“品种限制”，列出小餐饮的禁止性行为，比如临时备案的小型餐饮商户禁止提供冷食类食品、冷加工糕点、生食水产品、凉拌菜等高风险食品。此外，多地要求小餐饮从事网络经营的，应当在网站经营活动主页面显著位置持续公示营业执照、小餐饮信息公示卡，遵守网络餐饮服务的相关规定。还有的地方对集中交易市场和网络食品交易第三方平台的管理责任作出了规定。

在传统的线下监管上，网络餐饮的发展和网络食品交易第三方平台的角色定位给小餐饮治理带来了新的机遇。在“互联网＋餐饮”发展初期出现的“黑作坊”“黑外卖”，却暴露了利益导向的小餐饮就业、创业往往因为成本而忽视乃至无视食品安全方面的投入。可以说，这是业态虽小但不能缺失监管的原因，避免利益置于安全之上的食源性风险。对于小微业态在食品安全、市场秩序方面的监管痛点，“互联网＋餐饮”带来的集成性管理提供了问题解决路径。因此，对于网络餐饮带来的新挑战，适时的监管回应除了严厉打击“黑作坊”，也包括如何规范这一新业态的健康有序发展。网络食品交易第三方平台“管理者”的角色定位意味着其应当承担行政法上的管理义务，包括：事前的准入审核，以避免没有许可资质的经营者入网经营；事中的线上线下监测，以便及时制止和报告发现的违法行为；事后则应主动或配合监管者停止提供网络交易平台服务。这一被称为“以网管网”的监管取向使网络餐饮平台成为餐饮监管的新关键点，且有助于小餐饮监管的公私合作和多元共治。以食安封签应对外卖食品在配送中的污染问题为例，确保送餐过程中的食品不受污染首先是入网餐饮服务者应当承担的义务。当地方政府自行或者与行业联合推广食安封签时，平台与业内单位提出的《餐饮外卖密封规范》团体标准更具专业性与可操作性。该标准的专业性在于充分考虑餐饮食品品类多、密封需求差异大等特点，并根据餐食的不同形态，为商户提供了多样化的外卖餐品打包密封方式。

鉴上，各地积极推进的小餐饮监管创新，虽然降低了小餐饮的准入门槛，但对小餐饮经营行为的监管更加严格，实现了小餐饮治理逐渐由“严进宽管”向“宽进严管”转变。而且在推进监管创新过程中，各地都注重采取了引导式的监管手段。对于符合条件的经营者，首先给予其足够的发展机会，通过登记备案准入保证其经营的合法性。在经营者被纳入监管体系后，允许并积极引导其提高自身条件，进而申请食品经营许可证。“宽进严管”和引导式监管的“组合拳”，既尊重了经营者的选择权，保障其经营自由，又保证了餐饮业内的主体多样性。同时通过加强对小餐饮的事中、事后监管，实现食品安全与行业规范发展的双提升，是科学监管、科学立法的生动体现。

## 思考题

1. 我国食用农产品的监管制度有哪些?
2. 进出口食品监管的意义有哪些?
3. 根据我国立法,“特殊食品”的建制是指什么?
4. 如何建立健全网络食品监管中的平台责任?
5. 小餐饮治理如何体现“放管服”?

3 PART THREE

| 第三编 |

# 域外食品安全法

# 第九章
# 美国食品法

**内容概述**

美国食品法的历史性沿革呈现不同的阶段性，各阶段的重点议题因时而异，如食品贸易、食品安全、食品营养、食品体系等。这在引发不同社会关注的同时也促进了食品法的立法回应和执法优化。从各州分管到联邦统一监管，联邦层面的立法通过与时俱进的修订、增补等，确保了美国食品法的回应性、现代化和先进性。其中，2011 年《食品安全现代化法》是自 1938 年《食品、药品和化妆品法》以来美国最重要的食品立法，提出了一个新的联邦食品安全监管体系。从监管实效和法治发展来看，部门合作、技术应用、食品体系等依旧需要立法回应，以促进食品法的持续现代化。

**重点知识**

1. 美国食品法：食品安全、食品体系
2. 《食品安全现代化法》：注册、预防、追溯

## 引读案例

在美国“食品沙漠”，居民要走 1 千米以上的路才能到达最近的大型超市连锁店，没有销售新鲜有机蔬果的农贸集市，只有零星的小超市和酒铺，一个接一个的快餐店。美式快餐店价格便宜、分量足，可热量大、脂肪重、盐糖量高，多吃容易导致发胖，从而引发心脏病、糖尿病等严重危害健康的疾病。居住在这些地区的人们，在食品上的选择十分有限，如果没有车或者因老弱病残无法开车的话，就更加没有条件跨区采购食品。为了解决这个问题，美国政府也想了很多办法，奥巴马政府推出了给到低收入地区开店商家的特殊津贴。一些“食品沙漠”的居民也组织“自救”，这些区有许多土地因欠款被银行收回继而丢荒，人们就开始在这些地上种菜，自产自销。非政府组织用卡车拉新鲜

蔬果到“食品沙漠”去，在废弃的停车场展开销售，形同送货上门。[①]

## 第一节 美国食品法的沿革

美国食品法的发展目标从来不是一成不变的，而是与时俱进，与时代的需求密切相关。其中的一些内在的、必然的矛盾，会引发一些社会的讨论。这些分歧使食品法备受关注，与现代社会生活息息相关。

### 一、渐进性的食品法沿革与食品问题

美国食品法是一个动态的、不断更新的领域。就顺时展开与层层递进的发展来看，美国食品法可分为五个阶段。各阶段体现了不同的价值观念、公众对食品的认知状况。

#### （一）食品贸易

自古以来，食品都处于贸易活动的核心地位。据记载，最古老的食品法通过严防食品欺诈来维护食品贸易的开展，保证供应商之间的公平竞争，同时促进食品贸易以供养不断增长的城市人口。美国的食品体系已经成为全球食品生产与商业贸易网络中不可分割的一部分。它通过全球贸易，确保国内消费者能够获得来自世界各地的、丰富的食品与食品原料。现代食品贸易与古代社会的食品贸易一样，都面临食品欺诈与市场准入等难题。美国通过国内立法来应对经济利益驱动型掺假，并通过签订国际条约等法律文书，来协调全球贸易规则、建立国际组织、推动成员国之间的自由贸易，实现食品质量与安全的标准化。如何解决体系内的贸易冲突，业已成为国际食品贸易所面临的最大挑战之一。

#### （二）食品安全

在殖民主义时期和美国社会早期，食品法已经开始关注食品掺假与公众健康之间的联系，然而，科学家们直到19世纪晚期才开始厘清细菌与疾病之间的关联。人们知道食品会变质，但是并不清楚其真正原因，也不知晓食品变质可能会导致疾病的这一潜在危

① 本案例根据网络报道整理而成。

险。食品安全治理的发展历程，就是一段探索与发现的历史，政府通过制定和出台新的法律规定来应对层出不穷的食品安全风险，包括复杂多样的食品污染、品种繁多的食品添加剂、层出不穷的新型农药以及科技进步创生出的新兴食品。当今社会下，食品制作和处理的技术复杂性，无形中增加了供应链环节的安全风险，包括生产、制造、加工、包装、营销、分配以及消费等环节。公众的生命健康，依赖于联邦政府、州政府以及地方政府运用多种法律手段，从农田到餐桌，为供应链上的每一个关键点保驾护航。此外，进口食品的监管越来越受到监管当局的重视。除了政府出台新的法律规定，其他形式的法律工具（例如诉讼和第三方审计）也越来越多地被运用，进一步保障了食品的安全。

### （三）食品营销

到了19世纪，科学技术和消费需求的变化带来了食品体系的根本性变革。方便快捷的新液态食品深深吸引着消费者。随着食品保存与物流技术的不断进步，大工业化生产经济和大众营销经济蓬勃发展，渐渐衍生出“品牌”这一概念，进而挑战着传统食品法的适用。最初，名牌产品传递给消费者的观念是“纯净，便捷，优质，商誉”，因此顾客购买的既是产品也是公司的承诺。食品配方与特征的不断创新以及激烈的市场竞争，催生更多法律工具来规范食品所传递的内容（包括标签、广告），保障消费者获得准确的信息，同时要求食品企业诚信经营、在必要时警示和引导消费者。规范市场交易的法律法规，通常会有限制商业言论的规定，这与美国宪法第一修正案产生激烈冲突，同时延伸出一个新问题——究竟哪些信息消费者必须知晓。近几年的一些针对交易索赔的集体诉讼，填补了成文法中没有明确规定的内容，同时也弥补了政府监管中的短板。

### （四）食品营养

尽管人们早已意识到食物与营养之间相互关联，然而，真正进行食品营养的监管，始于20世纪60年代。法律法规有多种形式去应对食品营养的监管，但其大体可以分为以下三类：（1）膳食补充剂的监管；（2）营养成分标签的监管；（3）针对营养不良和过度肥胖的对策。虽然许多具体的法规、标准，已经涉及膳食补充剂和营养成分标签，但结果是现代食品体系中同时存在食物摄入过多和食品短缺的问题，导致各级政府出台大量的营养政策方案与计划，来处理肥胖和饥饿这两大困扰美国甚至全球的难题。公共卫生部门建议可以参考针对烟草的诉讼来规制这些问题。因此，类似的法律制度已经延伸到规范健康危害信息的不透明，误导儿童观众的广告和防止欺诈行为等。食品法中针对盛行的肥胖问题所采取的措施，因个人责任论的观点而日趋复杂化。许多拟议的方式（例如在校园中限制垃圾食品、控制苏打饮料分量、强制餐馆菜单标示营养成分、改变行业营销方式、征收垃圾食品税等）都遭到批评和质疑，批评和质疑者呼吁保留个人自身责任意识，并且对“保姆式”国家的过度监管表示担忧。

### （五）食品体系

尽管食品已经实现产业化，但饮食行为从来都不只是满足基本生理需要的简单行为。食品该如何监管，深受消费者、文化、政治和社会规范的影响。人们渐渐开始关注食品的可持续发展、食品的本土化、健康食品的获取、食品信息的知情权、食用动物的权益、单一作物栽培以及食品的平等性与食品安全战略问题等。食品体系的建立反映出消费者越发认识到本地化、区域化、国内化甚至全球化的食品体系在日常生活中的重要性。人们重点关注的问题包括食品安全、食品销售与食品营养，尤其是它们在食品体系中的相互关系。例如，近年来不少转基因食品生产者声称其工艺是“天然的”，这引发了大量的集体诉讼。诉讼往往针对食品生产加工方法、过程与结果是否“天然”，而较少讨论转基因食品的安全问题。食品法规往往建立在科学结论的基础之上，而现代的食品体系涵盖多种因素，实际上给食品法规体系带来了更多挑战。因此，一些类似“私有标准”的非强制性法律、标准以及案例，开始成为满足消费者期望与要求的法律工具之一。不仅如此，文化、宗教以及社会禁止的礼教，都可以影响政府的政策。

## 二、美国食品法的体系与实施

美国食品法的表现形式多种多样，它包含了管理食品贸易、食品质量安全、食品市场推广、食品营养及食品体系的一系列法律工具。由于公众对食品污染的关注提升，美国国会通过了两部最早的联邦食品法：1906 年颁布的《纯净食品和药品法》以及 1907 年颁布的《联邦肉类检验法》。这两部法律具有深远的意义，它们彻底改变了一条宪法惯例，即公共卫生与安全是各州而非联邦的职责。从法律施行的效果来看，这些法律要求联邦机构首次监督美国食品工业生产的运作。长期以来，传统食品法和药品法由联邦政府机构——美国食品药品监督管理局负责执行，它发挥着监管美国消费食品的核心作用。此外，由美国联邦贸易委员会颁布的食品广告规范，由隶属美国农业部的食品安全监督服务局颁布的肉类、禽类和蛋类食品安全规范，由美国环境保护局颁布的食品农药残留规定都是政府机关制定的食品法律法规，它们重点关注食品安全与食品销售。

就美国食品药品监督管理局而言，其食品的监管重点在公共卫生安全。因此，它的管理条例以及规定标准，总体上都重在防止不安全食品或者假冒食品。尽管食品安全问题已被视为美国食品药品监督管理局的工作的重中之重，然而，营养不良、过度肥胖的出现也使美国食品药品监督管理局的管理权限继续扩大。例如，1938 年出台的《食品、药品和化妆品法》不仅施加给美国食品药品监督管理局对食品进行监管的责任，也同时赋予其监管非食品类产品的权力，包括药品、化妆品、医疗器械和生物制品。根据该法第 321（f）条的规定，食品定位为：（1）用于人类和动物食用、饮用的物品；（2）口香糖；（3）为制造上述两项产品而提供成分的物质。后续，该机构又将营养问题的监管也囊括其中，主要作食品属性与成分信息的监管。

到了 21 世纪，美国出现了一种旨在改变全球食品体系的新兴社会运动。虽然食品运动已经成为人们谈论的前沿话题，但却难以对其定义。该运动关注对社会规范的改变且内容广泛，除包括基本的食品安全和广告营销之外，还包括转基因食品的标识、食品营养成分、食物浪费、可持续发展、新型农民、农场保护、粮食主权、学校午餐改革、食品本土化、食品获取途径、城市农业、农业法案改革、园艺和烹饪课程、农民权益、营养成分标签、肥胖与饥饿，动物福利以及环境问题等。

尽管食品运动具有超前性，但现行的法律仍然主要依靠以下方式来应对人们对现行食品体系有关健康、环境和经济的忧虑：第一，在美国食品药品监督管理局、美国农业部、美国联邦贸易委员会和美国环境保护局颁布的这些传统的法规和标准基础之上，增补新的法律条例。第二，吸收非传统食品法的思路，通过附件的方式对传统法律制度进行更新和增补。例如，2011 年颁布的《食品安全现代化法》被视为自 1938 年《食品、药品和化妆品法》以来最重要的食品法律法规，它试图解决全球食品供应链中的食品进口问题与系统性的食品安全问题。

## 第二节　美国《食品安全现代化法》概述

作为自 1938 年《食品、药品和化妆品法》以来美国最重要的食品立法，美国 2011 年《食品安全现代化法》提出了一个新的联邦食品安全监管体系。

### 一、立法背景

《食品安全现代化法》是为了应对进口和国内食品所引发的食品安全问题而通过的。美国对食品进口的日益依赖，引发了公众要求加大对进口食品的监管。在《食品安全现代化法》通过时，进口食品占美国食品供应的 15％，其中包括 75％的海鲜和 60％的新鲜食品。这些数字正在飙升，未来也有继续上升的趋势。除了进口食品，国内食品也面临着较大的食品安全挑战。在《食品安全现代化法》出台之前，新兴食品被认为与美国食源性疾病的爆发有关，包括袋装菠菜、锅馅、胡萝卜汁、罐装辣椒酱、花生酱、辣椒、西兰花粉、白胡椒、狗粮和生曲奇饼。这些压力使《食品安全现代化法》获得了广泛的支持，包括食品安全倡导者、消费者团体、食品生产商和杂货店工业贸易团体以及商会等的支持。他们同时还强调，采取预防性控制的方式来管理食品安全，对公共健康和食品行业的经济繁荣而言，都不失为一个稳健的方法。

## 二、主要制度

### （一）食品生产和经营主体的注册

《食品安全现代化法》修改了《食品、药品和化妆品法》第 415 条，并对食品设施注册要求作出重大修改，增加了注册的频率（要求在美国食品药品监督管理局注册的食品设施必须在每个偶数年的 10 月 1 日和 12 月 31 日之间更新其注册一次）和注册中披露的信息范围。注册是为了提供信息，以便在发生食品安全问题时开展检查和调查。

《食品安全现代化法》要求以电子邮件和保证书的形式提供以下注册信息：设施联系人的电子邮件地址（如果是外国设施，则为该设施在美国代理人的电子邮件地址），以及允许美国食品药品监督管理局根据法案规定抽查注册设施的保证书。《食品安全现代化法》的最终指导文件扩大了 2002 年《生物反恐法》规定的一般食品类别。

### （二）企业检查

根据《食品、药品和化妆品法》第 414 条和第 704 条，美国食品药品监督管理局的法定检查机构，可以查阅企业的州际食品运输记录。2002 年颁布的《生物反恐法》第 306 条和《食品安全现代化法》修订了这两个条款。《生物反恐法》规定，如果美国食品药品监督管理局有合理理由认定某食品掺假，且可能对人类或动物造成严重的不良健康后果或死亡，该机构可在出示资质证明和书面通知后，检查和复制与该特定食品有关的所有记录，以确定该食品是否涉及掺假或存在导致严重的不良健康后果或死亡的风险。《食品安全现代化法》重申了美国食品药品监督管理局的这一权力，并在许多方面进行了扩大，包括在积极调查食源性疾病的爆发或确有必要阻止、减轻疫情时，美国食品药品监督管理局有合理依据认为某种食品可能被掺假、在特定农场被掺假，并且可能对人类或动物造成严重的不利健康后果或死亡的威胁时，应要求农场所有者、经营者或代理人提供该食品的直接接触者（消费者除外）。农场的所有者、经营者或代理人必须以迅速、合理的方式提供政府所要求的信息。

《食品安全现代化法》在《食品、药品和化妆品法》中新增了第421条，内容涉及高风险设施的检查。它要求美国食品药品监督管理局应确定哪些设施属于高风险设施，并依据其风险状况合理分配资源、检查注册设施。《食品安全现代化法》根据预期风险，确定检查频率。国内食品设施的最低检查频率是五年一次。美国食品药品监督管理局应在该法案生效起五年内至少检查一次所有国内的高风险设施，此后每三年至少检查一次。对于非高风险的国内设施，该局应在法案生效后的7年内至少检查一次，此后每五年至少检查一次。

进口食品的查验也是基于风险控制的。美国食品药品监督管理局应根据以下因素确定其风险，合理分配资源来检查进口食品：进口食品的已知安全风险，进口食品原产国和运输地区的已知安全风险；进口商的合规历史（包括召回、事故和违规情况）；进口商的外国供应商验证计划的严格性和有效性；进口商是否自愿参加了“合格进口商计划”；进口食品是否经过有资质的第三方认证；任何美国食品药品监督管理局认为适用的其他标准。

### （三）系统性预防办法

《食品安全现代化法》在《食品、药品和化妆品法》中增加了第418条，要求对注册设施进行危害分析并实施预防控制计划。第418条适用于所有食品，除了由美国食品药品监督管理局预防计划和危害分析与关键控制点监管的、果汁危害分析与关键控制点计划的、密封容器中包装的热加工低酸食品以及第419条中的新鲜农产品。

### （四）第三方认证

《食品安全现代化法》要求美国食品药品监督管理局建立一个体系，管理负责审核该机构管辖下的外国设施或进口食品的第三方认证。根据该制度，专门的认证机构将负责对第三方机构进行认证，这些被认证的第三方可以审核外国食品或生产设施是否符合美国的要求，包括新的预防控制要求。《食品安全现代化法》第302条规定了自愿合格进口商计划（VQIP）；第303条授权美国食品药品监督管理局要求对可能存在安全风险的进口食品，进口时应获得第三方认证。《食品安全现代化法》第307条设计了完整的认证体系，其中包括用以评估和认证第三方机构的标准。如果在认证体系建立两年内未能认证某一机构，美国食品药品监督管理局只能直接认证和授权该第三方机构。外国政府、农场、加工商、私人公司和个人产品的外国合作社也有资格作为适格的第三方。根据《食品安全现代化法》，美国食品药品监督管理局有权撤销第三方的认证或撤销认证机构的认证权。美国食品药品监督管理局还必须制定重新授权第三方和恢复认证机构认证权的程序。

### （五）食品的追溯

《食品安全现代化法》第 204 条提出了更严格和标准化的可追溯性系统。第 204 条要求在建立追溯系统之前，美国食品药品监督管理局至少开展两个试点项目（一个或多个用于加工食品，一个或多个用于新鲜食品），以评估和改进追溯方法，然后向国会报告这些试点项目的评估结果。美国食品药品监督管理局还需要进行数据补充，例如评估几种不同追溯技术的成本和效益，其中包括已投入商业使用的国内外追踪技术。

《食品安全现代化法》第 204 条要求美国食品药品监督管理局在完成试点和收集补充数据后，开始制定高风险食品记录规则，以促进追溯体系的实施。美国食品药品监督管理局必须考虑以下因素对高风险食物作出定义：基于食源性疾病数据的已知风险，具有较高潜在污染可能性的特定食物，以及特定食物可能造成疾病的严重性。这些高风险食物将成为新追踪系统的监管重点。

由于《食品安全现代化法》对食品工业的强制可追溯性要求（主要关注“高风险食品”）并不高，私营部门的可追溯体系继续蓬勃发展，零售商、生产商都积极响应消费者的需求，建立更透明度、高质量的追溯系统。当然，可追溯性制度对产品责任的影响是显而易见的。比如《食品过敏原标识及消费者保护法》规定任何不标记已知或未知的常见过敏原的制造商，须承担重大责任。因此，制造商必须知晓原料含量和来源，以避免最终产品被检测存在未标识的过敏原，而产生相关责任。

### （六）通报要求

《食品安全现代化法》要求对应通报食品登记制度（RFR）进行一些修改，例如告知程序要落实到消费者的层面，这样的规定对杂货店造成的影响很大。责任方（已注册的设施）必须为新产品提供以消费者为导向的信息，包括食品描述、产品标识代码（例如 UPC、SKU 或批号）、联系信息以及其他美国食品药品监督管理局认为必要的信息，以使消费者能够准确了解应通报食品。该局还要求这些信息必须填写在一页纸的标准化的简报中，并公示在该局的网站上，易于杂货店打印并张贴，用于告知消费者。销售应通报食品并且在 15 个以上连锁杂货店销售的，都必须在该局网站贴出通告后 24 小时内在店铺显眼处张贴相关通告，并保持 14 天。《食品安全现代化法》还要求美国食品药品监督管理局制定、公布并张贴此类通告的具体操作手册，杂货店应选择其中至少一个显眼位置（例如，应通报食品在店内陈列处、收银机处或附近）进行张贴。该法案严禁杂货店故意不遵守此消费者通知义务，否则其可能面临行政强制执行和刑事起诉。

### （七）农场的生产安全

虽然美国食品药品监督管理局对农场的食品安全有管辖权，但是该机构在历史上与农业几乎没有什么关系。《食品安全现代化法》却改变了这种情况，它扩大了该局的食品安全监管职权，包括对农场的作业的安全监管。通常，美国农业部会派遣具备专门知识的人员来规范农场活动（至少在畜牧业方面），而非美国食品药品监督管理局。一些人批评国会对美国食品药品监督管理局的授权，因为该机构的专业知识偏向于食品加工科学，而更好地掌握农业生产方式的应是美国农业部。尽管如此，国会还是决定授权美国食品药品监督管理局管理农场活动，以确保食品安全。

2013 年 1 月，美国食品药品监督管理局颁布了一项实施《食品安全现代化法》有关产品安全的拟议规则。该局根据公众对拟议规则的意见，于 2013 年 9 月发布了一项补充规则，修改了几个关键规定的措辞。该规则对在美国境内种植、收获、包装或保存用于人类消费的新鲜或未加工的水果和蔬菜的国内外农场，提出了新的要求。产品安全规则的建立必须以科学为依据，建立水果和蔬菜中微生物危害的最低标准。拟议规则未涉及化学、物理或放射性污染。与微生物污染不同，这些污染比较罕见，美国食品药品监督管理局无法使用基于风险的方法来提高产品安全性。

### （八）运输

《食品安全现代化法》授权美国食品药品监督管理局制定食品安全运输规定，从而将完整的农场后供应链（除了美国农业部单独管辖的食品）覆盖在其监管体系内。2014 年 2 月，该局公布了关于食品卫生运输的拟议规则。拟议的卫生运输规则涵盖国内和国外实体，但两者的规则范围不尽相同。通过汽车或轨道车辆在美国运输食品的托运人、接收人和承运人受该规则的约束（即使其运输的食品不属于州际贸易）。美国以外的出口商也受新规则约束，若其符合（1）使用海运或空运国际货物集装箱至美国；（2）在美国将完好的集装箱转移到运输的汽车或轨道车辆内，用于美国国内的商业用途；和（3）食物将在美国被消费或分销。拟议规则从“运输作业”的定义中排除了由农场输出的包装完整的耐储存食品、压缩食品气体（例如用于碳酸饮料的二氧化碳）、活牲畜和生鲜农产品。拟议规则还豁免了年销售额不到 50 万美元的从事食品运输业务的实体。此外，美国食品药品监督管理局允许其他遵守该规则的实体申请豁免，若他们能够证明授予豁免不会导致其运输食品引起人类和动物健康的安全隐患且不违反公共利益。

### (九) 执法

在《食品安全现代化法》出台之前，美国食品药品监督管理局没有强制召回不安全食品的权力。虽然纵观美国食品安全的发展历史，曾经有关于“政府是否有权命令公司从商品贸易中回收不安全食品”的辩论，但随着《食品安全现代化法》的出台，至少对美国食品药品监督管理局管制的食品，该争议已经不再存在。《食品安全现代化法》第206条第一次给予了美国食品药品监督管理局强制召回权。当食品有掺假（根据第402条）或错误标签（根据第403条）的较大可能性，并且有可能导致严重的不良健康后果或死亡（Ⅰ级召回）时，该机构可要求食品企业自愿停止销售和召回除婴儿配方奶粉以外的食品。如果责任方拒绝停止销售或召回此类食品，该局可以下达命令，强制该方停止销售食品，并立即通知所有分销商。公司可以对此行政命令提出申诉，申诉将在2天内获得听证；在此期限后，美国食品药品监督管理局将确认是继续执行还是撤销该行政命令。

《食品安全现代化法》完全沿用了美国食品药品监督管理局制定的召回指南，该指南根据涉及的危害程度将召回分为三个等级。Ⅰ级召回是最严重的召回类型；当有可能造成严重伤害或死亡时，该局才会启动Ⅰ级召回。Ⅱ级召回针对产生重大伤害或死亡机会较低，但仍有可能发生严重不良事件并产生不可逆转后果的产品。Ⅲ级召回针对不太可能导致不良的健康后果的产品，但由于机会仍然存在，因此产品应被回收。值得注意的是，《食品安全现代化法》赋予美国食品药品监督管理局的强制权，仅限于造成死亡或严重伤害时实行的Ⅰ级召回。

《食品安全现代化法》第102条授权美国食品药品监督管理局根据《食品、药品和化妆品法》第415（b）条暂停食品设施注册。如果美国食品药品监督管理局确定某设施生产、加工、包装或保存的食品，有可能对人或动物导致严重不利的健康后果或死亡，该机构可以暂停某设施的注册：（1）造成、引起或以其他方式导致这种风险可能的设施的注册；或（2）知道或有理由知道食品安全风险的概率，却仍然包装、接收或保存该食品。

行政扣留具有风险的食品，防止掺假或错误贴标的食品进入商业流通以保护消费者，同时给予美国食品药品监督管理局更多时间来考量进一步的执法行动。《食品安全现代化法》显著扩大了美国食品药品监督管理局扣留食品的行政权力。在《食品安全现代化法》之前，美国食品药品监督管理局必须在有“可靠的证据或信息”且能证明食品“对人或动物造成严重的不良健康后果或死亡的威胁”时，才能扣留该食品。这种举证上的高要求使扣留食品成为美国食品药品监督管理局的一大挑战，所以该局通常的做法是依靠各州政府对有关产品实施禁运。

《食品安全现代化法》修订了《食品、药品和化妆品法》第 304 条（h）（1）（A）[《美国法典》§334 条（h）（1）（A）]，美国食品药品监督管理局在有理由相信食品被掺假或贴错标签的情况下，可以行政扣留食品。美国食品药品监督管理局可以修订行政扣留的相关条例和其他相关文件。在《食品安全现代化法》颁布后不久，美国食品药品监督管理局在三次行动中不断扩大其行政拘留权：第一次权力扩大，使货物必须在其监督下进行整改；第二次权力扩大使其有权直接没收货物；第三次扩大确认在所有者自愿销毁问题食品时，行政扣留可以终止。

《食品安全现代化法》希望通过鼓励举报来保护公众免受掺假食品的影响，因此提供了大范围的举报人保护制度。

虽然《食品安全现代化法》对美国食品药品监督管理局进行了广泛授权，但由于其自身资源的稀缺，再加上政治和法律上的挑战，美国食品药品监督管理局无法在《食品安全现代化法》规定时间内完成细则的制定，也不足为奇。2012 年 8 月，食品安全中心和环境卫生中心在加利福尼亚北部地区提起诉讼，要求美国食品药品监督管理局以及行政管理和预算局（OMB）实施《食品安全现代化法》的特定条款。行政管理和预算局在规定时限内，一直未执行法律必须强制执行的若干条款，食品安全中心和环境卫生中心催促行政管理和预算局在规定的时间范围内审查、落实这些规定。

## 三、实施效果

尽管有《食品安全现代化法》的存在，美国政府问责署（GAO）于 2013 年 2 月仍发布报告，认为负责食品安全的各联邦政府机构之间缺乏配合协调，让人失望。报告同样表示，尽管《食品安全现代化法》将重点从食品安全监管转向预防工作，增强了食品安全体系的主体力量，但其中还有若干项规定需要跨机构合作，共同保障食品安全。但该法案与美国食品药品监督管理局的某些规章不同，它并不在整个联邦食品监管体系中都适用，同样它也不适用于美国农业部。该报告还批评了各监管机构至今未能制定出一套“业绩能力”的考核指标，可以以结果为导向衡量目标是否达到，也包括绩效指标、资源信息等多个政府部门可以适用的计划。该报告认为，在资源有限的时期，这样的计划显得尤为重要。

《食品安全现代化法》监管时代的另一个趋势就是社交媒体与食品安全监管相互影响。随着消费者越发意识到食品的重要性，博客和社交媒体参与者也逐渐为食品安全和监管的有效性发声。一个典型的例子就是被人嗤之以鼻的“粉红肉泥”，它被用于瘦肉、细纹牛肉和无骨瘦肉牛肉肉片的加工。2001 年，美国农业部食品安全监督服务局批准该产品仅能在有限范围内被人类消费，因此它被用作牛肉和牛肉加工肉类的食品添加剂。2012 年 3 月，在反对“粉红肉泥”的消费者博客运动之后，美国新闻广播公司发布了一系列关于此事的新闻报道。报道引起的普遍关注，迫使餐馆和杂货零售商承诺停止供应该产品，导致美国农业部政策的改变以及学校停止供应填充牛肉。社交媒体在食品安全监管中，将会扮演越来越重要的角色。

## 第三节　美国食品法的新发展

未来的食品技术，必定会带来新的挑战和法律问题。合成肉就是其中一个例子，它是一种在实验室里产生，而不是动物本身生长的肉。目前，要制造出完全成形的、具有复杂肌肉结构的，如牛排那样的人工肉还存在技术困难，但该技术仍在发展中。它被大家普遍认为可以应对环境压力、伦理道德和人类健康等问题。当合成肉在科学和商业上都变得可行时，它也会导致几个食品安全监管问题。第一个问题就是管辖权。合成肉是否属于《联邦肉类检验法》中定义的“肉”？如果美国农业部对其加工具有管辖权，它将不得不评估和考量合成肉与普通肉类的监管一致性。合成肉是通过把来自某种动物的细胞接种到支架或组织培养物上构建的。然而，假设直接从动物的骨骼肌获取几个原始动物细胞开始培养，最后原始动物细胞只占合成肉的 2%不到，增殖的细胞是否也符合肉的定义就成了问题。由于合成肉的生产仅在最前端涉及动物且没有屠宰过程，因此涉及合成肉生产的企业更应直接受到美国食品药品监督管理局的管辖，毕竟美国农业部的隶属部门通常负责管理屠宰活的动物和屠体加工肉类产品，似乎并不涉及合成肉。

与此同时，食品体系是一个综合体，随着时代的发展，总会萌发新的关注点。消费者是食品法律在适应现代化食品体系社会变革中的一个重要驱动因素。购买力、教育水平、城市化程度的提高和生活方式的改变，加上食品价格相对于其他商品的下降都导致了消费模式发生变化。在过去，价格和视觉方面是主要的购买标准，而现在，食品的内在质量已经成为一个更重要的评判依据。除了食品本身的质量，消费者在食品生产伦理层面的要求越来越高，包括对社会和环境的影响、工人的待遇、生产者公平的回报、环境影响、动物福利等。这些问题涉及“伦理消费主义”，引发了许多关注。因此，在美国，更多的人开始关注本地食品的价值，倡导食品体系的可持续性发展，宣示食品权利作为人们的基本权利之一，鼓励城市农业的发展，进一步构建社会公平与正义。

## 思考题

1. 影响美国食品法演变的因素有哪些？
2. 食品体系的概念是如何影响美国食品立法的？

第十章

# 欧盟食品法

**内容概述**

欧盟食品法意在通过协调各成员国的食品立法来促进产品的自由流通和保障欧盟公众与消费者的安全健康。本章介绍了对于经济发展与安全保障的立法目标权衡，20 世纪 80 年代中期到 90 年代中期的疯牛病危机使欧盟和各成员国意识到了后者优先的重要性，也改变了欧盟以市场为导向的食品立法协调定位。尤其是，《通用食品法》这一基本法的制定确立了以安全保障为先、以风险评估为基的食品法治共识。当下，鉴于全球化、“同一健康”等新的发展趋势与挑战，欧盟又通过官方控制的立法修订，完善了覆盖环境健康、动植物健康和人类健康的综合立法。

**重点知识**

1. 欧盟食品法：指令、互认原则

2. 《通用食品法》：食品、食品安全、风险分析原则、谨慎预防原则

## 引读案例

20 世纪 90 年代，英国在牛类中确诊了第一例疯牛病，但当时并不知道这一疾病是否具有传染性。到了 1988 年，疯牛病被确认为人畜共患病。为此，英国政府采取了诸如加强屠宰场监督等保护措施。即便如此，英国政府还是相信该疾病不会威胁人类的健康并于 1990 年就牛肉的食用安全作出保证。然而，1995 年英国确认出现了第一例新型克雅氏病（疯牛病在人体中的变异），其是一种死亡率极高的疾病。由于英国 1996 年前一直相信疯牛病对人类健康并不构成潜在威胁，因此针对人类健康保护的措施非常有限，而且没有通过风险预警告知公众有关疯牛病和其传染性的不确定性情况，以致公众一直

受到政府的误导，即没有通过避免牛肉消费等方式降低感染新型克雅氏病的风险。

# 第一节 欧盟食品法的沿革

从欧洲共同体成立到疯牛病危机爆发的20世纪80年代中期至90年代中期，欧盟食品法的发展主要是为了在欧盟内构建便于食品产品流通的内部市场。疯牛病危机使欧盟和各国规制者认识到，对于食品这一关乎公众健康安全的产品，只有优先保障公众健康才能重塑公众和消费者们对食品行业、政府规制的信心和信任。这也使欧盟食品法的发展进入以保障公众健康为优先目标的第三阶段。

## 一、基于市场导向的发展时期

以市场为导向的发展时期可以分成两个阶段。

在第一个阶段，欧盟协调食品市场发展的关注重点是通过纵向指令的协调来保障产品自由流通，其以第戎案例为结束点。概括来说，为推进内部市场建设，欧盟早期的协调手段是聚焦于成分的产品规定，即所谓的菜单立法。一个典型案例便是规定多少可可含量，以及除可可脂之外使用植物脂肪的食品能否被称为巧克力。这一针对人类食用的可可和巧克力的指令规定，欧盟所有的巧克力应当含有35%以上的可可脂。在2003年8月后，一些巧克力中的非植物脂肪的含量不能超过总重的5%。需要补充的是，该指令已被其他新的指令所取代，而指令这一立法模式意味着如果这一指令还未有转变为国内法，那么该指令中的规则便没有直接效力。然而，针对每一类食品制定一个成分标准是一项不可能完成的工作。而且，尽管所有的成员国都同意国家的边境不应成为自由市场发展的障碍，但在实践中，各国依旧倾向于尽其所能地保护其内部的市场和企业，尤其是，比起欧盟或者其他成员国的法律和标准，成员国更偏好其内部的法律和标准。鉴于此，欧盟法院的法律适用与案例判决对禁止进口数量限制和具有等同效果的措施作出了新的、广泛的解释，以促进产品的自由流通。

欧盟食品法发展第二阶段的重要产物便是互认原则和针对食品立法的横向协调。对于前者，第戎案例的判决具有开创性的意义。德国的连锁超市Rewe想要进口一种来自法国的第戎水果酒。然而德国主管部门拒绝许可这一进口，因为该酒的酒精含量低于德国法律对酒作出的产品标准要求。根据这一要求，烈酒的酒精含量至少为25%，而第戎酒的酒精含量仅为20%。通过这一案例，法院确立了一个基本原则：对于在一个成员国内的市场上合法生产的产品，其他成员国不得以它们不符合自己国家的法律而加以限制。这便是所谓的互认原则。互认原则的限制和劣势强调了有必要在欧盟层面进一步协调产品的要求。对于那些具有较严格国家标准的成员国而言，欧盟层面的立法被认为是提高邻国标准的希望所在。然而，第戎案例的判决改变了对协调所能带来收益的看法。在该案例之前，协调仅仅只是内部市场运作的条件。但在这之后，关注的重点已经转向减轻内部市场带来的后果。在法律层面也是，第戎案例之后的协调工作也与之前大不相同。原本针对产品的纵向立法协调也转向了横向立法协调，这意味着通用的规则针对所有产品的某一些方面，或尽可能地涉及多类产品。这一类的典型发展案例便是标识指令，其内容包括禁止食品包装上具有误导性的说明以及要求标注具体的关于配料表之类的信息。另一个案例是卫生指令，其要求食品生产者明确生产过程中的关键点并制定相应的保障安全的程序。

## 二、基于安全保障的发展时期

基于互认原则所推进的以市场为导向的食品法发展最终导致了悲剧性的后果。从20世纪90年代开始，欧盟的食品和农业领域内就出现了诸多不幸的事件。一系列的危机严重损害了消费者对公共机构、企业和科学的信任。尤其是，欧盟疯牛病危机以及随后发生的其他食品问题，表明了既有欧盟食品法体系内的一些严重缺陷。因而，有必要对其进行根本性的改革，这也使欧盟食品法的发展进入以保障公众健康为优先目标的第三阶段。也就是说，在疯牛病危机之前，欧盟食品安全法律从属于内部市场的发展。这一模式的问题在危机处理中暴露无遗，因而需要一个全新的且更为整合的方式来应对食品安全。欧盟委员会的目标便是重塑和保持消费者的信心。

在1997年5月，欧盟委员会发布了针对欧盟食品法基本原则的绿皮书。该绿皮书提出了可以充分理解食品生产的法律体系架构。消费者保护被视为首要目标。欧盟委员会承诺强化其控制食品安全的职能。在2000年1月12日，欧盟委员会发布了具有重大影响力的《食品安全白皮书》（本章以下简称白皮书）。白皮书的焦点在于评估既有的食品立法，进而建立健全一个更为一致且全面的、与时俱进的食品法律体系，包括强化这一法律的执行。此外，欧盟委员会也支持成立一个新的欧盟食品安全局。欧盟委员会所考虑的构建一个独立的欧盟食品安全局被认为是保障食品安全高水平的最为适宜的措施。根据白皮书，该机构所负责的工作包括所有关涉食品安全和快速预警体系运作的科学咨询，与消费者就食品和健康问题进行交流和对话，以及与国家机构和科学机构构建工作网络。欧盟食品安全局应当向欧盟委员会提供必要的针对产品或技术的风险评估服务，但是，就风险评估作出适宜的回应依旧是欧盟委员会的职责所在。

## 第二节 欧盟《通用食品法》概述

就白皮书规划的食品法改革而言，实现这一任务的第一步便是通过了欧盟议会和欧盟理事会 2002 年 1 月 28 日《第 178/2002/EC 号有关食品法基本原则和基本规定、建立欧盟食品安全局以及与食品安全事务相关程序的法令》。这一法令的常用名为《通用食品法》。从这一法令的官方名称来看，《通用食品法》的目标包括以下三个方面：第一，制定那些欧盟和成员国的现代食品立法应当遵循的原则要求；第二，建立欧盟食品安全局；第三，针对食品安全危机设立程序，包括所谓的快速预警体系。为了避免混淆，应当指出的是，《通用食品法》并不是汇编了所有食品立法的法典，而是食品法的一个基本构成。

### 一、立法目的

《通用食品法》规定了国家和欧盟食品法的基本框架，并通过第 5 条明确了成员国和欧盟食品法律要求的目标。就本法令而言，《通用食品法》第 1 条开宗明义地明确了这一法令的目标和范围：一是本法令意在为实现高水平的公众健康保护和消费者食品相关利益保障提供法律基础，同时考虑到包括传统产品在内的食品供应多样性和内部市场的有效运行。本法令确立共同原则和责任、明确提供可靠科学基础的方式、设置高效的组织机构与便于食品和饲料安全事务决策的程序。二是本法令适用于食品和饲料生产、加工和流通的所有环节。对于家用初级加工产品或者用于家庭消费的食品制备、处理或者储藏则不适用本法令。

由此可见，通过《通用食品法》，欧盟食品法旨在实现一个或多个基本目标，包括高水平的人类生命和健康保护，保护消费者利益、食品贸易中的公平行为，适宜时，考虑动物健康和福利、植物健康和环境。随后，欧盟食品法也提及了应当促进食品产品的自由流通，并符合国家标准的要求。

在此基础上，《通用食品法》第 5 条限制了立法者的自由度。食品法仅能追求这些目标，除此之外无他。这一限制的效果对于成员国的食品法而言，是显著的。国家法律不能背离欧盟法律。欧盟立法者自身可以在随后的立法中，采取其他决定。这里的立法的两个目标是保护人类生命和健康，保护消费者的其他利益。其他的原则都是具体阐述这些内容的。《通用食品法》的第 6 条和第 7 条则是根据保护人类健康这一目标，要求以科学为原则。第 8 条是关于保护消费者的其他利益的，例如，通过对各类不同的不公平贸易行为的措施，保护他们的利益。就那些应当追求的、完成的抑或加以考虑的利益，第 5 条没有提及的内容是什么？比较而言，最为典型的是食品企业的利益。尽管食品法的很多条款都提及了食品企业，且它们是最为关联的利益关联者，但是它们的利益并没有在这一立法中加以考虑。这一内容的确是因为食品的立法是为了回应疯牛病危机，进而需要借助《通用食品法》来提供一个全新的食品法。这些未有提及的利益可以根据比例原则加以保护。就利益相关者的利益而言，其所受到的损失应当与所要追寻的目标成比例。

## 二、 重要定义

针对在欧盟层面整合所有的国家和联盟的食品法而言，《通用食品法》所采取的第一步便是通过一些重要概念的定义，来提供一门共通的“语言”。很重要的一点是，这些定义的制定目的是“为了本法令”。因此，《通用食品法》的定义并不自动地应用于成员国的立法抑或欧盟的其他立法，尽管《通用食品法》本身是一项法令。但是，立法者应当确保《通用食品法》的概念适用于了所有相关的制定法中。一个例子便是针对动物源性食品的卫生法令，即第 853/2004 号法令。根据该法令第 2 条，为实施本法令，采用的定义包括第 178/2002/EC 号法令中的定义。根据《通用食品法》，一些重要的定义阐述如下。

### （一）食品

《通用食品法》第 2 条规定了食品的定义。如果某一产品符合这一定义，其便是该法律意义上的食品，且适用《通用食品法》。这对于其他适用这一定义的法律和法规而言，也是一样的。可以说，欧盟以及成员国内的所有食品法规定都应当如此。根据《通用食品法》第 2 条，鉴于本法令的目的，“食品”是指供人类食用或者根据合理预期用以食用的任何加工、半加工或未加工的物质或产品。“食品”包括饮料、口香糖及生产、制备或处理食品时所用到的任何物质，包括水，其中也包括符合第 98/83/EC 号指令第 6 条规定的守法要点的饮用水但不得违背第 80/778/EEC 号指令和第 98/83/EC 号指令的要求。“食品”不得包括以下物质：（a）饲料；（b）动物，但不包括用于人类消费而投入市场的动物；（c）丰收前的植物；（d）依据理事会第 65/65/EEC 号指令和第 92/73/EEC 号规定的药品；(e) 依据理事会第 76/768/EEC 号指令规定的化妆品；(f) 依据理事会第 89/622/EEC 号指令规定的烟草和烟草制品；(g) 依据《1961 年联合国麻醉品单一公约》和《1971 年联合国精神药物公约》规定的麻醉和精神药物；(h) 残留和污染物。某一产品可能作为食品，例如棕榈油，对此，其应当符合食品安全的要求，除非其被明确规定了用作其他的用途。这一物质的类别包括某一物质会被合理预期用于人类消费。在欧盟的文化中，食品定义中包括的活体动物主要是指牡蛎。其他的动物一般都会先行屠宰，再用于食用。

欧盟食品法对食品和药品作了严格的区分。这与其他一些国家所适用的方法相比，是非常奇怪的。例如，在一些亚洲国家，两者的概念可能是重合的。案例法在长期的发展中，也是非常关注食品和药品区分的。针对药品的立法是第 2001/83 号指令。这个指令针对药品规定了两个定义：一个是根据说明，另一个是根据功能。根据第 2001/83 号指令第 1 (2) 条第 1 款的要求，用于治疗或者预防人类疾病的任何物质或者物质组合，可以视为药品；而根据第 2 款，任何在管理下用于人类以便进行医学诊断，进而恢复、修复或者改变人类生理功能的任何物质或者物质组合，可以被视为药品。如果一个产品符合上述定义中的任何一项，其便是药品。换而言之，其是药品，便不在食品的定义内。

### (二) 食品企业和食品企业从业者

食品企业和食品企业从业者的定义之所以重要是因为许多规定都会涉及企业和从业者。如果一些人符合这些定义，他或者她都应当符合食品法的要求。根据《通用食品法》第 3 (2) 条，“食品企业”是指无论其盈利与否，但凡从事食品生产、加工和流通的公有或者私有单位；“食品企业从业者”是指有责任确保其所在的食品企业符合食品法要求的自然人或者法人。食品企业的定义非常广泛。在欧盟议会，这一问题的关注点在于追溯的要求是否适用于那些收集和分配食品的慈善机构。根据欧盟委员会的回复，其认为慈善机构也是食品企业，也应当适用食品法，但是成员国的机构在针对慈善机构的执法时，会比较宽松。遗憾的是，食品企业从业者的定义非常不精确。这一定义的作用在于确认那些有义务符合食品法要求的自然人或者法人。这一点可以参见《通用食品法》第 17 (1) 条的规定。通过定义的范围限定，食品企业从业者是那些需要承担责任的人。借此，一个完美的处理是《通用食品法》指出符合食品法的责任在于那些有责任的人。所幸，立法者的用意没有措辞那样令人困惑不解。食品企业从业者是指那些负责其企业的人，通常是指所有者。这是指那些负有责任并具有职权开展企业合规管理的人员。

### (三) 食品法

基于《通用食品法》，欧盟的成员国也制定了其他有关食品的立法，并发挥各自的作用。因此，根据《通用食品法》的定义，“食品法”是指共同体和成员国内以食品为基础，以食品安全为重点的法律、规章和行政规定。它包括了食品和食源性动物食用的饲料的生产、加工和流通领域内的任何环节。以食品卫生和官方控制立法为例，第 852/2004 号通常被称为 1 号卫生法令，其范围也决定了其他卫生法令的范围，因为后者都是基于第 852/2004 号法令的基本规定，就具体事项进行立法，因而，也在其范围内。第 853/2004 号法令通常被称为 2 号卫生法令，其规定了动物源性食品的要求。这些规则对于第 852/2004 号法令而言，具有补充性。第 854/2004 号法令通常被称为 3 号卫生法令，其基于第 853/2004 号法令的要求，明确了相应的官方控制的组织必要性。第 882/2004 号法令则是增加了那些意在预防、消除或者处理有害人类和动物健康的风险的控制，以及确保食品和饲料贸易的公平性，进而保护消费者。这四个法令构成了一系列主要适用于食品企业从业者的规则，当然，也会包括针对欧盟委员会、食品供应链和动物健康的常设委员会以及成员国的规则。这些规则的设置是以《通用食品法》中有关食品安全的定义、原则和规则以及第 852/2004 号卫生法令为依据的。随着第 853/2004 号法令针对动物源性食品以及诸如鱼类、野味、肉类和牛奶等作出规定，这些卫生规则也日渐具体，并为各个部门的食品企业从业者处理动物源性食品的责任规定了具体的要求。

## 三、 食品安全

尽管食品安全是食品法的主要目标，但是《通用食品法》没有定义食品安全，其仅仅是指出了食品不能不安全。同时，在《通用食品法》的定义中，涉及了风险和危害的概念。根据《通用食品法》第 3（9）条和第 3（14）条，“风险”是指某一危害对健康产生某种不良影响的可能性及严重性；“危害”是指食品或者饲料中存在的可能产生不良健康影响的生物性、化学性或物理性物质或条件；这些定义有助于确认哪些情形下食品可能导致危害，因此不再安全。但是，就食品而言，在所有微生物性、化学性或物理性的情形中都会发生问题。为此，《通用食品法》规定了食品企业从业者确保其入市食品的安全性的义务要求。根据其第 17 条，生产、加工和流通各阶段的食品和饲料从业者应在其所在企业确保食品或者饲料符合与他们活动相关食品法的要求，以及核实这些要求的实际落实情况。这一要求看起来非常明确——每个人都要符合法律要求，但实际要求更多。《通用食品法》第 14 条禁止不安全食品的入市销售。当食品有害于健康或者不适宜人类消费时，其被认为不安全。这一要求施加了一种基本的义务，即要确保所有入市食品的安全性。此外，这也意味着食品企业从业者的食品中存在一般风险时，一旦入市就会危害到健康。即便这是对后代的健康影响。换而言之，由食品企业从业者所导致的食品负面影响是一种违法行为。

作为一般性的禁止要求，第 14（4）条第 1 款还细化了何时以及如何认定食品不安全，以便适用本禁令。其既采用实体性的方式，也采用程序性的方式。也就是说，其首先指出了食品的事实效果，进而考虑了符合法定要求的合规性。就不安全性的问题而言，考虑其使用的正常条件是第一步，包括那些提供给消费者的信息。存在或者不存在适宜的使用说明或者警示（过敏标识）都用以判断食品的安全性或不安全性。如果食品有害于健康，其被认为不安全。因此，就不安全食品的这一概念而言，最重要的一点便是基于其消费时对于消费者抑或病人的健康影响。根据第 14（4）条第 1 款，这一健康影响包括立即、短期和长期的影响，以及对下一代的影响。就这一分类而言，药品的监管表明：一些人工激素对于消费者或病人而言是没有危害的，但是当消费者在怀孕期间使用时，会对其胎儿造成损害。因此，需要考虑人工激素在食品中的存在情况。而在这些情况下，其就是本条款所规定的不安全食品。在确认食品的不安全性时，应当考虑积聚的毒理效果，例如，在和其他食品一起消费时所带来的负面影响。其次，在确认某一食品是否安全时，也需要一个事后的立场，即考虑可能存在的效果。对于可能出现的效果，应当在某一食品入市时掌握相关的知识。最后，当食品针对某一类消费者时，该类消费者对于健康的特别敏感性也应当考虑。例如，婴儿食品不得有害于其健康。仅仅对婴儿而言，某一食品具有不利影响，但是对于大众来说，未必不是安全食品。然而，对于那些特定的人群而言，如具有一些食品过敏问题的消费者，针对公众所提供的食品也应当考虑到这部分人的情况，并通过适宜的警告考虑这些人的消费安全。

值得一提的是，食品如果不适宜消费，也会被认为是不安全食品。在确认某一食品是否不适宜消费时，应当考虑其使用目的，其在消费时因为污染而不可用于食用，无论是食品内部还是外部出现的问题，也无论是腐败还是变质所引发的。一些学者对这一规定提出了质疑。对此，他们理解一些即便没有危害健康的食品也可能被列为不安全食品。其实，这有另外一种更适宜的解读方式，即关于举证的问题。如果食品腐败到不适宜消费了，无须再提供额外的信息来说明其在消费时对健康的影响可能。就那些会导致腐败的微生物（无论致病与否）而言，无须确认其性质。

## 四、基本原则

### （一）风险分析原则

食品法应当基于科学基础，就《通用食品法》的措辞而言，“食品法应当基于风险分析，除非所涉及的情形或者措施的性质不适宜”[①]。这一原则是欧盟应对食品法的核心方法，进而使食品法是一部有关食品安全的法律。《通用食品法》将风险分析视为一个过程，其涉及三个相互关联的要素，包括风险评估、风险管理和风险交流。这三个要素中的第一个要素是风险评估，其是一个基于科学的过程，包括危害识别、危害定性、暴露评估和风险定性四个步骤。欧盟食品安全局是开展风险评估的主要部门。风险评估者为公共机构的决策者提供信息，以便其决定某一涉及的产品或者活动所关联的风险是否可接受，如果有必要，可以采取措施来减少这些风险。

第二个内容是风险管理，其是一个非常宽泛的概念。作为一个过程，风险管理有别于风险评估，而是在和利益相关方进行咨询后对可选政策的权衡，考虑风险评估和其他的合法要素，且在必要时，选择适宜的预防和控制选项。就这些可供选择的内容而言，风险管理包括立法、执行和介于两者的所有措施。在很大程度上来说，风险管理是欧盟委员会和成员国的事项。在较小程度上来说，风险交流也是。风险管理考虑风险评估的结果，但是在一些情形下，也会考虑其他与斟酌事项关联的要素。这就是所谓的“其他合法要素”，其包括社会、经济、传统、道德和环境等因素以及控制的可行性。在一些情形中，在针对所有的信息进行评估后，依旧存在科学不确定性，则应当触发谨慎预防原则，对此，应当符合《通用食品法》第 7 条的规定。

保护水平的选择也是风险管理的内容。反复强调的内容是欧盟应当选择高的保护水平，因此应当针对那些确认的风险采取严格的措施。

风险分析的第三个要素是风险交流。风险交流是一个在风险分析的过程中，针对信息和意见的相互交换。这包括危害和风险的内容，以及风险相关的要素和评估者、管理者、消费者、饲料和食品企业、学术团体和其他利益相关方的风险认知。风险交流可以解释风险评估结论，说明风险管理决策的依据，消弭专家、政策制定者和其他利益相关者的鸿沟。英国疯牛病危机的一个重要教训是应当重视风险交流，且确保交流的透明性和公开性。目前，欧盟食品安全局可以针对其所有任务领域内的活动进行风险交流，除非交流的风险管理决定是欧盟委员会的职权。正因为如此，对于确保风险交流过程的一致性而言，保持欧盟食品安全局、欧盟委员会和成员国之间的紧密合作是非常有必要的。

当开展风险管理之前，风险评估便有理想情形时[②]，风险交流可以在所有的环节中发挥作用。对于风险评估和风险管理而言，要实现它们预期的目标并加以传播，交流的作用是至关重要的。以预警出现的风险交流甚至可以是一种风险管理的形式。

---

① 原注：《通用食品法》第 6 条。一些食品规制并不处理生物性、化学性或者物理性的危害，因而也不要求有前置的科学性的风险评估，例如，那些针对食品标识的措施。

② 许多出版物都指出这三个活动是一个循环的过程，其表明一个风险管理决策会引发一个新的风险评估。当很多情形都是如此时，风险管理并不是风险评估的前置条件，而风险评估是风险管理的一个条件。

### （二）谨慎预防原则

谨慎预防原则被作为风险分析原则的补充。在具体的情形中，根据既有信息的评估，有害健康的可能性得以确认，但是依旧存在科学不确定性，有必要在欧盟层面采取临时性的措施以实现高水平的健康保护，在此期间需要收集更多的科学信息，以便开展更为全面的风险评估。因此，谨慎预防原则应对的是存在科学不确定性时的决策。在欧盟法律中，这一原则第一次出现在1992年的《欧共体条约》的环境章节中。然而，它的适用范围并不限于环境问题。谨慎预防原则可以适用于其他的欧盟政策，包括人类、动物和植物健康相关的政策。一个适用谨慎性措施的成功案例是裁决认定共同体有关英国牛肉出口的涉及全球范围的禁令是有效的，而这一背景是疯牛病危机的爆发和处理。在有关疯牛病的判决中，欧盟法院指出："就与人类健康相关的风险而言，当其存在抑或程度存在不确定性时，机构可以采取保护措施，而无需一直等待，直到风险实质化且严重时才采取行动。"这一判断在随后的裁决中也反复被适用。

借助谨慎预防原则来解决食品安全问题在这个领域也是具有国际争议的。因为世界贸易组织的动植物卫生检疫措施的协议适用严格的科学原则，而谨慎预防原则允许在科学证据不充分时采取措施，随着其成为有力的工具，其可能成为隐蔽的贸易保护手段。无论谨慎预防原则在国际法中的地位如何，欧盟一直在呼吁，将该原则适用于其新的食品安全政策。在2000年，欧盟委员会出台了有关谨慎预防原则的白皮书，以便告知所有的利益相关方，欧盟将在其政策中执行这一原则。目前，这一原则已经出现在欧盟法律中，第一次便是《通用食品法》的第7条规定。这一规定定义了适用这一原则的条件。根据《通用食品法》序言，在一些情形中，科学的风险评估并不能单独为风险管理提供所有必要的信息。《通用食品法》可以使用谨慎预防原则来保护公众健康，并为联盟内适用这一谨慎性的措施提供共同的基础，以防止武断的决策导致不合理的壁垒，阻碍食品和饲料的自由流通。《通用食品法》序言规定这一情形是指存在有害生命或健康的风险，但是也存在科学不确定性，谨慎预防原则提供了一种机制，以便可以确定风险管理的措施或者其他的行动，以实现共同体的高的健康保护水平。

《通用食品法》第7（1）条规定了三个前置条件，其是共同体或者成员国政策实施谨慎预防原则时应当遵循的要求，包括：（1）在决策之前，仍需针对所有可及的科学数据进行评估；（2）确定了危害健康的可能性；（3）风险评估难以有决断性的结论或者不一致，且风险无法确认，即存在科学不确定性。第6（3）条提到了就有关食品安全的决策而言，其风险管理者在考虑各类因素时，应当考虑谨慎预防原则。因此，谨慎预防原则是一项风险管理的工具，且应当在风险分析这一框架中加以应用。适用这一条件的前提是由于不充分，没有结论或者信息不准确，风险的科学评估者在评估风险时，无法确保充分确定性。可及信息的不充分，使共同体或者成员会无法根据风险评估作出风险管理的决定。然而，风险评估可以确认潜在的风险，即便无法充分得到证实，但对于社会而言也是不可接受的，或者说与欧盟内可接受的保护水平不相一致。在这些情形下，谨慎预防原则使公共机构可以采取行动，而不是等待这些潜在的风险及其危害变成现实。然而，根据谨慎预防原则所采取的措施是临时性的，需要更多的科学信息来作出更为全面的风险评估。基于谨慎预防原则的措施可以在科学数据不充分、不精确或者无结论以及风险危害社会的可能性很高的情况下保持适用。其临时性的特点并不关联时间要素，而是与科学知识的发展相关。在一段时期后，应当根据风险危害生命或健康的性质对这一措施加以评估。

## 第三节　欧盟食品法的新发展

新的官方控制第 2017/625 号法令，即有关官方控制和为确保执行食品和饲料法律、动物健康和福利、植物健康和植物保护产品规则的其他官方活动的新法令，已于 2017 年 4 月 7 日发布。这一法令内容非常丰富，且涵盖实体性规则、程序性规则和机构主体，这主要是因为其所要实现的目标既复杂又雄心勃勃，即法令第 1 条的“议题和范围”一并提及了食品安全、完整性和有益健康，且在法令的机构章节也肯定了这一目标，尤其是为食品（食用农产品）的真实性和完整性设定欧盟的基准中心，以及“欧盟基准实验室”和“欧盟基准实验室体系”，以便确保分析、检测和诊断的质量、一致性和可靠性，以及提高和实现国家实验室活动的标准化，并引入针对动物福利的欧盟基准中心。相应的，在制度完善方面，新的法令引入了更为细致的成员国合作模式，新项目也包括欧盟委员会在第三国以及成员国开展的控制，联合培训活动，信息处理的统一体系，持续性的监测以及根据负责某一批次的一国和原产工厂、原产地以及出口商和从业者的前期合规情形建立登记体系；规定成立特定的中心和机构来检查食品产品和食用产品的流通情况并覆盖源头植物或动物的全生命循环；针对各类措施的重要参考并不仅仅包括欧盟其他成员国采取的措施，也包括欧盟外的国家和管辖地采取的措施，如那些会深刻影响从业者日常活动的合格评定，如等级划定和许可情况，随之而来的便是与保证贸易自由和竞争相关的涉及公平和保护的精细档案情况。

2017 年的立法改革表明了食品领域内官方控制体系化和制度的一体化。借此，新的法令具有实现生命循环的监管的特点。除了用于科研和兽药的动物监管，第 2017/625 号法令并不仅仅是一个针对食品安全控制及覆盖生产、加工和流通环节并对食品提出完整、健康和质量要求的单一化统一法律框架，而且，这一法令的一体化体现在了针对环境和任何生命形式的监管要求，包括各类动物和植物，且无关它们在食品供应链中所处的环节。针对动物和植物的官方控制意在确保那些进入人类消费供应链中的食品和饲料产品的安全性，并同时实现以下目的：一是关注动物福利和保护植物免受有害物质侵害，无论它们是否与食品的安全和质量相关联。二是关注绿色区域，包括欧盟内的森林、生物多样性和环境，这些都是第 882/2004 号法令未曾关注的。三是与更为宽泛的主题范围相一致，后者涉及各类生命形式和重新定义危害和风险的概念。

在《通用食品法》中，危害的定义是“食品或者饲料中存在的可能产生不良健康影响的生物性、化学性或物理性物质或条件”。所谓的健康是指第 1 条规定的人类健康，即“本法令为确保人类健康和消费者与食品相关的利益的较高保障水平提供基础”，而风险被定义为“不利健康影响的发生可能性和这一影响的严重性，并最终成为一种危害”。在 2017 年的法令中，危害被定义为“任何对人类、动物或植物健康以及动物福利或环境有潜在不利影响的物质和条件”。相应的，风险被定义为“有害于人类、动物或植物健康，动物福利或环境的影响的发生可能性以及该影响的严重性，并最终成为一种危害”。新法令中官方控制必须考虑的危害和风险不再仅仅是直接或间接影响人类健康的危害，而是从更为宽泛的视角在涉及危害人类健康的基础上，一并包括影响动物和植物健康，以及动物福利和环境的危害，也就是说，包括所有影响生命循环的物质或条件。可以说，生产和贸易的全球化和规则的全球化改变了公民和立法者的价值和利益取向，并从最初的人类健康扩展到所有的生命体和环境保护。因此，有必要拓展食品法的覆盖范围，使其适宜当下的情形，包括整合更多的主体、物体、规制工具，并不限于农业体系和食品供应链，而是拓展至全球化的市场和健康保护。

## 思考题

1. 20 世纪 90 年代，欧盟为什么要改革食品安全法治？

2. 欧盟《通用食品法》的主要内容是什么？

# 第十一章
# 日本食品法

**内容概述**

日本的食品安全监管起步于警察行政，并且日本于二战后建立了以行政部门为主的食品卫生监管机制。但这一时期的监管特点为消极行政。2003年，日本开始了食品法改革，全面采用了科学、安全、预防原则，加快了与全球同步的趋势。同时，该改革也兼具本土特性。可以说，日本的食品法制建设在两者的权衡中找出了务实的妥协点，遵循而不是领先于全球标准的法律规则成为日本食品法的特点。由于日本的食品安全监管既传承了警察行政的缜密特点，又是以咨询和指导为中心的积极行政，故其执行成本较高。当下，全面推行的数字化改革能否成功推行，将决定日本的食品法治及行政监管的走向。

**重点知识**

1. 《粮食、农业和农村基本法》：多功能农业、良好农业规范
2. 《食品安全基本法》：食品流通、批发市场、食品标识
3. 《食品卫生法》：肯定列表、HACCP

## 引读案例

1996年7月12日夜间开始，日本大阪市堺市大量出现以腹泻、便血等为主要症状的患者。截至9月25日，共计6 561人受诊，其中包含6 309名学童。虽然调查结果无法确定污染源和污染途径，但住院患者的上学及食用学校午餐日期均为8日和9日，且其菜单均包含特定生产商的非加热萝卜苗。经实验证明，萝卜苗生产过程中存在大肠杆菌O157污染的可能性和贮藏过程中温度控制不足的可能性，并且有症状的人，其大肠杆菌O157的DNA模式匹配。案发当时，虽然政府没有断定萝卜苗为食物中毒的原因，但媒

体报道称“杀人萝卜苗”，导致消费者的恐慌，多数生产商受到其影响，最终发展到国家赔偿诉讼，部分案件中国家败诉。事后，日本政府引进了 HACCP 概念，制定了《萝卜苗生产卫生管理手册》，并成为推进良好农业规范的契机。[①]

## 第一节 日本食品法的沿革

在日本，食品被定义为医药品以外的所有食物和饮料，按其状态可分为生鲜食品和加工食品。前者源于农业、渔业、林业等第一次产业，后者以其为原料加工而成。相应地，规范前者的《粮食、农业和农村基本法》和规范后者的《食品安全基本法》奠定了日本食品法的根基，且应根据其基本方针和要求建立并执行制度。

日本食品法的沿革可以分为三个阶段。第一个阶段是基本法空白期。从 1940 年代到 1950 年代，日本的粮食供应严重短缺，因此该阶段的主要任务是提高生产力，从而增加粮食产量。第二个阶段是农工差距纠正期。从 1960 年代到 1970 年代，日本处于高度经济增长期，该阶段的主要矛盾为产业之间的收入失衡，因此 1961 年颁布的《农业基本法》旨在纠正农业与其他产业之间的生产力和生活水平上的差距。第三个阶段是多方位功能期。1999 年制定的《粮食、农业和农村基本法》从全民角度出发，明确了粮食、农业和农村应发挥的作用，包含以下四点：第一，粮食的稳定供应；第二，农业生产活动的多方位功能；第三，农业的可持续发展；第四，农村的繁荣。从中可见，多方位功能指的是农业生产活动肩负的多重任务，除了粮食供应，还要保护水土资源和自然环境，形成良好的景观，传承文化等。

日本的食品安全监管同样经历了三个阶段。第一个阶段是隶属行政期。在 1900 年颁布的《食品和其他物品管制案》，将食品安全管理权交给内务省和警察部。换言之，在这一时期的食品安全通过企业管理和警务工作间接得到保障。第二个阶段是消极行政期。在 1947 年日本制定了《食品卫生法》，厚生劳动省（在 2001 年以前是厚生省）负责农水产品生产阶段以外的食品安全。该法的目的是通过预防食品带来的卫生风险，促进公众健康。换句话说，旨在维护国民生活秩序的该法被归类为警察法。因此为了防止警权滥用，食品卫生行政必须依法执行，并遵守消极行政原则，即除了控制食品卫生的目的，不允许出于促进社会和公共福利等积极目的执行监管，从而过度限制宪法保障的个人自

① 本案例由作者整理、翻译而成。

由。第三个阶段是积极行政期。日本于2003年制定了《食品安全基本法》，首次以保护国民健康为首要目的，并明确了预防原则。具体而言，为了确保整个食品链的安全，将产业振兴相关部门和安全责任部门分开，引入基于科学证据的风险分析技术。特别是内阁府下设立的食品安全委员会，独立于风险管理机构，统一制定风险评估标准，实现了跨部门管理。

## 一、 农业政策与生产管理

根据《粮食、农业和农村基本法》的基本理念，日本政府每五年制定《粮食、农业及农村基本计划》，明确政府应采取的法律、财政和金融措施。例如，2000年计划提到了粮食自给率目标，建立高效稳定的农业经营结构，从价格保障转向收入保障，推进农业经营主体法人化。2005年的计划响应1993年结束的乌拉圭回合谈判的结果，为上进积极的农民准备了新的经营收入稳定措施。随着政权更替，2010年制定的计划包括家庭收入补偿制度、“生产（一次产业）×加工（二次产业）×销售（三次产业）”为一体的六次产业化，以及50％的粮食自给率目标。2015年再次迎来政权交替，将自给率目标降至45％，同时强调出口政策，并加大力度改革农业合作社。2020年计划指出，提高中小企业、家族企业等各类经营主体的农业经营水平，2030年农林水产品和食品出口实现5兆日元的目标，并与相关部门合作，带动所有乡村走向繁荣。

基于上述政策，日本政府为了保障从农场到餐桌的全程安全，建立了一系列法律体系。下面首先介绍农业生产资料的安全管理，具体是农药、肥料和饲料相关法规。其次，将介绍动植物防疫相关规则，动植物防疫相关规则是为了防止牲畜和农作物病虫害传播，保障食物稳定供应和饮食安全而准备的各项规定。最后，将阐述农产品的生产过程控制以及与之相关的良好农业规范等认证制度和有机农产品制度。

### （一）农药、肥料和饲料相关法规

《农药取缔法》制定于1948年，针对农药登记制度以及农药的生产、进口和销售进行规范。该法旨在通过确保农药的质量和安全、合理使用，为农业生产的稳定，保护人民身体健康和生活环境作出贡献。农药是用于防治真菌、线虫、螨虫、昆虫、老鼠、禾草等危害农作物的动植物或病毒，增强或抑制农作物生理功能的杀菌剂、杀虫剂、除草剂等化学品以及其他化学品（除化肥）。

2002年日本各地相继发生了无注册农药的销售事件，因此将原有的销售监管为主的方式转换为过程规制，将制造、进口、销售和使用均列入监管范围。农药登记制度原则上只允许生产、加工和进口在国内注册的农药。未经农林水产大臣登记，制造商或进口商不得制造、加工或进口农药。销售商必须通知销售处所在地的都道府县[①]知事，禁止销售未注册的农药。使用者必须按照农林水产大臣和环境大臣制定的标准使用农药。违反者将被处以3年以下有期徒刑或100万日元以下罚款。

申请注册时，必须提交申请书、说明农药安全性等质量检测结果的文件，以及农林水产省令规定的其他必要的审查材料。关于环境残留标准由环境大臣制定，每种农药必须确认不超标才能注册。关于食品中的农药残留，过去采用负面清单制度，并且只针对生鲜食品，而2006年采用了肯定列表制度，禁止销售含有未设定残留标准值的农药和兽药的食品，并将加工食品列入监管范围。未制定残留标准的成分，一律不得超过0.01ppm。此标准同样适用于兽药残留，根据《药品和医疗器械的质量、有效性和安全保障法》，由农林水产省负责管理。

1950年制定的《肥料取缔法》旨在通过规范肥料的生产，确保其质量，公平交易和安全使用，从而增强农业生产力，为保护国民健康作出贡献。肥料指以提供植物营养为目的或使土壤发生化学变化以培育植物为目的而施于土地的物质，以及以提供植物养分为目的而施于植物的物质。肥料分为特殊肥料（农林水产大臣指定的米糠、堆肥、其他肥料）和普通肥料（特殊肥料以外的肥料）。普通肥料根据公定规格，其主要成分（氮、磷酸、钾等）的最低含量，以及植物有害成分（镉等）的最高限量，均有规定。普通肥料的生产、进口商需事先向农林水产大臣或都道府县知事注册，特殊肥料的生产、进口商需提前通知，销售商也需要通知。注册需要符合公定规格，并对植物生长没有危害，有效期为3年或6年。普通化肥的生产、进口和销售商，必须交付保证卡并记载其种类和主要成分最低保证量，才能转让。农林水产大臣和都道府县知事认为有必要管控化肥时可以进行现场检查和产品没收，违者将受到处罚。对于可能因施用方法而对人畜造成伤害的普通肥料，必须遵守农林水产大臣制定的施用时间和方法等标准。

《确保饲料安全以及提高质量法》于1953年颁布，在1975年进行大幅修改，旨在通过规范饲料和饲料添加剂的生产、制定饲料的公定规格并对其进行验证，确保饲料安全和提高饲料质量，从而为公共安全和畜产品稳定生产作出贡献。本法所指的饲料是以饲养家畜等为目的而使用的，饲料添加剂则是为了防止饲料变质，补充饲料的营养成分和其他有效成分，促进饲料所含营养成分的有效利用，将其添加到饲料中，并在听取农资审议会的意见后由农林水产大臣指定的。家禽等共有31种。为确保安全，国家制定规格标准，禁止生产、进口和销售不符合标准的饲料，可以禁止生产、进口、销售或销毁含

① 日本的行政区划体系之一，共有47个都道府县。1个“都”为东京都，1个“道”为北海道，2个“府”为京都府和大阪府，加上43个“县”，统称为地方自治体，相当于中国的省级行政区。

有有害物质的饲料。另外，还规定制造、进口、销售商的通知义务、报告听证会、现场检查相关事宜。除此之外，还规定了公定规格、标签标准等质量相关规定。

日本的饲料自给率不足 3 成，饲料的大部分依赖进口，欧洲疯牛病引发的混乱也足以证明日本畜牧业所面临的现实。为保障饲料安全以及动物防疫，2002 年制定了《牛海绵状脑症对策特别措施法》，包括防止 BSE 的发生和传播，禁止使用牛肉骨粉制成的饲料，针对死牛进行通报检查，建立牛个体管理制度等措施。根据个体管理的规定，日本在 2003 年制定了《牛个体识别信息管理和传输特别措施法》（又称牛溯源法），由农林水产省管理溯源台账。除此之外，日本国内唯一的溯源法是《关于大米等交易相关信息的记录和产地信息传输的法律》（俗称大米溯源法），制定契机为 2008 年发生的污染大米销售事件。

### （二）动植物防疫相关规则

疯牛病、禽流感等动物源性疾病不仅会影响畜牧业者，对地方或国家经济也会产生重大影响。因此，为了肉类和奶制品的稳定供应和人体健康，动物防疫不可忽视。在日本，牲畜卫生由农林水产省负责，会同都道府县家畜卫生部局、国立研究开发法人农业食品产业技术综合研究机构，对国内畜禽疫情实施规划、协调、指导等。同时动物检疫所进行进出口检疫。都道府县根据《家畜保健卫生所法》，设立家畜保健卫生所，实施畜禽防疫措施。

根据《家畜传染病预防法》，动物检疫所负责防止家畜传染病的入侵。该法旨在通过防止畜牧业传染病的爆发和传播，促进畜牧业发展。具体针对疯牛病、高致病性禽流感、口蹄疫等 28 种家畜传染病，规定了以预防疫情为目的的通报检查、以防止传播为目的的疫情通报、屠宰和行动限制等强制措施、国家和地方政府之间的合作以及国家的费用负担。2010 年以口蹄疫的爆发为契机，该法加强了畜禽防疫体制，2020 年该法进行了最新修订。

在 1959 年颁布的《植物防疫法》旨在检疫进出口植物和国内植物，消灭对植物有害的动植物，防止其传播，促进农业生产的安全和发展。由于各国普遍需要防止有害害虫跨越国界入侵，因此 1951 年签订了国际植物保护公约。此法属于该条约的国内法。1994 年世界贸易协会协议的一部分《实施卫生与植物卫生措施协定》生效后，日本国内也根据国际标准进行防疫。

进口苗木、水果和蔬菜时，禁止进口土壤本身和附着土壤的植物，另外不得从省令规定的特定地区进口特定植物。其他的将由植保人员进行检查，如果检查发现害虫，将进行消毒或废弃。厚生劳动省检疫所除植保所进行的检查外，还根据食品卫生法对农药和食品添加剂进行检查。出口则需要满足进口国的要求。除此之外，厚生劳动省检疫所还根据国内的病害虫的发生和蔓延情况，实施适当的防控措施。在害虫防治方面，厚生劳动省检疫所与都道府县等相关机构合作，通过预测病害爆发、积极推广低环境负荷防除系统（IPM），减少农药散播。

### （三）农产品生产过程管理

日本的农产品生产过程管理的努力始于1996年，契机为病原性大肠杆菌O157引发的大规模食物中毒事件。此后，2007年公布的农业政策基本方针首次规定积极引入和推广良好农业规范，相继2010年农林水产省制定了《农业生产过程管理共同基础设施指南（良好农业规范）》（2012年3月最终修订）。但是，该指南仅涉及食品安全、环境保护和职业安全，而且截至2016年，其普及率仅有23%（1010个产区）。再加上目前日本国内存在多种良好农业规范，根据农林水产省的调查，实施都道府县的良好农业规范占24%，生活协同组合的良好农业规范占21%，各个产地的良好农业规范占13%，其他良好农业规范占4%。此般混乱状态也成为阻碍全球良好农业规范普及的重要原因。

关于有机农产品，日本食品法典委员会于1999年通过了《有机食品生产、加工、标识和销售指南》。为此，日本制定了有机农产品的日本农林规格（有机JAS）。该规格中对有机农产品的定义是，“为了保持和改善农业的自然循环功能，在避免使用化学合成肥料和农药的基础上，利用土壤的性质发挥其农业用地的生产力，采用尽可能减少农业生产对环境造成的负担的栽培管理方法的田间生产”的农产品。促进有机农业的第一部法律是1999年制定的《关于促进可持续农业生产方式引进的法律》。该法对满足一定条件的农民采取贷款等措施，旨在确保农业生产与环境的协调。此外，2006年制定了《促进有机农业的法律》，规定了基本原则，由农林水产大臣制定基本政策，要求国家和地方政府支持有机农民并进行必要的调查。2007年的基本方针提出，以2011年度为目标，建立有机农业技术体系，由各都道府县制定和实施推广计划。2014年明确了进一步扩大有机农业的基本方针，截至2017年日本的有机耕作面积占耕地面积的0.5%（包含未取得有机认证但实施有机耕作的面积）。

## 二、食品流通监管

食品一般分为生鲜食品和加工食品，前者特别是果蔬、海鲜和肉类通常在批发市场上交易，因此流通对食品的稳定供应发挥着重要作用。在现代社会，农产品等食品的国际流通日益增多，食物链不断延伸，流通安全直接关系到食品安全。另外，基于市场机制和资本主义经济，商品期货市场的功能也不可忽视，其具体拥有形成公平价格指数和对冲价格波动风险的作用，以及面向普通投资者的资产管理功能。而在流通过程中起着重要作用的是食品规格与标识。以下在概述批发市场和商品期货市场之后，将进一步介绍食品规格与标识制度。

### (一) 批发市场监管

鉴于 1918 年大米风波波及生鲜食品，日本于 1923 年颁布了《中央批发市场法》，以“设置现代设备的公共批发市场”和“确保交易透明性”为理念。此法是现行批发市场制度的开始。此后，由于农业产地面积扩大，货主从大量的微小生产商转向大规模出货组织，零售商也从大量的微业店铺转向超市总部等的批量采购，买卖双方之间的新鲜食品批发分销得到了重组。于是，1971 年制定了新的《批发市场法》，旨在保障批发市场的健全运行，优化交易，促进生产流通。

批发市场包括中央批发市场和地方批发市场：前者是经农林水产大臣批准，由 20 万以上人口的都道府县和市设立的批发市场，是中央批发市场的核心。后者由地方公共团体或股份公司，经都道府县知事许可设立。截至 2019 年年底，全国有 65 个中央批发市场（40 个城市），1 025 个地方批发市场。中央批发市场的批发商需要获得农林水产大臣的许可，设有净资产下限标准等，而其他批发商需要得到开市商的许可，从而保障交易和食品安全。2004 年，为了放宽批发市场的交易限制，以应对批发市场周边环境的变化，再此进行修改，具体包含手续费自由化，彻底控制批发市场的质量，明确中间批发商的财务标准，加强批发商的交易信息等内容。2018 年再一次放松管制，废除了国家的统一管理，鼓励各地根据实际情况匠心独运。但是，近年来自产自销、产地直送、产地承包等场外交易的多元化和活跃化，导致批发市场中转率（除产地批发市场的海产品出货量）呈下降趋势。

### (二) 商品期货市场监管

日本的商品交易始于江户时代，诸侯将贡米通过招标方式卖给中间商，并给中标者发行米票，承诺一票换 10 石米。1730 年，江户幕府正式批准大阪堂岛的米票现货交易和账面期货交易，并建立了一个名为堂岛米市场的公共市场。堂岛米市场由于采用了现代交易所熟悉的会员制和清算功能，在世界范围内被公认为是有组织的期货交易所的先驱。

1950 年制定的《商品交易法》规定了商品交易所和商品市场交易。随着国际原油、粮食等资源价格的不稳定，全球期货交易量增加，国内交易所交易量下降。尽管资源价格和汇率波动对商业活动的影响较大，但国内企业并没有充分利用其风险对冲功能。基于这种情况，2009 年《商品交易法》与《境外商品市场期货交易委托法》统一并加以修改，成立了《期货交易法》。为了提高利用率，放宽了专业投资者的行动限制，并允许商品交易所和金融商品交易所的相互利用，而且交易的保证金可以用银行保函代替。此外，为了打造透明的商品期货市场，与国外监管机构合作，建立了通知请求制度，以便能够发现市场操纵，并在紧急情况下可以增加保证金，加强了对消费者的保护力度。

近年来，日本的商品交易所不断重组，目前进行农林水产品交易的有东京商品交易所和大阪堂岛商品交易所。其中，2011 年开始试验上市的大米期货交易，每两年进行延期，但其交易量增长缓慢；2021 年 8 月 6 日大阪堂岛商品交易所正式发表未能获农林水产省的上市批准，因此江户时代起源的大米期货交易彻底从日本市场上消失。

### （三）食品规格与标识管理

为了稳定农产品等食品的质量，规格起着重要作用，而标识将其内容转达于消费者，因此规格、标识与食品安全息息相关，但即使食品规格、标识符合标准，也并不意味着食品安全直接能得到保障，两者有明显区别。

**1.《日本农林规格法》（简称 JAS 法）和食品规格管理**

现行的《日本农林规格法》是食品规格标准相关的主要法律之一。由于战后粮食短缺，仿冒现象猖獗，为了提高农林产品质量和公平交易，日本于 1950 年制定了《农林物资规格法》，建立了日本农林规格（Japan Agricultural Standard，JAS 规格）。产品若通过农林水产大臣制定的日本农林规格评级，则可以贴上 JAS 标志以保证质量。之后，1970 年针对已具有日本农林规格的品项，制定了标识标准，由此分化为日本农林规格体系和质量标识标准体系，其法律名称也改为《关于农林物资规格化及质量标识规范化的法律》。1999 年，所有向消费者销售的食品，成为质量标识标准的对象，随之生鲜食品要求标注原产地。同时，创立了有机食品的检验认证和标识制度，经第三方机构检查符合该规格，认证企业则可以使用“有机 JAS 标志”。2002 年，加快了对质量标识标准违反企业的信息披露，加大了罚款力度。但是违反事件不断发生。因此，2009 年修改时采用了直接处以罚款的制度，可以省略现场检查、整改指导、指示命令等步骤。

2015 年，随着《食品标识法》的施行，《关于农林物资规格化及质量标识规范化的法律》改为《农林物资规格化法》。2017 年又将其修改为《日本农林规格法》，不仅涉及农林产品（食品和饮料、农林畜水产品及其加工产品）的质量，而且对其生产过程（如传统绿茶）和流通过程、生产销售管理方法（如低温储运）、测试测量分析方法（如测量养殖鱼类气味成分的分析方法）进行规定。对于已制定规格的品项，经农林水产大臣注册的注册认证机构认定为符合标准的企业可以在其产品上贴上 JAS 标志，并可以用于企业广告。日本农林规格体系的意义在于消费者使用 JAS 标志作为质量保证，即使没有认证，也没有任何流通限制。

**2. 食品标识管理**

标识制度的主要监管法令为制定于 2013 年的《食品标识法》，它将散见在《食品卫生法》、《关于农林物资规格化及质量标识规范化的法律》和《健康增进法》中的标识规定整合至单行法。由于食品标识相关规定过于碎片，监管部门也五花八门，这给消费者和经营者均带来不便。整合优化后的食品标识由消费者厅统一监管，其概要如下：其一，原则上所有面向消费者的加工食品和添加剂，必须标注能量、蛋白质、脂类、碳水化合物和钠（等量盐）；其二，改善了营养强调标识（削减热量或强化膳食纤维时，除高于标准值的绝对差值外，要求相对差值高于 25%，新设了“无添加”标注的条件）；其三，新添加了允许标注营养成分功能的营养素，即 n-3 脂肪酸、维生素 K、钾；其四，除了改进过敏标识规则（要求标注症状严重或病例多的全部特定原料），原料名称、添加剂、标签布局也进行了改良。

日本的食品标识规制逐渐接近国际标准，而围绕转基因食品的标识，更是与欧美国家保持同步。最新条款修订于 2018 年，并于 2023 年 4 月 1 日全面生效。标识范围不断扩大，截至 2021 年，指定项目增加到 8 个农产品和 33 个以农产品为原料的加工食品组。在本次修订之前，消费者厅组织了“转基因标签制度审查委员会”，讨论并总结了各项悬案的对应方针。其一，强制标识对象范围。由于日本进口大量的原材料和加工食品，因此仅通过社会验证很难充分保障标识的可靠性。因此，强制标识对象维持现行制度，以科学验证为基础并结合社会验证有效执行监测。如果将来确立新的检测方法，则及时扩大其范围。其二，标识原材料的范围。考虑经营者的负担，标签的易懂程度和信息的优先程度，维持现行制度为合理。其三，“转基因未区分”标识。分别生产流通管理（Identity Preserved Handling，以下简称 IP 处理）虽然有效，但消费者的认知度较低，因此需要改善标注方式和指导方法，例如可以有效利用一问一答等。其四，转基因农产品的无意混合率。尽管消费者要求尽可能降低无意混合率的水平，但综合考量经营者的原材料稳定供应，以及降低混合率可能产生的检查成本，维持现行制度。其五，“非转基因”标识的条件。从防止误认、保证标注准确性、扩大消费者选择范围等角度，允许“非转基因”标注的条件由现行制度的“5%以下”降低为“未检测到”为宜。

如果包括禁止标识对象，日本的转基因食品标识范围非常宽泛。首先，分为指定项目和非指定项目，后者禁止标注转基因相关内容。指定项目也可以分为强制标注和自愿标注，实施分别生产流通管理，成分和营养价值等不同于传统食品，或营养价值等同于传统食品，但属于转基因食品的必须标注转基因标识。此外，即使进行了IP处理，如果转基因食品的无意混合率在5%或以上，或者故意混合，或者没有实施IP处理的商业种植国的食品，则需要标注没有区分转基因食品。相反，非商业种植国的食品，则可以任意选择标注。其次，实施IP处理，无意混合低于5%的大豆和玉米，现行法律允许标注“非转基因”，但新法实施后仅可以任意标示已进行合理的IP管理。最后，即使检测到转基因成分，但其成分比例低于第4位且低于净重的5%，或者例如酱油即使使用了转基因原料，但其蛋白质在制造过程中得到分解，因此在使用最新的检测方法也无法检测的情况下，经营者可以任意选择是否标注。

综上，本次食品标识法律的修订可作以下评价：以企业原材料采购和行政监督等经济成本为前提，在其现实范围内促进消费者保护，反映了缜密监管与现实成本折中的态度。同时，精确的行政体系和改革感应度却成反比，因此要与全球标准并驾齐驱还需要一定时间。

## 三、 食品技术开发与食品监管

### (一) 新食品、转基因食品监管

所谓转基因食品，属于新开发食品的一种。日本的新开发食品包含两种含义：一种是使用生物技术等先进技术制造，且与传统食品“相同”或“可视为相同”的食品；另一种则是几乎没有食用经验的“新”食品。转基因技术和基因组编辑技术为典型的先进技术。

转基因技术是将一种生物的部分基因引入另一种生物的细胞中，并根据引入基因的信息合成蛋白质的技术［“食品标识标准”（2007年第10号内阁府令）二条十三款］，而利用该技术制成的食品被称为“转基因技术应用食品”，通常称为转基因食品（含添加剂）。

关于转基因食品的安全评价，1989年农林水产省制定了“重组体户外使用安全评价指南”，1991年厚生省制定了“应用重组DNA技术的食品和添加剂安全评价指南”，次年农林水产省制定了“应用重组DNA技术的饲料、饲料添加剂安全评价指南”。而厚生省在1994年首次确认了重组DNA技术应用添加剂（凝乳酶）的安全性，1996年修订了“安全性评价指南（对应食用重组体的种子植物）”，并首次承认了7种转基因食品的安全性。

2000年，食品法典委员会的生物技术特别小组委员会通过了关于改性活生物体跨境移动的《卡塔赫纳议定书》。同年厚生省修改了《食品卫生法施行条例》以及《食品、添加剂规格标准》(1959 年 12 月厚生省第 370 号通知),并制定了“应用重组 DNA 技术的食品和添加剂安全审查标准”。直至 2001 年,转基因食品的安全评估正式成为法律强制要求。2003 年,日本政府成立了食品安全委员会(转基因食品特别调查委员会)。同年,食品法典委员会制定了《重组 DNA 植物和微生物指南》,重组饲料卡塔赫纳协议的强制性安全评估正式在日本国内生效。① 截至 2020 年 8 月 28 日,通过安全审查并公布的转基因食品共有 323 种,添加剂有 47 种。

### (二)基因编辑组食品监管

2020 年 10 月 1 日,日本国内的基因组编辑食品正式解禁。负责规制的日本厚生劳动省的专家小组指出,基因编辑食品不同于转基因食品,因而无须安全性审查通过备案即可上市。根据《基因组编辑技术应用的食品和添加剂食品卫生处理指南》,基因组编辑技术是指利用识别染色体上特定碱基序列的酶,修饰该碱基序列上特定位点,引起 DNA 序列变化,从而赋予特定功能的技术。修饰方式主要有三种:一是自然界中可能发生的碱基缺失、插入和替换。二是几个碱基的定向突变。三是基因等较长的碱基序列的插入或替换。据此,下列食品归类为“基因组编辑技术应用食品”(含添加剂):一是基因组编辑技术生成的,全部或部分生物。二是包含基因组编辑技术生成的,全部或部分生物。三是利用基因组编辑技术生成的微生物制造,或包含该制造品的食品。当产品属于第一类和第三类且不保留外来基因时,通过备案以及信息公开便可上市。利用已备案的基因组编辑技术食品,进行制造、加工则不需要再次备案。如果基因状况与上述任何一项都不符,厚生劳动省将根据具体情况作出决定。

但是,上述产品如果最终包含外来基因或其一部分,则被视为重组 DNA 技术。也就是说,如果产品包含外来基因或其部件,则需要通过面向转基因食品和添加剂的安全评估方可进入许可申请环节。相应的,其标识也应遵循转基因食品的各项规定。负责规制的日本消费者厅认为,基因组编辑食品不属于转基因食品。依据现有科学研究,基因组编辑食品与传统的品种改良相比,目前尚无辨别两者突变原因的检测技术,因此标识也只能止步于选择性标签。虽然,部分消费者对基因组编辑食品感到不安,要求明确标识基因信息,从而保障消费者的选择权,但综合考量标识制度的可行性,违反案例的科学验证可能性,引进强制性标识不切实际。再加上,关于基因组编辑食品,目前尚无国家、地区建立实施具体的标识规定,因此静观其变搜集信息也符合国际趋势。

---

① https://www.mhlw.go.jp/stf/shingi/2r9852000002tccm-att/2r9852000002tch0.pdf.

# 第二节　日本《食品卫生法》概述

## 一、《食品卫生法》概述

如上所述，日本的《食品卫生法》制定于1947年，该法第1条旨在防止食品引起的卫生危害，并改善和促进公共卫生。但是，2001年发生的疯牛病事件，凸显了该理念与体制的漏洞。根据“疯牛病问题调查和审查委员会”的报告，当时的日本食品安全体系存在以下问题：第一，行政部门缺乏危机意识和危机管理系统；第二，重视产业振兴，忽视安全管理的行政体系；第三，行政机构的政策决定程序不透明；第四，农林水产省和厚生劳动省之间缺乏合作与牵制；第五，未能充分反映专家意见；第六，信息公开不彻底，导致消费者理解不充分；第七，以国民健康为首要理念的食品卫生法制的空缺。

基于反省，日本于2003年全面修订了《食品卫生法》。修订后的该法第1条首次明文规定了“确保食品安全”和“保护国民健康”的基本理念。同时，日本制定了食品领域的第一部基本法——《食品安全基本法》，明确了从科学角度保障国民食品安全的上位理念。日本具体着手了以下食品安全体制改革：第一，确保食品链各个阶段的安全，并整合食品和饲料的安全管理体系。第二，建立基于风险分析的食品安全管理体系，即从科学的角度进行独立的风险评估，各部门合作进行风险管理，并广泛实施风险沟通。第三，建立并贯彻以预防为主的食品安全管理原则。

## 二、《食品卫生法》的2018年修订

2018年，日本《食品卫生法》（2018年・法律46号）时隔15年进行大幅修改，2021年6月1日全面施行。修改背景主要有以下三点：第一，围绕食品供需的大环境发生了变化。家族结构的变迁导致了外出就餐或熟食（“中食”[①]）需求的增加，同时大量涌入的进口食品推进了食品全球化。第二，解决食品造成的健康损害成为重要任务，例如跨境食物中毒事件频发，中毒人数长期保持在两万人左右。第三，为保障2020年东京奥运会・残奥会的成功举办以及加强食品出口，日本的食品卫生管理标准急需与世界接轨。修改内容多样而广泛，但其共通之处有以下两点：一是国际化和本土化的同步进程，

---

① 在外烹饪、在外饮食的就餐方式日语中叫作“外食”，相反在家烹饪在家饮食叫作“内食”，“中食”为两者的折中概念，即利用外卖或直接购买等方式，在家中饮食在外烹饪的食品。

二是缜密行政与数字化落后的矛盾所在。日本《食品卫生法》的修改不仅针对食物中毒的过程管理和信息收集，而且回应了国际化、数字化的发展需求。

### (一) 完善广域跨境食物中毒对策

由于食物中毒相关数据居上不下，本次修改规定了政府和都道府县应共同合作，防止食物中毒的发生和蔓延。厚生劳动大臣需要组建“广域联络协议会（広域連携協議会）”应对紧急情况、调查原因并共享相关信息。

该契机为 2017 年 7～8 月，日本关东地区连续发生的肠道出血性大肠杆菌 O157 感染事件。经国立传染病研究所（NIID）的一系列调查，做出以下总结：其一，没能在早期阶段断定为广域跨境食物中毒，因此延误了共通污染源的调查，延误了应急处理。具体问题包括：一是食品卫生部门与传染病部门之间，以及中央政府与地方政府之间的信息共享不充分，阻碍了有效地调查。二是根据《传染病法》的申报数据、食物中毒患者数据以及基因数据的信息链接和共享花费了大量时间。三是检查方法的差异，延误了基因核对，导致了未能及时把握食物中毒患者的关联性。其二，熟食店保管的检查样本未检测出 O157，经营者未能提交食品供应商的交货记录。其三，地方政府分别发布信息，而部分信息不准确，造成了混乱。

为解决上述问题，修订的《食品卫生法》分别规定了以下措施：针对第一个问题，解决方案包括：一是成立广域联络协议会。修订《食品卫生法》，建立广域联络协议会，以便在紧急情况下，厚生劳动大臣利用该协议会进行应急处理。具体由《食品卫生法》第 3 条第 1 款和《食品卫生法实施条例》第 21 条规定，厚生劳动省、地方政府以及地方后生局协力组建跨境跨部门合作体系。二是利用通用 ID（Identification Data）进行管理。建立信息共享系统，将《传染病法》的申报数据、食物中毒患者数据以及基因数据信息，使用通用 ID 进行管理。统一调查问卷表，制定调查合作指南。统一基因检测方法，肠出血性大肠杆菌，沙门氏菌和腹泻感染的菌株基因检测，一致采用迭代序列多态性分析方法（MLVA）[公告日期为 2018 年 2 月 8 日（健康报告 0208 第 1 号，药生食监发 0208 第 1 号）]，分析结果和菌株必须发送到国立传染病研究所。此外，向大肠杆菌多发地带的地方卫生研究借贷分析软件。同时，集中管理各地方研究所的分析结果，持续探讨提高应急处理效率的方法，利用食品保健综合信息处理系统，及时共享各地方政府的信息。针对第二个问题，解决方案是与各地方政府合作改善食品检查样本以及交货记录的管理方式，提高溯源性。针对第三个问题，解决方法是为确保风险沟通内容的一致性，由广域联络协议会统一制定相关部门的分工以及信息公开方针，尽量协调各地方政府的步调。

### (二) 基于 HACCP 原则的卫生管理制度化

修订后的《食品卫生法》第 51 条规定了基于 HACCP 方式的卫生安全管理。原则上，食品和其他经营者应按照 CODEX 制定的 HACCP 7 项原则实施适当的食品安全管理。由于食品安全法规的基础法采用了 HACCP 方式，因此该规定在日本国内被称为 HACCP 的“制度化”，可以评价为迎合国际化的结果。

生产过程管理不一定包括认证体系，但 HACCP 以操作者的自主责任为前提，因此为保障其实效性，行政主管部门或第三方机构的监督不可或缺。日本属于前者，因此经营者不需要取得认证或批准，但是行政监控成本将会增加。特别是不少大规模经营者，即使已拥有私人认证，也没有减少或免除保健所定期巡逻等的优待。但是，考虑到经营者的负担，仅限与 CODEX 具备相同条件的私人认证，可以参考其文件、记录、检查和审核结果。换言之，日本的行政管理和私人认证是独立运作的，而且行政主管部门坚持对所有食品经营者统一实施缜密的管理。

此外，小规模经营者需要遵守置入 HACCP 概念的卫生管理标准，具体卫生管理计划由行业协会制定并由厚生劳动省确认。其对象如下：一是生产或加工食品，并在其设施或濒临设施销售其生产、加工的全部或大部分食品的经营者（点心的制造和销售、豆腐的制造和销售、食用肉的销售、海鲜的销售等）。二是经营餐馆或咖啡店业务的经营者，或烹饪其他食物的经营者（熟食的制造、保质期约 5 天的面包制造、学校和医院以外的集体餐饮设施、带烹饪功能的自动售货机等）。三是仅存储、运输和销售预包装食品的经营者。四是将食品分割并放入容器或包装中，或在容器或包装加工后销售的经营者（例如，蔬菜店、大米店、计量销售的咖啡店等）。五是制造、加工、储存、销售或处理食品的经营者中，从事食品处理的人员少于 50 人的营业场所（不包括办公室工作人员等不直接处理食物的人）。

行政主管部门投入大量人员，针对小规模经营者的 HACCP 运营进行指导。同时，营业许可条件，也不包含是否制订卫生管理计划，即使引进 HACCP 的时期较晚，也不会立即被处罚。因此，就食品安全管理而言，以往的卫生管理依然重要，由于制度改革的具体负担可能仅限于进货或加热温度等的记录保管，但其负担越少，本土化因素越重，与国际标准之间的差距则越大，这就是国际化和本土化同步进程的现实。

### (三) 收集含特殊成分食品造成的健康损害信息

2017 年 7 月 13 日日本消费者厅下属的国民生活中心发布信息，原产于泰国的葛根引起了消费者的注意。当天厚生劳动省要求都道府县进行调查。8 月 24 日和 9 月 4 日，举行了各部门联合调查会议，结果5年中共有209件月经不调等健康损害报告。通过本案例，修订后的《食品卫生法》规定了收集含特殊成分食品造成的健康损害信息。为了提前防止健康危害，生产经营含特殊成分食品经营者，需要向行政监管部门报告健康危害信息。目前特殊成分包含以下四种：一是 Pueraria candollei var. mirifica；二是 Actaea racemosa L.；三是 Plectranthus barbatus Andr.；四是 Chelidonium majus L. var. asiaticum (H. Hara) Ohwi。

### （四）食品容器、器具、包装管理标准的国际化

为确保食品器具及容器、包装的安全，并实现法规的国际接轨，修订后的《食品卫生法》禁止销售、使用未制定规格的原材料的器具、容器及包装，只允许使用安全性得到保证的物质，即采用了肯定列表制度，第一步只限于合成树脂，例如纸面上贴的合成树脂薄膜等，有意留在最终产品中的则属于肯定列表对象。过渡期结束于2025年5月31日。在法案的讨论过程中虽然有将范围扩大到橡胶等其他物质的意见，但最终没能实现。修订后的《食品卫生法》同样显示国际化和本土化相结合的特征。

### （五）其他改革与数字化

除了上述提及的一些数字化改革，相关内容还涉及以下三个方面：第一，为解决地方差异和一业多证等问题，节省监管以及经营成本，有效合理地扩大监管范围，修订后的《食品卫生法》将原有的34种营业许可行业整合为32种，并新设了29种备案行业。备案企业制度的新设以及其依法监督、指导，同时也将成为 HACCP 卫生管理标准的制度保障。第二，建立了食品召回信息报告系统。经营者主动召回食品时，必须通过地方政府向中央政府报告，其召回信息将在网站上公布。第三，新建了地方政府的进口食品程序规定，进口乳制品和海产品需要附卫生证明书。

## 第三节　日本食品法的新发展

根据日本内阁府的调查结果，截至2020年3月31日，在每年超过25亿件的行政程序中，在线可以实施的程序类型占总数的14%，数量占79%，实际使用率仅占61%。基于这种情况，日本政府于2021年9月1日成立了数字厅（Digital Agency），旨在实现数字社会，并降低20%以上的行政管理成本。

在食品安全领域，2018年和2019年日本政府投了3.4亿日元，建立了“食品卫生申请系统”。本系统提供以下功能：第一，统一管理和搜索食品等经营者基本信息的功能。

第二，在线报告经营者自愿召回信息的功能，以及消费者信息搜索功能。第三，营业执照申请和营业报告（包括变更、许可更新、停业）在线处理功能。第四，出口美国和加拿大的牛肉卫生证明书颁发功能，2021 年 6 月 1 日正式启动。

本次行政数字化改革，触动了中央和地方所有政府部门。但是维持了几十年的模拟行政是否能够顺利转向，仍是未知数。而同样持续多年的缜密行政能否延续，最大的取决因素不言而喻是行政成本，因而可以大胆预测数字改革的成功与否将决定日本的食品行政以及法治走向。

## 思考题

1. 日本如何重视食用农产品的质量安全监管？
2. 日本《食品卫生法》与《食品安全基本法》是怎样的关系？

# 第十二章
# 国际食品法[①]

**内容概述**

国际食品法的发展既有公法领域内的协调统一，也有私法领域的自治与合作。从法律规范到技术规范，食品法典委员会及其以标准为主的技术文件为促进国际食品贸易的自由流通和消费者保护奠定了科学基础。本章主要聚焦的《食品法典》，作为食品安全的国际标准汇集了全球通过的、以统一方式呈现的食品标准及相关文本。发行《食品法典》的目的是指导并促进食品定义与要求的制定，推动其协调统一，并借以促进国际贸易。基于此，《食品法典》是向各国立法机关提出的食品立法建议合集，其内容不断扩充。

**重点知识**

1. 国际食品法：国际法、比较法、食品法典
2. 食品法典委员会：产品规则、过程规则、展示规则
3. 私营标准

## 引读案例

2007 年 4 月 24 日至 28 日，卫生部代表中国政府在北京成功举办了第 39 届国际食品添加剂法典委员会会议。这是我国于 2006 年担任国际食品添加剂法典委员会主持国后首次举办的国际食品法典委员会会议。会议期间，联合国粮农组织和世界卫生组织食品添加剂联合专家委员会向大会通报了相关危险性评估信息，审议了营养与特殊膳食法典委

① 本章作者是贝尔恩德·范·德·穆伦教授。他是欧洲食品法研究所（www.food-law.nl）的顾问和主任。目前，他是哥本哈根大学食品法教授，并在 2019 年至 2021 年间担任中华人民共和国国家外国专家局高级专家，到中国人民大学食品安全治理协同创新中心工作。

员会、亚洲地区协调委员会、加工水果蔬菜法典委员会、油脂法典委员会等其他法典委员会标准中食品添加剂使用规定。食品添加剂法典通用标准被国际食品法典委员会大会确定为食品法典系统内食品添加剂的唯一参考依据；各成员国和国际组织重点对23种食品添加剂的300多条使用规定进行讨论，并将商品标准中的食品添加剂规定整合入食品添加剂法典通用标准。[①]

## 第一节 国际食品法概述

### 一、食品法

食品法同时涉及两个不同的领域。食品法从食品行业的角度对法律制度进行学术研究。法律体系针对这一研究而提供的任何回应都属于食品法作为学术研究领域的范围，无论是公法还是私法、是刑法还是行政法、是国内法还是国际法。食品法也是一国法律体系的一部分，它把自己贴上了“食品法”的标签。

从这一观察结果可以看出，接近一个新的司法管辖区的一个良好开端是提出这样一个问题：“这个司法管辖区是否有食品法（第二种意义上的食品法）?”对中华人民共和国来说，答案显然是肯定的。这直接源于《食品安全法》这一法律本身。在进一步研究该领域时，至少有四个问题是相关的：第一，食品法的这一特定领域是否遵循某些法律原则？第二，食品法适用于哪些主体？第三，食品法涵盖哪些问题？第四，食品法律体系如何处理这些问题?

作为答复，内容会涉及不同的主体，如立法机关、监管部门、企业，通常还有消费者。食品相关的问题也包括粮食安全、食品安全、食品质量、贸易和消费者信息。显然，最后一个“如何”的问题提供了最为多样性的答案。一些国家的规范采取刑法方法，如美国强调禁止的内容（禁止），另一些规范则规定积极的义务（应当）；大多数规范属于授权性规范，应用于更广泛或不太广泛的产品类别（如食品添加剂），允许其他产品进入市场；所有国家（地区）都有监管机制，其中一些监管机制侧重于产品或问题（通过召回），另一些则侧重于违反规范的人（通过威慑与制裁）。

① 卫生部向世卫组织通报中国食品安全情况. 2007－08－29. https://www.gov.cn/ztzl/zlaq/content_731733.htm.

## 二、国际食品法的定义

联合国粮农组织和世界卫生组织发布的官方术语表将“食品法”定义为：“由公共监管部门发布的与食品和食品安全相关的具有法律约束力的法案、法律、法规和其他法律文件，涵盖公共健康保障、消费者保护和公平贸易。食品法涵盖食品生产、加工和流通的任何环节，也包括为食源性动物生产的饲料。”通过这一定义，国际食品法将涵盖国际层面上与食品相关的法律文件。然而，需要预先说明的是，在国际层面上几乎找不到涵盖食品生产、加工和流通各个环节以及食源性动物的饲料生产等领域且具有约束力的食品安全法规。目前找到的规范是以下内容。

《经济、社会、文化权利国际公约》旨在让联合国成员国为实现食物权承担责任。这意味着各国政府应致力于确保其人民通过食用安全食品来获得充足的营养。世界贸易组织（世贸组织）没有对食品安全进行监管，而是制定了旨在确保各国政府不会滥用其保护食品安全权力的规则。在《实施动植物卫生检疫措施的协议》中世贸组织确认政府有权保护食品安全，但也规定其采取的措施仅限于非歧视性和必要性的限度。必要性意味着基于科学或符合国际标准。这可以说是国际食品法中最有趣的部分。作为食品安全的国际标准，《实施动植物卫生检疫措施的协议》指向了《食品法典》。《食品法典》汇集了全球通过的、以统一方式呈现的食品标准及相关文本。这些食品标准及相关文本旨在保护消费者健康，确保食品贸易公平。发行《食品法典》的目的是指导并促进食品定义与要求的制定，推动其协调统一，并借以促进国际贸易。基于此，《食品法典》是向各国立法机构提出的食品立法建议合集，其内容不断扩充。本章重点介绍的内容即为《食品法典》。

一般来说，国际法之所以吸引人们的注意，是因为它规定了民族、国家之间如何处理国际关系的规则。国际食品法也是如此。除此之外，它还为国家立法提供了模式，因此可能会吸引各国立法者的注意。比较而言，《食品法典》是在全球范围内协调国家立法的极少数、可能也是唯一的尝试。本章将采用第三种视角，即比较食品法的视角。

比较法旨在通过比较不同法律制度如何处理类似问题来获得见解。比较食品法的一个比较内容是不同法律制度对食品相关问题和挑战的回应。更具体地说，《食品法典》可能为比较食品法提供了一个有价值的工具。如上文所述和下文所述，《食品法典》为国家食品立法提供了模式。在制定《食品法典》标准和其他文件的工作中，几乎世界上每个国家的代表都参与了。因此，在世界上几乎每个国家都可以找到一些关于《食品法典》的知识。《食品法典》提供了食品法的全球版本。当对比较食品法感兴趣的学者和学生研究《食品法典》时，他们就为自己配备了一个基准，他们可以将适用于自己国家某一领域的法律规范与《食品法典》的规范的相似性或不同性进行对比。考虑到这一目的，本章介绍了《食品法典》的要点。

## 第二节 《食品法典》

### 一、《食品法典》的缘起与发展

#### （一）联合国粮农组织/世界卫生组织（世卫组织）粮食标准联合项目

为了促进公平的食品贸易并以此致力于保障消费者的生活和健康，联合国粮农组织和世卫组织联合制定了一项共同食品标准项目。该计划的机构由独立的风险评估机构和食品法典委员会组成。在风险管理方面，食品法典委员会采用食品质量和食品安全领域的标准，作为食品法典委员会成员国食品立法的借鉴范式。联合国粮农组织成员国和世卫组织成员国可成为食品法典委员会成员。

#### （二）科学风险评估机构

就食品标准联合项目中的国际标准制定而言，联合国粮农组织和世卫组织联合委员会负责风险评估。以下三个委员会可追溯到1950年代：联合国粮农组织/世卫组织食品添加剂联合专家委员会（JECFA）、联合国粮农组织/世卫组织农药残留联合会议（JMPR）以及联合国粮农组织/世卫组织微生物风险评估联席会议（JEMRA）。他们就食品添加剂、农药残留和病原体的最高限量以及与食品安全有关的其他科学问题提出建议。

对营养和非传染性疾病的担忧日益增加，为此，2010年增设了第四个专家机构：联合国粮农组织/世卫组织营养问题联合专家会议（JEMNU）。这些机构中的风险评估员独立于风险管理人员。根据《〈应用于食品法典〉的风险分析工作原则》，风险评估和风险管理职能要作最大限度的分离。

#### （三）食品法典委员会

食品法典委员会是根据联合国粮农组织第12/61号决议于1961年成立的。通常，1963年是世卫组织理事会正式承诺成立的一年。食品法典委员会及其附属机构的管理文件是《程序手册》。该文件提供了制定法典标准和其他文件的重要概念、原则、格式和程序的定义，以及成员名单。《程序手册》几乎每年更新一次。第一版出现在1968年左右。

撰写本文时的最新版本是 2019 年的第 27 版。《程序手册》规定了制定法典标准和相关规则的统一程序。根据日常的主题，制定标准的工作由横向/总务委员会、纵向/商品委员会或特设政府间工作组进行。食品法典委员会由全球不同的食品法典委员会成员国主持。食品法典委员会及其附属机构的所有决定均由成员国协商一致作出，或在少数情况下成员国无法达成协商一致时，由多数票通过。

截至 2015 年 7 月，《食品法典》的所有产出文件包括：191 项商品标准、73 项指南、51 项操作规程、17 项食品污染物最高限量标准。食品添加剂最高限量标准超过 3 770 项，涵盖 301 种不同添加剂；农药残留最高限量标准 4 347 项，涵盖 196 种农药；最高限量 610 项食品中，兽药残留限量标准包括 75 种兽药。可以公平地说，根据《食品法典》确立的成果已经达到了令人印象深刻的数量。

### （四）法典标准

法典标准属于不具有法律约束力的规范。成员国承诺将法典标准转化为国家立法。但是，如果不遵守这一承诺，不会导致任何制裁。由此而来的问题是，这些不具约束力的标准的用途是什么。答案包括不同的要素。一般来说，国家不愿意签订具有国际约束力的协议，因为这些协议限制了它们的主权。因此，就不具约束力的“软法”标准达成一致比就具有约束力的“硬法”达成一致更容易。在无约束力标准的基础上，参与国制定了共同的“语言”或术语。所有国家和国际法的其他主体在就“食品”进行谈判时，都会有相同的含义；它们指的是《食品法典》中定义的“食品”。对于“牛奶”和“蜂蜜”以及所有已通过认证的标准也一样。例如，《食品法典》就 HACCP 的理解共识在其框架内作出了概念规定。这样，《食品法典》提供了一个共同的参考框架。

除此之外，不同国家食品法专家就这些标准展开讨论这一事实将影响他们在国内的工作。起草一项立法的公务员将寻找立法例子。关于食品，他们能在《食品法典》中找到大量的例子。《食品法典》可能会以这些微妙的方式对各国食品法的发展产生重大影响，即便各国没有法定义务来执行《食品法典》。

事实不止一次地证明，“软法”倾向于固化。一旦达成协议，各方往往会比最初预期更重视“软法”。对于《食品法典》的标准也是如此。“软法”至少在获得准约束力方面进展顺利，特别是世贸组织的有关规定极大地推动了《食品法典》的实施。

根据世贸组织的法律规定，保护公众健康所需的措施被视为合理的贸易壁垒。如果措施基于科学原则并经过风险评估，或者符合国际标准，如《食品法典》制定的标准，则各国可以采取必要措施。国际标准符合《实施动植物卫生检疫措施的协议》要求的假设，有利于世贸组织成员效仿国际范例。法典标准符合《关税及贸易总协定》/《实施动植物卫生检疫措施的协议》要求的逻辑有两个方面：一方面，《实施动植物卫生检疫措施的协议》鼓励国际协调，如果双方采取的措施相互一致，就不会导致贸易壁垒。另一方面，由于《食品法典》标准本身是以科学为基础的，因此，《食品法典》标准，或多或少可以说属于科学标准。

## 二、《食品法典》中的原则和概念

### （一）原则

食品法律体系的原则是该体系适用于自身和实施基于该体系的立法的基本规则。《食品法典》的原则之一是风险分析原则。

食品中的物质或有机物是否会对健康产生负面（或正面）影响本质上是一个科学问题，而不是一个政治问题。然而，一旦确定了食品风险，再决定使用何种方法以及应对措施更具有政治性质。为了平衡科学与民主的张力，食品法律制度应以风险分析为基础。风险分析方法确保了科学（风险评估）、决策（风险管理）和社会（风险交流）的相互联系。

因此，食品领域的权威机构需要能够提供可靠和独立的科学依据。

国际食品法要求为其措施提供科学依据。《实施动植物卫生检疫措施的协议》在风险评估的背景下进行了阐述。风险评估被整合至风险分析这一框架，后者关联风险评估、风险管理和风险交流且彼此之间相联系。这方面的开创性工作由美国国家科学院国家研究委员会跟进，包括 1983 年和 1989 年的成果。《食品法典》采用了风险分析方法。根据《食品法典》框架下应用的风险分析原则，应将风险评估和风险管理进行职能分离，以确保风险评估的科学完整性，避免混淆风险评估者和风险管理者履行的职能，并减少任何利益冲突。

另一个原则要求采用全供应链管理的方法。为确保食品法律体系中不存在漏洞，《食品法典》采取的立法应采用全食品链方法，以使其适用于生产和流通阶段的所有食品企业，包括农场投入品的生产企业，如生产用于生产食品的动物的饲料的企业（“从农场到餐桌”）。

### （二）概念

#### 1. 食品

食品法的核心概念是“食品”。如果某种物质被归类为食品，则适用食品法。如果该产品未被归类为食品，则可能超出食品法适用的范围。《程序手册》对“食品”的定义如下：食品是指供人类食用的任何加工、半加工或未加工物质，包括饮料、口香糖及用于生产、制作或处理“食品”的物质，但不包括化妆品、烟草，或仅作为药物使用的物质。这一定义的关键是“供人类食用”。物质被视为食品是基于其功能的判断。定义的其余部分澄清了这一概念。加工不是决定性的（“无论是加工、半加工还是生的”）。没有区分“食品”和“饮料”。不区分“食品”和“成分”（“在制造、制备或治疗过程中使用的任何物质”）。其他领域规制的物质除外（“不包括化妆品、烟草或仅用作药物的物质”）。“仅”一词的使用可能意味着一种物质可以同时是药物和食品。欧盟的定义不允许这种可能性。相比之下，这种可能性包含在中国的《食品安全法》中。

**2. 食品安全**

《食品法典》对食品安全的定义如下：保证食品按照其预期用途制备和/或食用时不会对消费者健康造成不利影响。根据《食品法典》的规定，除了安全，食品还应该是合适的。

## 三、《食品法典》的体例框架

### （一）食品控制系统

每个国家的政府都应该建立基本的法律框架，以便能够制定食品法并设立监管部门，从而能够制定、建立、实施、维护和执行国家食品控制系统。国家食品控制系统涵盖了确保整个食品链（包括生产、处理、储存、加工和流通）食品安全所需的法律和制度框架，并与预防和教育战略相结合。联合国粮农组织和世卫组织联合为整个食品控制系统开发了一种精细的评估工具。

### （二）食品执法

一旦立法到位，成功实施法律需要合规和执法。为此，需要制定相关法律文件，以期：一是查看利益相关者是否遵守其法律义务，产品是否符合标准；二是在出现问题时解决问题；三是制裁违法者。其中，针对检查，立法需要为食品部门指定合格的检查员。检查员不仅应该了解法律，还应该了解食品安全或兽医标准。需要赋予检查员进入场所，检查食品、饲料和其他货物以及取样的法律权限。

就监管措施而言，如果出现不合规情况，监管部门应能够采取措施尽快纠正这种情况，并保护消费者和动物免受食品或饲料传播风险的影响。采取召回这一重要的手段，且与扣押货物或作为最终手段的销毁货物一并实施。措施还可能涉及暂停或终止业务活动、某些产品的贸易和进口等。

最后，重要的是实施制裁以阻止商业经营者的不法行为。如果不合规行为对人类或动物的健康造成风险，应优先考虑补救措施而不是制裁。如果不合规行为不会对人类或动物的健康造成风险，应优先考虑制裁而不是补救措施。

### （三）应急和危机管理

监管部门需要有适当的手段来处理食品安全事故和紧急情况。这些手段通常包括禁止某些产品进入市场和阻止某些业务或进口的可能性。联合国粮农组织和世卫组织联合出版了联合国粮农组织/世卫组织制定国家食品安全应急计划框架。

根据《食品法典》，参照联合国粮农组织/世卫组织框架，监管部门应制定国家食品安全应急计划，说明在食品安全紧急情况下应遵循的程序，包括与交流有关的具体规定。该计划还应确定紧急情况下所有相关方的责任，以管理他们之间的协调安排。对事件和紧急情况的充分响应需要快速交换信息的系统。对于全球出现的紧急情况，世卫组织运营的国际食品安全主管部门网络（INFOSAN）可跟进。该网络是世卫组织与联合国粮农组织合作建立的，旨在促进食品安全信息交流及国家一级和国际一级食品安全当局之间的合作。

## 四、《食品法典》针对食品行业从业者的规则

### （一）食品业务的立法

食品行业从业者是指在生产、加工和分销过程中每天处理食品的从业者。它们处于确保食品安全的最佳位置。因此，立法机关应该规定食品行业从业者负首要责任。《食品法典》对食品行业从业者的定义如下：负责在食品链的任何一个环节经营业务的实体。立法机关可能要求从事食品行业的人员和实体进行注册或向其颁发许可证。监管部门可能会进一步对所用的场所施加规定，以确保保持良好的卫生。

从食品安全的角度来看，同样重要的是要求食品行业从业者采取哪些措施来确保食品安全。第一，预防。食品安全的关键是防止风险的发生。《食品法典》在“卫生”标题下涵盖了食品行业从业者为确保食品安全所需做的一切。《食品法典》建议商业实践以危害分析和关键控制点方法为基础。在初级部门，工艺要求还应包括良好农业实践（GAP）。第二，准备工作。对于准备应对食品安全突发事件的食品行业从业者来说，重要的是要建立可追溯性系统。这意味着食品行业从业者应该能够告知监管部门他们从何处获得投入品，如生产食品的动物和原材料，以及他们向谁供应产品。第三，召回。如果食品安全事件爆发，将消费者接触受污染或其他不安全产品的风险降至最低非常重要。

这里的关键工具是企业从市场和消费者那里召回可能受影响产品的法律义务。

## (二) 产品规则

从食品安全的角度来看，提供给消费者的食品（以及提供给动物的饲料）是关键。因此，食品安全立法的一个重要部分将直接关注产品本身。

### 1. 食品安全

食品的安全性可以被视为其成分的固有特性和食品在污染和变质方面的状况的总和。仅允许使用基于经验判定安全的成分类别，或许可用于食品或饲料中的成分。根据多年的经验，大多数种类的配料都被认为是安全的，可以在食品中使用——如果需要的话，可以在适当的加工后使用。这些食物和配料可以自由使用。然而，立法机关可针对某些类别的物质要求获得使用许可。禁止将任何属于争议类别定义范围内的物质用作食品配料，除非该物质已获得许可。在许可过程中，物质的安全性是关键。《食品法典》将此方法应用于食品添加剂，如下所述。

立法还应限制食品和饲料产品的污染量。《食品法典》提供了一长串关于农药残留和兽药残留的最大残留限量（MRL）以及化学性质污染物的最大残留限量（MLs）的建议。《食品法典》规定了为致病微生物制定微生物标准（MCs）的原则。到目前为止，《食品法典》尚未提出具体的微生物标准。

在任何合理可预见的使用条件下，食品都应当保证安全。立法应尽可能解决可预见的食品安全问题，以便为食品行业从业者和监管部门提供法律确定性。由于包括气候变化和微生物突变在内的许多条件，出现了新的食品安全问题。因此，立法不可能在任何时候涵盖所有可能的问题。因此，制定有关食品安全的一般性规定非常重要，该规定可为食品行业从业者提供指导，并为监管部门采取风险管理措施提供依据。

立法应禁止不安全食品的商业化。立法应根据对人类健康的潜在危害来界定不安全食品。食品中的元素可能包括污染和掺假掺杂。在评估食品或饲料的安全性时，可考虑进一步加工和制备。食品法律要求有以下三点：产品要求、过程要求和展示要求。产品要求进一步细分为产品标准、许可要求和食品安全限制。

### 2. 垂直食品标准

在许多国家，立法者通过在产品标准中规定单个产品的成分来应对食品相关问题，如欺诈。这些标准有助于监管部门区分诚实产品和不诚实产品，以指导执法。

### 3. 先许可要求：食品添加剂

食品法中仅次于“食品”的另一个核心概念是“食品添加剂”。这一概念最早于1958年在美国食品法中提出。本质上，美国食品法中的食品添加剂是“添加到食品中的任何东西”，即指预期用途直接或间接导致或可能合理预期导致其成为成分或以其他方式影响任何食品特性的任何物质（包括拟用于生产、制造、加工、制备、处理、包装、运输或持有食品的任何物质，包括拟用于任何此类用途的辐射源）。如果此类物质未得到普遍认可，则由经过科学培训和经验的专家评估其安全性，并通过科学程序（或者对于1958年1月1日之前在食品中使用的物质，通过科学程序或基于食品中常见用途的经验）充分证明其在其预期用途的条件下是安全的。《食品法典》选择了一个更严格的概念。

法典中添加了一种添加剂“用于技术目的”。食品添加剂需要根据风险分析获得许可。在全球范围内，风险评估由JECFA、联合国粮农组织/世卫组织联合专家委员会进行。风险评估基于申请人提供的科学安全档案。批准的添加剂包含在肯定列表中，并通过编号进行标识。为此，根据《食品法典》制定了一套编号系统——国际编号系统（INS）。该系统由基于添加剂功能的分组组成。《食品法典》对食品添加剂的定义如下：食品添加剂指无论有无营养价值，其本身通常都不作为食品食用，也不作为食品中常见配料的物质，在食品中有意添加该物质的原因是出于生产、加工、制作、处理、打包、包装、运输或处理过程中的工艺性用途（包括影响感官的），或希望它（直接或间接）合理地成为食品的一部分或其副产品成为食品的一部分，否则会影响食品的特性。本术语不包括“污染物”或为保持、提高营养品质所添加的物质。

根据定义，食品添加剂是人体通常接触的物质，因此不应无限制地使用。立法应使食品添加剂符合许可要求和使用条件。应根据对其安全性以及其对食品或饲料行业重要性（必要性）的科学评估进行许可。抗菌剂不应被许可作为食品或饲料添加剂。立法应提供所有许可添加剂及其使用条件的详尽清单。此外，立法应规定许可添加剂清单及其使用条件。监管部门可以从《食品法典》层面的工作中获益匪浅。许多添加剂已经由JECFA评估并列入清单。由于JECFA提供的工作和《食品法典》提供的标准，各国不一定需要从头开始进行风险评估和标准制定，但它们可以依赖这一国际知识体系。

**4. 食品安全限量**

《食品法典》将食品安全目标定义为：在食用时，食品中的某种危害可提供或促进适当保护水平的危害的最大允许频率和/或浓度。食品安全目标包括污染物的最大限量、农药和兽药的最大残留限量和微生物标准。

第一，农药最大残留限量。农药许可基于农业需求与环境保护、工人健康和公共健康之间的平衡。与许可密切相关的是最大残留限量的设置。无法设置最大残留限量的产品将不被许可用于粮食或饲料作物。在设定最大残留限量时，将考虑在良好农业实践条件下使用相关农药处理的作物上发现的残留。这一水平将面临根据毒性研究（包括遗传毒性）得出的可接受每日摄入量，该研究涉及消费者或动物通过相关作物接触残留物，并考虑到其在总体消费中的作用。如果良好的农业实践不能确保接触量保持在远低于可接受每日摄入量的水平，则产品将不予许可，否则，可以设置最大残留限量。一个国家未许可的产品可能会在另一个国家获得许可，例如由于气候差异带来的区别。对于此类产品，也可以设置最大残留限量（也称为进口公差）。为弥补任何剩余差距，默认最大残留限量可适用于未另行规定的作物物质组合。为了食品安全和强制使用未经许可的物质，默认最大残留限量原则上应设定在较低水平。

在国际一级，农药残留限量的科学评估由联合国粮农组织/世卫组织农药残留联席会议进行。对于大量的物质作物组合，《食品法典》中规定了最大残留限量。“农药”是一个涵盖多种植物保护产品和杀生物剂的概念。《食品法典》使用以下定义：农药指任何用于防治、杀灭、吸引、驱赶或控制有害生物，包括食品、农产品或动物饲料生产、储存、运输、销售和加工过程中出现的有害植物或动物品种，或用于控制动物体外寄生虫的物质。本术语包括作为植物生长调节剂、落叶剂、干燥剂、疏果剂或发芽抑制剂的物质，以及在作物收获前后用来防止储存、运输过程中产品腐败的物质。本术语通常不包括肥料、植物和动物营养物、食品添加剂和兽药。在粮食作物上使用的杀虫剂可能会留下残留物，消费者或动物可能会接触到这些残留物。《食品法典》对农药残留的定义如下：农药残留指由于使用农药而存在于食品、农产品或动物饲料中的任何特定物质。这一术语包括农药衍生物，如转化物、代谢物、反应产物以及被认为具有显著毒性的杂质。《食品法典》提供了建议。《食品法典》对农药的最大残留限量规定如下：农药残留的最大残留限量指由《食品法典》提出的，在食品和动物饲料内部或表面法定允许的农药残留最高浓度（以 mg/kg 表示）。最大残留限量是根据良好农业规范数据确定的，用符合最大残留限量规定的产品生产出的食品从毒理学角度是可接受的。

第二，兽药最大残留限量。《食品法典》对兽药的定义如下：兽药指出于治疗、预防或诊断目的或以调整生理机能或行为目的而用于食品动物的物质，例如产肉或产奶动物、禽类、鱼或蜜蜂。《食品法典》对兽药残留的概念理解如下：兽药残留包括动物产品的任何可食用部分中残留的化合物原药和/或其代谢物，及兽药相关杂质的残留。最大残留限量的设置与兽药在食品生产动物中使用的许可相互关联。一方面，考虑到良好的兽医学实践，需要评估对生产食品的动物进行治疗后的残留物水平。另一方面，应考虑此类残留物可能对人类健康造成的风险。《食品法典》对兽药最大残留限量的定义如下：兽药残留最大限量指由《食品法典》提出的，在食品内或表面法定允许或认为可以接受的因使用某种兽药而残留的最高浓度（根据鲜重以 mg/kg 或 μg/kg 表示）。

第三，微生物标准。微生物标准是食品或饲料产品在保质期内活微生物的最高水平

（以每单位质量的菌落形成单位表示：cfu/mg）。《食品法典》提供了设置此类标准的原则，但未建议任何病原体产品组合的具体数量。《食品法典》对微生物标准的定义如下：微生物标准是一种风险管理指标，表明经微生物采样和测试后食品的可接受性，或过程或食品安全控制系统的性能，它们的毒素/代谢物或与致病性或食物链特定点的其他特征相关的标记物。微生物标准应确定关注的病原体以及它们可能存在的食物或饲料。立法应规定在食品的整个货架期内限制病原体的存在。此外，立法需要指明评估食品或饲料中病原体水平的方法。

### （三）过程规则

食品控制系统解决了食品经营者在预防、制备和应对方面确保食品安全所需做的工作。过程规则包括预防（卫生）、制备（可追溯性）和响应（召回）规则。预防是食品安全的关键。卫生是一个涵盖所有预防措施的概念，以确保食物及饲料安全食用。卫生规则包括良好农业规范（GAP）、良好卫生规范（GHP）、危害分析和关键控制点。

**1. 卫生规则**

《食品法典》提供了食品卫生的一般原则和若干选定商品的卫生实践规范。初级部门的卫生关键要素可称为良好农业规范，加工过程中可称为良好卫生规范。食品卫生包括食物业经营者为确保食物安全及适合食用而必须采取的所有措施。《食品法典》对卫生的定义如下：食品卫生包括生产、加工、储存和分配食品所需的条件和措施，旨在确保产品安全、健康、适合人类食用。因此，食品卫生覆盖了确保食品安全所需的整个过程、领域。食品的生产和处理应尽量减少微生物的引入、存在和生长，微生物除了可能导致腐败和食源性疾病，还可能传播食源性抗微生物耐药性。

（1）良好农业规范。

对于初级部门而言，确保安全、健康、有益健康的产品适合人类消费所需的条件和措施包括良好农业规范。良好农业规范包括勤勉使用化学原料和遵守提取期，即使用物质和收获或屠宰之间应遵守的时间限制。在大多数情况下，生物体内的残留物水平会随着时间的推移而降低。良好农业规范特别包括正确使用杀虫剂和兽药。遵守良好农业规范对于确保遵守最大残留限量至关重要。遵循综合虫害管理原则，限制使用抗菌剂可以被视为良好农业规范的一部分。《食品法典》指出，生产者有责任在其农场上实施健康计划，在国家立法授权的训练有素人员的协助下预防和管理疾病暴发。

（2）良好卫生规范。

《食品法典》提供了良好卫生实践指南。这包括应建立系统，以防止或尽量减少微生物对食品的污染。

（3）危害分析和关键控制点。

《食品法典》探讨的卫生核心是危害分析和关键控制点体系。危害分析和关键控制点体系可以被描述为强制性的自我规制。它要求食品从业者分析其产品和过程，以确定潜在的危害发生，以及过程中可以控制这些危害的关键点。为了使食品从业者能够将抗微生物耐药性的危害纳入其系统，他们需要了解该问题。从缘起来看，美国国家航空航天局在其空间旅行方案中开发了一种方法，以确保在太空中向宇航员提供的食物是安全的。这种方法依赖于过程控制，被称为危害分析和关键控制点。尽管基于这一起源，但危害分析和关键控制点体系并不是火箭科学。相反，人们必须意识到可能发生的危险并将其控制。《食品法典》认为危害分析和关键控制点是一种确保食品安全的工具，可以应用于世界任何地方。食品法典委员会将危害分析和关键控制点转化为法律要求，并提供了如何在现实生活中实施危害分析和关键控制点的实践守则。

（4）副产品/废物。

食品部门副产品和废物的使用或处置应考虑抗微生物耐药性风险评估。来自食品或食品生产的废物可能同时受到抗微生物耐药性的微生物和抗菌剂残留物的污染，并成为传播或培养耐药微生物的媒介。

**2. 追溯和召回规则**

食品从业者应做好应对食品安全事故的准备。发生事故时的首要任务是保护消费者和动物免受风险。实现这一目标的首选手段是从市场召回受影响的产品。为了能够成功实施召回，食品从业者需要知道其产品的去向。为此，他们需要建立一个追溯系统。为了能够消除事故的原因，追溯系统还应能够提供输入来源企业的信息。《食品法典》在《食品卫生一般原则》（CXC1—1969）中阐述了召回制度和追溯。《食品法典》对追溯的定义如下：跟踪食品在生产、加工和分销的特定阶段移动的能力。根据《食品卫生一般原则》（CXC1—1969），“批次识别或其他识别策略在产品召回中至关重要，也有助于有效的库存轮换。每个食品容器应永久性标记以识别生产者和批次。预包装食品标签的通用标准（CXS1—1985）适用。追溯/产品追踪系统应根据《追溯/产品追踪原则》（CXG 60—2006）进行设计和实施，作为食品检验和认证系统中的一种工具，特别是在必要时能够召回产品”。

联合国粮农组织和世卫组织对召回的定义如下：在食品链的任何阶段，包括消费者所拥有的食物，从市场上召回食物的行为。根据《食品卫生一般原则》（CXC1—1969）第 7.5 段“召回程序——从市场上清除不安全食品”，“食品从业者应确保制定有效的程序，以应对食品卫生系统中的风险。应对偏差进行评估，以确定其对食品安全或适用性的影响。程序应使相关食品从业者能够全面、快速、有效地识别并从市场中召回或者消费者能将任何可能对公众健康构成风险的食品退回至食品从业者处。如果产品因可能存在危害而被召回，并可能对公众健康构成直接危害，则应对在类似条件下生产的其他产品进行评估确定是否需要召回。若产品可能已到达消费者手中，且产品退回食品企业经营者或从市场上移除是适当的，则应要求向相关主管当局报告，并考虑公共警告。应根据定期现场试验的结果记录、维护和修改召回程序（如有必要）。应规定召回或退回的产品应在安全条件下保存，直至其被销毁、用于消费以外的目的，而且对人体安全，或在主管当局允许的情况下以将危害降低到可接受水平的方式进行再加工。食品企业经营者应将召回的原因和范围以及采取的纠正措施作为文件信息保留”。

### （四）展示规则

就食品从业者与消费者沟通，除了广告，主要方式还指向食品标签。预包装食品上的食品标签是食品从业者向消费者传达信息的重要工具，即消费者在购买时考虑的食品特征。《食品法典》提倡全球统一的食品标签方法。每个食品标签都应提供关于产品的名称、消费者将获得产品数量、使用的成分列表等明确信息，特别是如果使用了任何具有过敏性的成分等等。

清单式的信息细节有助于食品标签规范的标准化发展。《食品法典》包括了此类列表。《食品法典》在标题下对列表中的细节进行了详细阐述。《食品法典》要求在食品标签上注明最常见的过敏原。由于过敏和不耐受是由身体而非产品引起的反应，过敏原不是一个封闭的群体，因此，不可能创建一个详尽的列表。

## 五、《食品法典》的作用

《食品法典》不仅通过在国家立法中的采纳，还通过其他途径对世界食品行业施加影响。一些企业认识到《食品法典》的建议是面向企业而非立法者的良好实践指南。在许多国家，企业可能会遇到某种国家立法未涵盖的领域。企业表明遵守《食品法典》可能会使该国监管部门相信企业的可靠性和产品的可靠性。这有助于解释为什么食品行业对食品法典委员会组织会议感兴趣，并经常作为观察员出席这些会议。事实上，众所周知，企业曾游说（或反对）引入《食品法典》标准，为某些产品提供全球监管环境。

《食品法典》在立法之外的最大影响是通过了一系列私营标准。20 世纪 90 年代欧洲发生食品安全危机后，零售商等实力雄厚的企业开始向其食品链合作伙伴施加要求，要求其遵守私营食品安全标准，并提交审计和认证。目前领先的标准和方案：英国零售商协会标准（BRC），国际卓越标准（IFS）、FSSC22000 食品安全体系认证、ISO22000 国际标准化组织认证和全球良好农业规范，以及用于私营标准项目的基准合作——全球食品安全倡议（GFSI）。这些私营标准都使用《食品法典》中详述的 HACCP 作为其基础。通过代理——同时也由于欧盟对一些第三国食品法律体系的影响——可以认为《食品法典》相对成功地致力于促进食品法的全球协调，因此也有助于消除食品和食品产品国际贸易中的非关税壁垒。最后，未来也许需要对《食品法典》对其他食品法律制度的影响进行系统的研究。

## 思考题

1. 为什么要在国际层面协调食品贸易？
2. 食品法典委员会是如何在促进各国食品法治协调发展中发挥作用的？

# 参考文献

[1] [荷] 贝尔·恩·德·范德穆伦编著：《欧盟食品法手册》，孙娟娟译，华东理工大学出版社，2017 年。

[2] [荷] 贝尔·恩·德·范德穆伦编著：《食品“私法”》，孙娟娟等译，知识产权出版社，2019 年。

[3] 蔡宏伟：《“法律责任”概念之澄清》，载《法制与社会发展》2020 年第 6 期。

[4] 陈烨：《刑法中的“食品”概念辨析》，载《时代法学》2013 年第 1 期。

[5] 樊永祥、李泰然、包大跃：《HACCP 国内外的应用管理现状（综述）》，载《中国食品卫生杂志》2001 年第 5 期。

[6] 冯彦君：《食品安全保障：定位、机制与实效》，载《吉林大学社会科学学报》2012 年第 4 期。

[7] 傅蔚冈：《对公共风险的政府规制》，载《法律环球评论》2012 年第 2 期。

[8] 国家食品药品监督管理总局编：《食品安全法律法规汇编》，中国医药科技出版社，2014 年。

[9] 公益社团法人日本 Food Specialist 协会：《四订食品的消费与流通》，建帛译，2021 年。

[10] 韩大元：《食品安全权是健康中国的基石》，载《法制日报》2015 年 12 月 2 日，第 9 版。

[11] 韩大元：《通过法治推进食品安全国家战略》，载《法制日报》2015 年 12 月 23 日，第 9 版。

[12] 韩大元：《后疫情时代：重塑社会正义》，载《中国法律评论》2020 年第 5 期。

[13] 韩大元：《食安共治须德法并举》，2017 年 7 月 18 日，http://www.eshian.com/article/43614478.html（最后访问时间为 2022 年 2 月 15 日）。

[14] 胡颖廉：《食品安全战略的路径选择》，载人民网 2015 年 11 月 19 日，http://theory.people.com.cn/n/2015/1119/c40531-27834535.html（最后访问时间为 2022 年 2 月 15 日）。

［15］胡颖廉：《新时代国家食品安全战略：起点、构想和任务》，载《学术研究》2019 年第 4 期。

［16］黄金荣：《“规范性文件”的法律界定及其效力》，载《法学》2014 年第 7 期。

［17］［日］井上龙子：《食料农业的法与制度》，一般财团法人金融财政事情研究会，2018 年。

［18］［美］卡尔·威尔曼：《真正的权利》，刘振宇等译，商务印书馆，2015 年。

［19］［美］卡塔琳娜·皮斯托、许成钢：《不完备法律》（上、下），汪辉敏译，载吴敬琏主编：《比较》第 3、4 辑，中信出版社，2002 年。

［20］刘风景：《立法目的条款之法理基础及表述技术》，载《法商研究》2013 年第 3 期。

［21］刘文萃：《食品行业协会自律监管的功能分析与推进策略研究》，载《湖北社会科学》2012 年第 1 期。

［22］刘作翔：《当代中国的规范体系：理论与制度结构》，载《中国社会科学》2019 年第 7 期。

［23］路易吉·柯斯塔托、费迪南多·阿尔彼斯尼：《欧盟食品法》，孙娟娟等译，知识产权出版社，2016 年。

［24］马英娟：《政府监管机构研究》，北京大学出版社，2007 年。

［25］［美］迈克尔·罗伯茨：《美国食品法》，刘少伟、汤晨彬译，华东理工大学出版社，2017 年。

［26］戚建刚：《食品安全风险属性的双重性及对监管法制改革之寓意》，载《中外法学》2014 年第 1 期。

［27］任端平、郭富朝、郭泽颖：《新修订食品安全法实施条例十大亮点》，载《食品与发酵工业》2015 年第 7 期。

［28］宋华琳：《论技术标准的法律性质》，载《行政法学研究》2008 年第 3 期。

［29］宋华琳：《中国食品安全标准法律制度研究》，载《公共行政评论》2011 年第 2 期。

［30］孙娟娟：《风险社会中的食品安全再认识》，载《财经法学》2015 年第 3 期。

［31］孙娟娟：《农产品价值增值的路径和制度保障——兼论粮食安全、食品安全、食品质量的关联性》，载《华南农业大学学报（社会科学版）》2016 年第 1 期。

［32］孙娟娟：《食品安全比较研究——从美、欧、中的食品安全规制到全球协调》，华东理工大学出版社，2017 年。

［33］孙娟娟、杨娇：《适足食物权及其相关概念的法制化发展》，载《宪法学、行政法学》2018 年第 1 期。

［34］孙娟娟：《完善食品安全治理法律体系》，载冯玉军主编：《完善以宪法为核心的中国特色社会主义法律体系研究》（下册），中国人民大学出版社，2018年。

［35］唐学玉、张海鹏、李世平：《农业面源污染防控的经济价值——基于安全农产品生产户视角的支付意愿分析》，载《中国农村经济》2012年第3期。

［36］涂永前：《食品安全的国际规制与法律保障》，载《中国法学》2013年第4期。

［37］涂永前：《食品安全权及其法律构造》，载《科技与法律》2014年第1期。

［38］汪江连：《行走于破解与重构之间——我国食品安全标准"强制性"的规范法学解读》，载《行政与法》2008年第8期。

［39］王贵松：《企业对食品安全的组织化保障义务》，载《北京行政学院学报》2012年第3期。

［40］王启梁：《国家治理中的多元规范：资源与挑战》，载《环球法律评论》2016年第2期。

［41］王若磊：《政治问责论》，上海三联书店，2015年。

［42］王伟国：《食品安全社会共治理念的制度表达及其实现》，2016年4月17日，http://fzyjs.chinalaw.org.cn/portal/article/index/id/699.html（最后访问时间为2022年2月15日）。

［43］信春鹰主编：《中华人民共和国食品安全法解读》，中国法制出版社，2015年。

［44］熊秋红：《刑事辩护的规范体系及其运行环境》，载《政法论坛》2012年第5期。

［45］徐景和：《建立中国食品安全治理体系》，华东理工大学出版社，2017年。

［46］徐曦昊：《论二十年来食品安全法学研究方法之特征与流变》，载《中国食品药品监管》2020年第4期。

［47］许世卫、李哲敏、李干琼：《营养健康目标下的现代农业发展探讨》，载《中国食物与营养》2008年第1期。

［48］旭日干、庞国芳：《中国食品安全现状、问题及对策战略研究》，北京科学出版社，2015年。

［49］杨杰等：《论食品欺诈和食品掺假》，载《食品与发酵工业》2015年第12期。

［50］姚允杰：《论食品安全权的法律保障》，载《法制与社会》2011年第9期。

［51］［英］伊莉莎白·费雪：《风险规制与行政宪政主义》，沈岿译，法律出版社，2012年。

［52］张维：《中国古代食品安全监管刍论》，载《中国市场监管研究》2019年第7期。

［53］张文显主编：《法理学》（第五版），高等教育出版社，2018年。

［54］张志勋：《系统论视角下的食品安全法律治理研究》，载《法学论坛》2015年

第1期。

[55] Balkin, J. M. , Understanding legal understanding: the legal subject and the problem of legal coherence, originally published at 103 Yale Law Journal, 1993, 105.

[56] Bernd van der Meulen, Menno van der Velde, European Food Law handbook, Wageningen Academic Publishers, 2009.

[57] Bernd van der Meulen and Ioana Rătescu, Food Prints on Human Rights Law Paradigms. Debates on food in general and the human right to adequate food in particular have fundamentally influenced the development on human rights theory, European Institute for Food Law working paper 2017/02, available at https://www.food-law.nl/Working-papers/ (last accessed on February 15, 2022).

[58] Caoimhin MacMaolain, Reforming European Community food law: putting quality back on the agenda, Food and Drug Law Journal, 2005.

[59] David A. Hennessy, al. , Systemic failure in the provision of safe food, Food Policy, 2003, 28.

[60] FAO/WHO, Understanding the Codex Alimentarius, Third edition, 2006.

[61] FAO and WHO, Food control system assessment tool: Introduction and glossary. Food safety and quality series No. 7/1. 2019, available at https://www.fao.org/3/ca5334en/CA5334EN.pdf (last accessed on February 15, 2022).

[62] Ferdinando Albisinni, The path to the European food law system, in Luici Costato and Ferdinando Albisinni (eds), European Food Law, Cedam, 2012, pp. 17 – 52.

[63] H. L. A. Hart, *Punishment and Responsiblity: Essays in the Philosophy of Law*, Oxford: Oxford University Press, 1968.

[64] Hutt, P. , Food law & policy: an essay, *Journal Food Law and Policy*, 2005, 1.

[65] Jacob Gersen, On the rise of food law, available at: http://today.law.harvard.edu/salad-days-professor-jacob-gersen-on-the-rise-of-food-law/ (last accessed on February 15, 2022).

[66] Terry Marsden, et al. , The new regulation and governance of food, Routledge, 2010.

[67] Terry Marsden, Jo Banks and Gillian Bristow, Food supply chain approaches: exploring their role in rural development, *Sociologia Ruralis*, 2000, 40 (4).

[68] Vapnek, J. and Spreij, M. , Perspectives and guidelines on food legislation, with a new model food law, the Development Law Service, FAO Legal Office, 2005.

[69] W. D. Ross, *The Right and the Good*, Oxford: Clarendon, 1930.

[70] Wesley Newcomb Hohfeld, Some Fundamental Legal Conceptions as Applied in Judicial Reasoning, *The Yale Law Journal*, 1913, Vol. 23, No. 1.

**图书在版编目（CIP）数据**

食品安全法概论/胡锦光，韩大元主编；路磊，孙娟娟副主编. -- 北京：中国人民大学出版社，2024.5

新编21世纪法学系列教材/曾宪义，王利明总主编

ISBN 978-7-300-32667-2

Ⅰ.①食… Ⅱ.①胡… ②韩… ③路… ④孙… Ⅲ.①食品卫生法-中国-高等学校-教材 Ⅳ.①D922.16

中国国家版本馆CIP数据核字（2024）第059058号

新编21世纪法学系列教材

总主编　曾宪义　王利明

**食品安全法概论**

主　编　胡锦光　韩大元

副主编　路　磊　孙娟娟

Shipin Anquanfa Gailun

---

| | | | |
|---|---|---|---|
| **出版发行** | 中国人民大学出版社 | | |
| **社　　址** | 北京中关村大街31号 | **邮政编码** | 100080 |
| **电　　话** | 010－62511242（总编室） | | 010－62511770（质管部） |
| | 010－82501766（邮购部） | | 010－62514148（门市部） |
| | 010－62515195（发行公司） | | 010－62515275（盗版举报） |
| **网　　址** | http://www.crup.com.cn | | |
| **经　　销** | 新华书店 | | |
| **印　　刷** | 北京溢漾印刷有限公司 | | |
| **开　　本** | 787 mm×1092 mm　1/16 | **版　　次** | 2024年5月第1版 |
| **印　　张** | 16 插页1 | **印　　次** | 2024年5月第1次印刷 |
| **字　　数** | 298 000 | **定　　价** | 48.00元 |

---

# 《　　　　　　》※任课教师调查问卷

为了能更好地为您提供优秀的教材及良好的服务，也为了进一步提高我社法学教材出版的质量，希望您能协助我们完成本次小问卷，完成后您可以在我社网站中选择与您教学相关的 1 本教材作为今后的备选教材，我们会及时为您邮寄送达！如果您不方便邮寄，也可以申请加入我社的**法学教师 QQ 群：436438859（申请时请注明法学教师）**，然后下载本问卷填写，并发往我们指定的邮箱（cruplaw@163.com）。

邮寄地址：北京市海淀区中关村大街 59 号文化大厦中国人民大学出版社 1202 室收

邮　　编：100872

再次感谢您在百忙中抽出时间为我们填写这份调查问卷，您的举手之劳，将使我们获益匪浅！

**基本信息及联系方式：**※

姓名：＿＿＿＿＿＿ 性别：＿＿＿＿＿＿ 课程：＿＿＿＿＿＿＿＿＿＿

任教学校：＿＿＿＿＿＿＿＿＿＿＿＿＿＿ 院系（所）：＿＿＿＿＿＿＿＿

邮寄地址：＿＿＿＿＿＿＿＿＿＿＿＿＿＿ 邮编：＿＿＿＿＿＿＿＿＿＿

电话（办公）：＿＿＿＿＿＿ 手机：＿＿＿＿＿＿ 电子邮件：＿＿＿＿＿＿

**调查问卷：**※

1. 您认为图书的哪类特性对您选用教材最有影响力？（　　）（可多选，按重要性排序）

   A. 各级规划教材、获奖教材　　B. 知名作者教材

   C. 完善的配套资源　　D. 自编教材

   E. 行政命令

2. 在教材配套资源中，您最需要哪些？（　　）（可多选，按重要性排序）

   A. 电子教案　　B. 教学案例

   C. 教学视频　　D. 配套习题、模拟试卷

3. 您对于本书的评价如何？（　　）

   A. 该书目前仍符合教学要求，表现不错将继续采用

   B. 该书的配套资源需要改进，才会继续使用

   C. 该书需要在内容或实例更新再版后才能满足我的教学，才会继续使用

   D. 该书与同类教材差距很大，不准备继续采用了

4. 从您的教学出发，谈谈对本书的改进建议：＿＿＿＿＿＿＿＿＿＿＿＿＿＿

＿＿＿＿＿＿＿＿＿＿＿＿＿＿＿＿＿＿＿＿＿＿＿＿＿＿＿＿＿＿＿＿＿＿

＿＿＿＿＿＿＿＿＿＿＿＿＿＿＿＿＿＿＿＿＿＿＿＿＿＿＿＿＿＿＿＿＿＿

**选题征集：**如果您有好的选题或出版需求，欢迎您联系我们：

联系人：黄　强　联系电话：010-62515955

**索取样书：**书名：＿＿＿＿＿＿＿＿＿＿＿＿＿＿＿＿＿＿＿＿＿＿＿＿＿

书号：＿＿＿＿＿＿＿＿＿＿＿＿＿＿＿＿＿＿＿＿＿＿＿＿＿＿＿＿＿＿

---

**备注：※ 为必填项。**